餐饮服务与管理

韩　旭　王学孔 ◎ 著

吉林出版集团股份有限公司

图书在版编目（CIP）数据

餐饮服务与管理/韩旭,王学孔著.— 长春：吉林出版集团股份有限公司,2023.9
ISBN 978-7-5731-4336-5

Ⅰ.①餐… Ⅱ.①韩… ②王… Ⅲ.①饮食业－商业服务②饮食业－商业管理 Ⅳ.①F719.3

中国国家版本馆CIP数据核字（2023）第178335号

餐饮服务与管理
CANYIN FUWU YU GUANLI

著　　者	韩　旭　王学孔
责任编辑	滕　林
封面设计	林　吉
开　　本	787mm×1092mm　1/16
字　　数	230 千
印　　张	14.5
版　　次	2023年9月第1版
印　　次	2024年1月第1次印刷
出版发行	吉林出版集团股份有限公司
电　　话	总编办：010-63109269
	发行部：010-63109269
印　　刷	廊坊市广阳区九洲印刷厂

ISBN 978-7-5731-4336-5　　　　　　　　　　　定价：78.00元

版权所有　侵权必究

前言

近年来，随着社会经济的快速发展，旅游业也在不断地发展和成熟，旅游消费者对旅游服务质量的要求越来越高，酒店服务行业作为旅游行业的重要组成部分，服务质量备受关注。

目前，餐饮消费在日常消费中所占比例越来越大。由于餐饮行业的门槛较低，因此许多有志之士选择了在餐饮行业创业或工作。截至2019年，我国服务齐全的餐厅门店已达700余万家，从业人员更是不计其数。在市场竞争激烈的当下，对于现代餐饮企业而言，如何在众多餐饮企业中脱颖而出，并长期立于不败之地，甚至打造自己的餐饮品牌已成为需要面对的新命题。

本书主要研究餐饮服务与管理方面的问题，涉及丰富的餐饮服务与管理知识。主要内容包括餐饮行业的基础知识、餐饮行业礼仪培训、餐饮行业菜点与酒水知识培训、餐饮行业服务技能、中西式餐饮服务、餐饮行业财务管理、厨房管理、培训管理与企业营销等。本书涉及面广，实用性强，读者在获得知识的同时掌握技能，并强调理论与实践相结合。本书兼具理论与实际应用价值，可供相关教育工作者参考和借鉴。

由于笔者水平有限，本书难免存在不妥甚至谬误之处，敬请广大学界同人与读者朋友批评指正。

目 录

第一章 餐饮认知与定位选址 ·········· 1
第一节 认识餐饮业 ·········· 1
第二节 熟悉餐饮部 ·········· 12
第三节 餐饮企业的定位 ·········· 23
第四节 快餐店的选址经验 ·········· 29
第五节 餐饮企业的终极定位及选址 ·········· 37

第二章 餐饮行业礼仪培训 ·········· 40
第一节 仪容仪表培训 ·········· 40
第二节 服务仪态训练 ·········· 46
第三节 服务用语使用 ·········· 54

第三章 餐饮行业菜点与酒水知识培训 ·········· 59
第一节 中式菜肴认知 ·········· 59
第二节 西式菜肴认知 ·········· 64
第三节 中西面点认知 ·········· 67
第四节 酒水基础知识 ·········· 76
第五节 蒸馏酒认知 ·········· 82
第六节 酿造酒认知 ·········· 87
第七节 非酒精饮料认知 ·········· 91

第四章 餐饮行业服务技能培训 ·········· 94
第一节 台布铺设 ·········· 94
第二节 托盘使用 ·········· 96
第三节 餐巾折花 ·········· 98

  第四节 中餐摆台 …………………………………………… 102

  第五节 西餐摆台 …………………………………………… 106

  第六节 酒水斟倒 …………………………………………… 107

  第七节 上菜分菜 …………………………………………… 110

第五章 中西式餐饮服务 …………………………………… 114

  第一节 中式早餐服务 ……………………………………… 114

  第二节 中式零点服务 ……………………………………… 117

  第三节 中式宴会服务 ……………………………………… 122

  第四节 西式餐饮服务形式 ………………………………… 126

  第五节 西式早餐服务 ……………………………………… 127

  第六节 西式零点服务 ……………………………………… 130

  第七节 西式宴会服务 ……………………………………… 135

第六章 餐饮行业财务管理 ……………………………………… 140

  第一节 餐饮行业的数据、误区及重点 …………………… 140

  第二节 餐饮财务管理的重点 ……………………………… 144

  第三节 规避收银环节中的工作漏洞 …………………… 154

  第四节 核算餐饮企业的产品成本 ……………………… 162

  第五节 控制餐饮企业的运营成本 ……………………… 167

第七章 餐饮行业厨房管理 ……………………………………… 173

  第一节 厨师长的个人管理 ………………………………… 173

  第二节 餐饮厨房设计与施工注意事项 ………………… 180

  第三节 菜品管理 …………………………………………… 182

  第四节 生产流程及质量管理标准、考核 ……………… 193

第八章 餐饮行业培训管理 ……………………………………… 200

  第一节 餐饮培训的看法 …………………………………… 200

  第二节 餐饮培训的需求分析与调查 …………………… 205

  第三节 餐饮企业培训规划 ………………………………… 207

第九章　餐饮企业营销 ……………………………………………………209
　　第一节　利用传统手段营销 ……………………………………209
　　第二节　利用互联网营销 ………………………………………214
参考文献 …………………………………………………………………220

第一章 餐饮认知与定位选址

第一节 认识餐饮业

一、餐饮业的含义

"餐饮"就是指吃食物,喝饮料(含酒水)。"餐馆"有使人恢复精神与气力的功能。可以帮助人恢复精神与缓解疲劳的方法不外乎进食和休闲。于是人们通过进食和休闲恢复精神,并通过这种方式来获利,这也就是西方餐饮的雏形。

餐饮业是集即时加工制作、商业销售和服务性劳动于一体,向消费者专门提供各种酒水、食品、消费场所和设施的食品生产经营行业。按欧美标准行业分类的定义,餐饮业是指以商业营利为目的的餐饮服务机构。在我国,根据《国民经济行业分类注释》的定义,餐饮业是指在一定场所,对食物进行现场烹饪、调制,并出售给客人,主要供现场消费的服务活动。

由上可知,餐饮业的含义包括三个要素:①有食品或饮料提供;②有足够令人放松的环境或氛围;③有固定场所,能满足客人差异性的需求和期望,并能实现既定的经营目标和利润目标。

二、餐饮业态形式

餐饮业态形式是指为满足不同目标市场的饮食消费需求而形成的各种经营业态。餐饮业态形式选择主要依据餐饮业的位置空间、规模诉求、目标顾客、产品结构、店堂设施、经营方式、服务功能、技术条件等来确定。

（一）家常菜为主的大众餐馆类业态

这一业态类型的餐馆目标市场定位为普通工薪阶层，菜单和菜式大众化、家常化，价格较低，菜量大，上菜速度快，能够满足百姓的日常饮食需求。这类餐馆多分布在交通便利、流动人口多的居民区或机关、企业、事业、团体单位较为集中的地区。

（二）满足快节奏生活的快餐类业态

此类业态可分为中式快餐和西式快餐，中式快餐以价格便宜、菜品简单、简便实惠为特点。西式快餐则因食品可口、服务快捷、环境个性化、营销手段新颖等特点而深受年轻人和儿童的喜爱。

（三）满足商务宴请需求的高档正餐类业态

此类业态也可以分为中式正餐和西式正餐。中式正餐主要是指具有鲜明菜系特征的高档次餐馆，如国有老字号、新兴的民营餐馆。餐馆是中国饮食文化的代表和集大成者，无论是操作技艺、菜式，还是服务、环境都体现了较为浓郁的历史性和民族性，具有深厚的传统文化内涵。新兴的民营餐馆以服务周到、菜品多样、环境幽雅、促销灵活的特点吸引了许多高端消费群体。西式正餐主要以高层次、高收入群体为消费者，环境典雅、服务细致，是喜欢西餐人士的最佳选择。

（四）依托星级饭店的饭店类餐饮业态

饭店类餐饮业态主要对外展示的是饭店的高服务水准及品质内涵，客人的消费往往是一种社会地位及消费能力的展示，并不是简单意义上的进店消费。星级饭店的餐饮空间也成为社会交往的重要场所，同时餐饮收入在星级饭店总收入中也占有相当重要的地位。

（五）张扬个性的主题类餐饮业态

人们求新、求异的心态培育出一批极具个性的主题餐厅，这些餐厅或怀旧、或浪漫、或休闲、或运动、或冷酷、或激情，成为白领阶层聚会、交友、放松、消遣的绝佳场所。

（六）自由选择的自助类餐饮业态

自助餐厅类似于自选超市，消费者可以根据自己的喜好，对所有的菜品自由选择，随意享用，较受年轻人的欢迎。

(七)浪漫轻松的休闲类餐饮业态

这类餐厅菜品很少,而以经营饮料、点心、小吃、零食为主,主要以休闲环境为卖点。

(八)餐饮娱乐相结合的娱乐类餐饮业态

现代生活中人们已不局限于对餐饮的单纯需要,多彩的视听享受也赋予了餐厅更广泛的内涵。

(九)以规模取胜的餐饮街类业态

经营者抓住餐饮消费从众心理,在商机深厚的地区扎堆经营,逐渐形成了目前颇具规模的"餐饮一条街"。其中餐馆各有所长、价格有高有低、菜品丰富多样,可以满足各种消费者的口味需求。另外,在各大商场内形成的餐饮美食广场也与此类似。

(十)移动消费的餐饮类业态

目前的餐饮企业以坐店经营为主,为满足人们快节奏的生活方式,移动服务和移动消费的移动餐饮业态已应运而生。肯德基推出的汽车餐厅无疑是餐饮业态的一个亮点。汽车餐厅可谓是没有餐桌的餐厅,只要驾车人将车开到肯德基的窗口,在车内就可完成点单、结算、取餐的过程,大大节省了消费者的购物时间。另外,食品外送服务也是移动消费的重要组成部分。移动消费市场潜伏着巨大的商机,代表了餐饮业重要的发展方向。

三、餐饮业的地位和作用

餐饮业是一个国家商品零售业的重要组成部分,主要为国民经济的发展提供社会生活服务。其地位和作用主要表现在以下几个方面。

(一)餐饮业是旅游业六大要素的重要组成部分

食、住、行、游、购、娱是旅游业的六大要素。大力发展国际、国内旅游,有助于加强国际、国内经济、文化交流,促进各国和各民族间的相互了解;有助于我国吸收外汇,促进国民经济的发展;有助于增加就业,满足国内人民日益增长的物质和精神生活需求。随着我国旅游业的不断发展,大批海内外旅游者前来游览观光、探亲访友、从事科学考察等,与此同时,他们需要品尝当地饮食,领略当地的风土人情。餐饮业为他们提供风味独特的餐饮产品,不仅可以满足客人的需求，而且其高超的烹饪艺术、独具特色的饮食产品又可以成为旅游资源，广泛吸引海内外旅游者。

（二）餐饮业是活跃经济、繁荣市场、促进相关行业发展的重要行业

餐饮业的发展规模、速度和水平往往直接反映一个国家、一个地区的经济繁荣和市场活跃程度。它是国民收入和人民生活水平迅速提高、消费方式和消费结构发生深刻变化的重要体现。同时，餐饮业的迅速发展，需要国民经济提供基础设施、生产技术设备、物资用品和各种食品原材料，这必然促进轻工业、建筑、交通、食品原材料和副食品生产等相关行业的发展。

（三）餐饮业是创造社会财富、实现国民收入再分配的重要服务行业

餐饮业利用餐饮设备技术，通过食品原材料加工制造产品，本身可以增加产品价值，创造社会财富。涉外餐饮业在为海外旅游者服务的过程中，可以增加外汇收入，将其他国家的国民收入转化为我国的国民收入。特色餐饮业同时为国内旅游者、当地居民和各种企业及事业单位服务，处于国民收入再分配环节，可以使大量货币回笼，从而对国民经济的发展起到积极的推动作用。

（四）餐饮业是促进社会消费方式和消费结构变化、扩大劳动就业的重要行业

人类的饮食消费主要在家庭、工作单位和社会餐饮服务业中进行。经济越发达，国民收入水平越高，人们的对外交流活动越频繁，家务劳动社会化程度越高，越能促进餐饮业的发展。餐饮业的迅速发展，为人们的社会饮食消费创造了条件，可以减轻人们的家务劳动，促进其消费方式和消费结构的改变。同时，餐饮业的发展，为大批人员提供了就业机会。

（五）餐饮业是向国内外客人介绍、宣传我国饮食文化的重要行业

现代社会中，一个国家的餐饮已成为吸引国际旅游者的重要旅游资源。中国的饮食文化和烹饪艺术博大精深、历史悠久、享誉天下，已成为吸引众多外宾来华旅游的因素之一。作为餐饮业重要组成部分的饭店餐饮部门以及社会高级餐厅，担负着弘扬我国饮食文化、挖掘我国旅游资源的重任。

四、餐饮业的运营特点

餐饮业的生产与服务带有明显的地域性和民族化特征，其生产销售活动受季节、气候、交通条件、企业地理位置等多种因素的影响，具有较大的波动性与间歇性。因此，餐饮业的运营特点不能从一个方面笼统地进行归纳，而应从生产、销售和服务三个方面进行总结。

（一）餐饮业生产的特点

1. 餐饮生产属个别订制生产，产品规格多、批量小

餐饮销售的菜肴往往是客人进入餐厅经点菜后，由厨房制成成品提供给客人。餐饮产品的生产是以手工制作为主，它既是厨师厨艺展示的过程，也是烹饪艺术构思创作的过程。所有的产品生产基本凭借手工，品种多、生产批量小、制作技艺复杂，不同的厨师制作同类菜肴也会存在差异，从而给餐饮产品的质量管理和标准统一带来了不小的困难。

2. 餐饮产品生产时间短

餐饮消费属于即时消费，就餐者从点菜到消费的间隔时间相当短暂，一道菜品的制作通常只需几分钟或十几分钟，一次宴会也不过持续几个小时。能否在较短的时间内生产出令客人满意的餐饮产品，一方面取决于厨房的生产组织管理和厨师的厨艺水平；另一方面取决于餐厅服务人员的推销能力和对客服务水平。

3. 餐饮产品生产量难以预测

餐饮产品生产量根据每天餐厅客人的上座率和点菜情况而定，客人的消费需求很难准确预估，销售量的随机性强，也难以预料。如果想避免由此而带来的原材料浪费，就需要前后台互相配合。服务人员需要积极推销厨房准备较多的菜品，这些菜品一般是厨房每天急推的和特别介绍的。

4. 餐饮的原料及产品容易变质

餐饮生产所用的原料（又称原材料）大多数都是鲜活原料，有很强的时间和季节限制，处理不当极易腐烂变质。厨房生产的绝大部分菜品，一经烹饪完成，需尽快销售给消费者，否则将不能保证菜品的风味特色和质量，而且在原材料的保管、加工过程中也容易造成营养成分的流失，影响菜品的质量。

5. 餐饮生产过程的管理难度较大

餐饮产品从生产到出售环环相扣，涉及的岗位和人员众多，任何一个环节出现问题都会影响到产品的质量。因此要制定详细的岗位职责和操作流程，在实际工作中还要求所有人员能够相互配合、分工协作。

（二）餐饮业销售的特点

1. 销售量受经营空间大小的限制

餐厅的面积及餐位数都是相对固定的，因此接待人数也相应受到限制。但是餐饮企业可以通过提高服务效率与品位，提高餐位的利用率，增加人均消费额。另外，还可以通过外卖和外出举办宴会等方式，打破经营空间的限制。

2. 销售量受就餐时间的限制

餐厅的就餐时间和经营状况具有明显的间歇性，一到就餐时间，餐厅生意兴隆，而在非就餐时间，餐厅则空无一人。因此，餐饮企业可以合理地确定经营时间，通过提高经营高峰时间外的销售额与销售量等方法提高餐饮企业的销售量。

3. 经营毛利率高，资金周转较快

餐饮部的综合毛利率一般都较高，都在50%以上，餐厅档次越高，其毛利率就越高。如果能很好地控制相关费用，餐厅的纯利润将保持在较高水平，为餐饮企业创造更多的利润。餐饮业的销售收入中大部分为现金，而大多数餐饮原材料从采购到生产、销售都是在一两天以内。因此，餐饮业资金周转较快。

4. 经营固定成本和变动费用较高

餐饮企业运营所需要的固定投入，如各种餐厨设备、餐具等成本较高。同时餐饮生产过程的业务环节多，成本难以控制，所需人力资源成本及各项能源消耗费用多，所以各项综合费用支出较多。针对此问题，餐饮企业应设法努力控制固定成本及变动费用，以提高企业的经济效益。

（三）餐饮业服务的特点

1. 服务的无形性

餐饮服务是餐饮产品构成要素中的重要组成部分，而服务本身具有无形性，难以用具体的标准进行度量。客人对服务的满意度主要靠感受，这就给服务带来了很大难度，要求服务人员不断提高服务质量，提供针对性服务，以满足客人的要求。

2. 服务的一次性

餐饮服务在客人的消费过程中只能当次享受，不能像物质产品一样可以储存或者重复消费。如果服务出现质量问题，将难以弥补客人的损失。这就要求服务人员在接待过程中争取100%的合格率，使头回客成为回头客，最终成为常客。

3. 服务的同步性

餐饮产品的生产、销售、消费几乎是同步进行的，餐饮产品的生产过程也就是客人的消费过程，这就决定了餐饮产品不能储存、不能外运。服务时要充分利用当次推销机会，将厨师特别介绍和需要急推的菜品推销出去。

4. 服务的差异性

每位餐饮服务人员由于年龄、性格、受教育程度及职业培训程度不同，所提供的服务也不相同；即使是相同的人，在不同的场合、不同的时间，服务态度也会有差异。客人衡量餐厅的服务水平永远是以服务水平最低的服务员为准。要解决这一问题，就必须要制定服务质量标准并通过培训提高服务人员素质。

5. 服务的价值性

良好的服务直接关系到企业形象的树立；良好的服务能赢得客人信任和好感，使客人产生被尊重的感觉；良好的服务能够创造利润。服务价值的不可储存是指服务不能被储存以备后用，因此，这就要求餐饮服务一要尽可能地提高餐饮接待量；二要一次成功，不允许出现服务的失败和不足等。

五、餐饮业的发展历程

（一）国外餐饮业发展历程

国外餐饮业起源于古代地中海沿岸的繁荣国家，基本定型于中世纪，其发展受诸多因素的制约，不同的历史阶段、不同的国家各具特色。

1. 古埃及的餐饮状况

早在公元前1700年，古埃及已有酒店存在，考古发现了同一时期或更早时期的菜单，菜单上写的基本上是面包、羊肉、烤鱼和水果等。古埃及的等级观念在餐厅的装修和家具的配备上得到充分体现。农夫与普通人只能使用简单的陶器，坐在未经修饰的长条凳上，在低矮的泥屋中进餐，而富人的餐厅如同宫殿，由水池和花园环绕，室内富丽堂皇，餐桌上使用绣花织物，家具中镶嵌着黄金或大理石，餐具中有精美的雕花木勺或象牙勺。

2. 古希腊的餐饮状况

古希腊文化受古埃及文化的影响，餐饮业也十分发达。经济的发展带来了丰富的农产品、纺织品、陶器、酒和油。当时古希腊的贵族很讲究饮食，日常食物已经有羊肉、牛肉、鱼类、奶酪、面包和经过填食后足够肥硕的鹅肉等；餐厅服务用具也制作得非常精细，还出现了冷盘手推车，这些都对今天的餐饮业产生了巨大的影响。

3. 古罗马的餐饮状况

古罗马餐饮是西餐的雏形，最早的西餐起源于今日的意大利。古罗马人尤其擅长制作面食，至今意大利的比萨饼和面条仍享誉世界，意大利因此被誉为"欧洲烹调之母"。就餐时使用餐巾，在餐桌上放置玫瑰花，重大宴会时报每道菜菜名等做法，均由古罗马人最早在餐厅使用。

4. 英国的餐饮状况

在英国，餐饮业的发展和旅店的发展有着紧密关系。早在6世纪中叶，英国就出现了有关开设旅店的法律规定。早期的英国旅店是人们聚会、交流信息的场所，旅店里出售的菜肴主要是肉类和啤酒，很少有蔬菜。之后伦敦出现了第一家以鱼类、牛肉、鹿肉、家禽为原料制作菜肴的小餐馆。自1650年英国牛津出现第一家咖啡厅以后，咖啡厅如雨后春笋般接连出现，到1700年仅伦敦就有200余家咖啡厅。

5. 法国的餐饮状况

18世纪中期，法国物产丰富，农牧业发达，餐饮业迅速发展。法国菜选料广泛，烹饪方法讲究，烹饪技艺和菜肴组合比较科学，形成独具特色的法国菜肴风格。1765年，法国巴黎出现了第一家法式餐厅，当时这家餐厅已具备了现代西餐厅的很多条件。18世纪以来，法国涌现了许多著名的西餐烹饪大师，这些大师设计并制作了许多著名的菜肴，至今仍出现在菜单上并受到客人的青睐。20世纪60年代，法国又提出"自由烹饪"的口号，改革传统烹饪工艺，力求更符合人们的要求。法国因此被公认为"世界烹饪王国"，法国菜受到人们的普遍欢迎，在世界上广为传播。

6. 美国的餐饮状况

美国餐饮业形成于18世纪末。随着大量移民进入美洲，美洲大陆餐饮业迅速形成和发展。20世纪初，为适应社会经济迅速发展、社会节奏加快的需求，餐饮业出现了革新性的变化，注重营养、求新、求快的西式快餐首先在美国发展起来，而后遍及世界。至今，美国餐饮业已成为美国重要的服务产业之一，其营养丰富、快速简便的餐饮特色，随着国际经贸交流的迅猛发展而推向世界各地。

（二）中国餐饮业发展历程

1. 中国古代餐饮业的发展

中国不仅是世界文明古国，亦是古代三大"烹饪王国"之一，饮食文化源远流长，餐饮业作为专门制作与销售餐饮菜点的行业出现在市场上，至今已有两千年以上的历史。

（1）河姆渡至夏初——萌芽阶段

据考古工作者考证，40万年前的北京人懂得使用火，开始了最初的餐饮烹饪活动。新石器时代，出现了陶器，使人们有了炊具、餐具和盛器。在六七千年之前，生活在今日浙江省余姚市河姆渡地区的先人，已经大面积种植水稻和饲养牲畜。同时，人工酿酒开始出现，使得人们能以酒助兴，以肴佐酒。火、陶器的使用及原始种植业和畜牧业的发展改善了人们的物质生活条件，为餐饮业的形成奠定了原始的物质基础。我国餐饮市场的出现是在以农耕为主要生产方式的原始农业时期，当时餐饮市场的交换方式是原始的以物易物，这个时期可称为餐饮市场的萌芽阶段。

（2）夏末至商周时期——初步发展阶段

随着生产力的不断提高，餐饮市场得到进一步发展，酒店餐厅已经出现，餐饮市场形成初步轮廓。这个阶段餐饮市场的特点是民间的酒店餐厅较零散，专门为帝王、贵族而设的餐饮服务机构较发达，这些餐饮机构已经能够承办一定规模的宴席。

到商周时期，各种饮食店铺和挑担小生意的经营可谓五花八门，例如："朝歌牛屠"——在商的首都朝歌有宰牛的屠房；"孟津市粥"——在孟津有卖粥的饭店；"宋城酤酒"——在宋城有酒家可以买酒喝。总之，夏末至商周时期是餐饮市场形成初步轮廓的阶段。

（3）春秋战国时期——迅速增长阶段

春秋战国时期，餐饮市场得到进一步发展，形成了南北风味，经营品种越来越多，到秦汉时期，餐饮市场已粗具规模。这一时期城市扩大，商业繁荣，酒店餐厅在各地日益兴旺起来。在经营方式上，这些酒店餐厅大量雇用招待人员。这一时期我国餐饮市场处于迅速增长阶段。

（4）唐宋时期——繁荣阶段

唐宋时期是我国餐饮史上的黄金时期之一，具体表现在：食源继续扩大，瓷餐具风行，工艺菜新兴，风味流派显现。唐朝以后的餐饮宴席，已从席地而坐发展成为坐椅而餐。民间多用方桌，而宫廷、官府的宴会活动则用条案，菜点放在条案上，主人在上，客人在四周围案而坐，主次分明。"宴会"这一名词在这一时期也正式使用。

（5）元明清时期——鼎盛阶段

元明清时期，民族大融合，中国筵宴已经成熟，并走向鼎盛，以豪华宫廷大宴为标志的中国烹饪达到了当时的最高水平。其间食谱原料已近千种，灶具式样增多，设计更精巧。烹饪技术经过数千年的积累、提炼，得到了升华，已初步形成有原则、有规律、有程序、有标准的烹饪工艺。

2. 中国近代餐饮业的发展

近代中国由于受到西方列强的入侵，沦为半殖民地半封建社会。当时，出现了一些外资经营的西式酒店和中西结合式的酒店。

（1）外资经营的西式酒店

西式酒店是19世纪初外国资本侵入中国后兴建和经营的酒店的统称。第一次鸦片战争以后，随着《南京条约》《望厦条约》等一系列不平等条约的签订，西方列强纷纷侵入中国，设立租借地、划分势力范围，并在租借地和势力范围内兴办银行、邮政、铁路和各种工矿企业，因而出现了西式酒店。西式酒店除了向本酒店客人提供饮食外，还对外供应各式西餐，承办西式宴席。餐厅中出现的具有西式风味的食品如啤酒、香槟酒、冰激凌、面包、蛋糕等都渐渐受到中国人的欢迎。餐饮服务日趋文明并规范化、标准化。

（2）中西结合式的酒店

西式酒店的大量出现，刺激了中国民族资本向酒店业投资，因而各地相继出现了一大批具有"半中半西"风格的新式酒店，这些酒店除了对内供应中餐以外，还以供应西餐为时尚。翻阅这一时期的《大公报》，常可以看到品升楼、德义楼等酒店供应英法大菜等广告。同时，北京的六国饭店等，都经营西式大餐，官商各界人士出入其间，使得吃西餐在当时成为一种时尚。

3. 中国现代餐饮业的发展

回顾我国现代餐饮业的发展历程，大致分为五个发展阶段：中华人民共和国成立初期恢复阶段、改革开放起步阶段、数量增长扩张阶段、规模连锁发展阶段和品牌提升战略阶段。

（1）中华人民共和国成立初期恢复阶段

中华人民共和国成立以后，餐饮市场得到一定的恢复。1949年到1978年这一时期，我国餐饮市场的经营者主要是政府部门。政府部门对资本家以及国外投资者的餐饮企业进行没收改造，然后采取国营或公私合营的方式对外经营。因此，这个时期，很多餐馆或酒店都是行政事业单位，主要以事业接待为主，完全按照上级行政机关的计划和行政指令运营，餐饮市场发展缓慢，大城市餐饮市场相对发达，中小城镇和乡村地区餐饮市场普遍落后。

（2）改革开放起步阶段

20世纪70年代末至80年代，我国餐饮业在政策上率先放开，取得了新的突破和发展。传统的计划经济受到冲击，市场不断繁荣，社会上出现的一批个体私营的中小型网点，以灵活的服务方式和方便实惠的定位赢得了市场认可，这一时期的餐饮业经营模式主要以单店作坊式餐饮店为主。

（3）数量增长扩张阶段

改革开放后，餐饮市场得到空前的发展，餐饮业已成为第三产业的支柱产业之一。20世纪90年代初期，社会需求逐步提高，社会投资餐饮业资本大幅增加，餐饮经营网点和从业人员迅速增长，国际品牌也纷纷进入，外资和合资企业涌现，行业蓬勃发展。餐饮市场与过去相比发生了质的变化，主要表现在经营品种与服务范围不断扩大，产业结构日趋合理，行业科技含量明显提高，新的经营模式不断出现，餐饮市场的消费者日趋成熟，消费行为日趋合理。

（4）规模连锁发展阶段

20世纪90年代中期，餐饮企业连锁经营的推进步伐明显加快，在全国范围内，很多品牌企业跨地区经营，并抢占了当地餐饮业的制高点，连锁规模化成为这一时期的显著特点。这一时期，外资餐饮公司凭借先进的经营管理制度、高效的物流配送体系，在中国大力发展连锁餐饮店。百胜餐饮集团、金拱门（中国）有限公司在中国成功地开设了肯德基、必胜客、麦当劳等著名餐饮品牌连锁店，同时为国内餐饮同行带来了全新的经营理念。

（5）品牌提升战略阶段

进入21世纪，我国餐饮业发展更加成熟，增长势头不减，整体水平提升，特别是一批知名的餐饮企业，在外延发展的同时，更加注重内涵文化建设，综合水平和发展质量不断提高，并开始输出品牌与经营管理，品牌创新和连锁经营力度增强。经过多年的行业发展与市场竞争，中国餐饮业发展已经进入了投资主体多元化、经营业态多样化、经营模式连锁化和行业发展产业化的新阶段。

六、我国餐饮业的发展现状和未来趋势

随着我国国民经济的快速发展，居民的收入水平越来越高，餐饮消费需求日益旺盛，营业额一直保持较强的增长势头。据统计，近年来，我国餐饮业每年都以18%左右的速度增长，可以说整个餐饮市场发展态势良好。

当前，我国餐饮业发展态势主要体现在连锁经营、品牌培育、技术创新、管理科学化，现代餐饮业逐步替代传统餐饮业的手工随意性生产、单店作坊式、人为经验管理型，快步向产业化、集团化、连锁化和现代化迈进；大众化消费越来越成为餐饮消费者的主体；餐饮文化已成为餐饮品牌培育和餐饮企业竞争的核心，科学的经营管理和现代营养理念在餐饮业的应用已经越来越广泛。我国餐饮业的未来发展趋势：休闲餐饮发展空间大；舌尖安全更受重视，菜品口味将更趋原生性；餐厅智能化服务开始显现；线下餐线上卖将成为行业趋势；中央配送工厂化；私人订制抢市场；更多的品牌餐厅将加入电商营销。

第二节 熟悉餐饮部

一、餐饮部的地位作用

餐饮部在酒店中的地位，与社会的进步、酒店业日新月异的发展密切相关。随着社会生产力的迅速发展，各地交流日益频繁，酒店业迅猛发展，人们的生活水平大幅度提高，生活节奏加快，外出工作比例提高，人们外出到酒店或社会餐馆用餐的比例增加，这些因素都为餐饮业繁荣和发展提供了条件，餐饮业激烈的竞争，促进了餐饮业的迅速发展，使餐饮部在酒店中的地位也越来越受到重视。

（一）从基本功能看，餐饮部是酒店满足客人基本生活需求的主要服务部门

食、住、行是人们外出旅行或旅游的必要条件，其中住和食尤为重要，也是"家外之家"的本意之一。酒店、餐馆随旅游的产生而产生，随旅游的发展而发展。它是发展旅游业的物质基础，是旅游业的重要组成部分，同时餐饮也是星级酒店必备的基本功能之一。

（二）从收入方面看，餐饮部的收入是酒店营业收入的主要来源之一

餐饮部是酒店获得经济收益的重要部门之一，餐饮收入是酒店收入的主要来源之一。餐饮部的收入在酒店总收入中所占的比重因酒店状况而异，受到酒店主观、客观条件的影响，目前国内酒店餐饮部的营业收入约占酒店营业收入的1/3。餐饮业已经成为一个独立的旅游业的次级服务行业，社会餐饮有其独立的运作系统。尽管酒店餐饮与社会餐饮在运作、管理等方面存在诸多差异，但是餐饮服务的方式、方法和管理实质是一致的。

（三）从市场营销上看，餐饮部是酒店在市场营销中的重要组成部分

在日趋激烈的酒店市场竞争中，餐饮部占有极其重要的地位，一直充当酒店营销的先锋。餐饮业逐渐成为星级酒店档次和服务的象征，增强酒店整体的营销实力比经济型酒店要强得多。相对于酒店的其他营业部门，餐饮部在竞争中更具有灵活性、多变性和可塑性。

（四）餐饮部是平衡酒店经营中季节性差异的重要手段之一

旅游酒店在经营中往往带有一定的季节性特点。旅游旺季，酒店超负荷运转；而在淡季，设施设备、人员等闲置较多，而餐饮部的季节性变化没有这样明显。

（五）餐饮部是树立酒店高品质形象的重要窗口

餐饮服务的质量高，既可吸引客人，留住客人，还可增加酒店其他项目的收入。餐饮服务的质量，不仅直接关系到酒店的声誉和形象，也直接影响酒店的客源和经济效益，与前厅的"短暂服务"、客房部的"暗服务"相比，餐饮部的服务更直接，接触更深入，互动更多，时间更长，环节更复杂。

二、餐饮部的主要工作

酒店餐饮部的主要工作是向酒店内外客人提供优质菜点、酒水和优良服务，并通过满足用餐者的各种需求为酒店创造更多的营业收入。

（一）向客人提供优质的菜点、酒水等有形产品

生产并提供精致、可口的菜点酒水，是餐饮部经营的重点。餐饮部是酒店唯一生产并提供实物产品的部门。优质的菜点酒水能满足客人生理及心理需要，

客人对菜点酒水质量的评定，一般是根据以往的经历和经验，结合菜点酒水质量的内在要求，通过嗅觉、视觉、听觉、味觉和触觉等感官鉴定得出的。另外，由于人们越来越重视健康问题，优质的菜点酒水还必须安全、卫生。各种档次、各种风格的酒店均需根据自己的市场定位和经营策略，组织餐饮部提供能满足客人需求的优质菜点酒水。

（二）向客人提供舒适满意的服务

要向客人生产或提供实物产品，必须依靠酒店餐饮服务人员的相应服务工作。在餐厅的用餐过程中，客人除了关注菜点酒水自身的色、香、味、形等特色外，更多地会关注盛装菜点酒水的器皿、厨师烹饪技艺过程、服务人员服务态度、就餐环境氛围等无形产品。客人在购买餐饮产品的同时，更期望获得愉悦的精神享受。

（三）搞好餐饮经营管理工作

餐厅经营的最终目标是创造理想的经济效益，但随着餐饮市场竞争的发展，餐厅要始终创造并保持理想的经济效益，就必须做好餐饮经营管理工作。餐饮经营管理工作的主要内容包括：拟订工作制度，形成管理规范；搞好市场定位，确定预算目标；抓好采购供应，保证业务需要；加强厨房管理，确保产品质量；重视市场营销，大力开发客源；控制成本消耗，提高经济效益等。良好的经营管理工作是餐饮部实现经济效益的保证，也是酒店餐饮部的根本任务。

三、餐饮部的组织机构

餐饮部的组织机构因酒店规模、接待能力、管理模式、目标市场、餐厅类型以及餐饮部本身职能的不同而形式各异。从组织结构的设计上看，没有绝对统一的标准，但必须建立起合理有效的组织网络，科学分工。一般酒店大多数采用"直线职能制"管理体制，内部关系采用垂直领导、横向协调的方法，使餐饮企业成为一个有机的整体。

（一）小型酒店餐饮部组织机构

小型酒店餐饮部组织机构设置比较简单，分工比较粗，往往一个岗位需要负责多方面的工作，管理人员的职责也比一般酒店的管理人员要多得多。例如，餐饮部经理，除了负责餐厅的日常运营管理外，餐厅的酒水的供应和服务、餐具的洗涤管理等工作都归他统一管辖，这种机构设置也适用于普通的、有一定规模和档次的社会餐馆或酒楼型餐饮企业。

（二）中型酒店餐饮部组织机构

中型酒店的特点是餐饮功能比较齐全，分工比较细，特别是星级酒店，无论是功能配置还是业务范围都相对较大，还有设备齐全的中餐厅、宴会厅、酒吧、西餐厅等，因此在机构设置上中型酒店相对小型酒店要复杂得多。

（三）大型酒店餐饮部组织机构

大型酒店一般来说档次较高，餐饮设施齐全，经营范围广，因而其餐饮部的组织机构层次较多，分工设置更细。在一些大型酒店，鲜活原料的采购也直接归餐饮部经理统管，财务部和餐饮部共同领导成本核算人员，以达到部门人、财、物统一管理的目的。大型酒店餐饮部在高层管理上设立餐饮总监，全面管理餐饮部的运营工作，下设餐饮副总监，分管前台服务。行政总厨分管厨房生产，由三人构成，部门核心领导，但也有一些将副总监升格作为总监的助手。具体设置也因店而异。

一般而言，餐饮部主要由四大功能区组成：采购与库存、厨务部、各营业点、管事部。当然，需要指出的是在一些大型酒店，出于职能管理的需要，采购与库存隶属财务部，或单独成立采购部承担酒店所有设备与原料的采购；而在中小型酒店原料采购由厨师长下单，由采购主管或厨房直接购买。

1. 采购与库存

了解原料市场的行情，负责原料的采购与保管，除鲜活原料采购后直接进行加工外，一般原料采购后要分类入库、妥善保管、定时发放。

2. 厨务部

厨务部负责餐饮产品中的各式菜肴、点心的加工、烹调和制作，包括从原料的粗加工、细加工到切配和成品的全过程，并负责制定菜肴标准和开发新产品等。

3. 各营业点

各营业点包括各类中餐厅、西餐厅、宴会厅、酒吧、咖啡厅、特色餐厅、房内用餐等，是餐饮部直接对客服务部门。

4. 管事部

管事部是餐饮运转的后勤保障部门，负责洗涤、消毒，保管各类餐具，保障前后台环境卫生以及向厨房、各营业点等处提供物资用品。

四、餐饮部的人员编制

餐饮服务和管理的内容繁多，通常包括菜单设计、食品原料采购及储藏、厨房加工烹调和餐厅服务等。因此，餐饮部门的业务需众多员工的分工合作才能完成。为使整个组织机构的活动步调一致，每一个岗位都必须设立岗位说明，规定上下级报告、负责的顺序，使每一个管理者和员工都能清楚地了解自己的职责和任务。

一般而言，餐饮组织内编制最多、工作最繁杂的两部分员工是服务人员与厨务人员。所以，应根据各部门的主要工作内容，合理地分配岗位人员的工作任务。

（一）餐饮服务人员

餐饮服务人员的全部工作可分为三大部分。接待：接受预订、迎宾、衣帽服务、领座、传送菜单等。销售：招待客人点菜、协助或指导选菜、回答各种有关问题等。销售控制：检查餐饮质量和数量、结账、收银等。

为了顺利完成上述三项工作，餐饮服务人员必须合理分工。也就是说，餐厅必须明确规定每个岗位人员的职责，包括经理、主管、领班、服务员等，并按照组织机构的设置发布命令、接受命令、完成工作。

1. 餐饮部经理

餐饮部经理需要具备多方面的才能。餐饮部经理必须是个出色的技术员，通晓餐厅服务的全部过程和各种细节；必须是一位称职的主管，善于训练、指挥、调动员工工作；必须具有应对各种类型客人及推销餐饮产品、提高餐厅销售收入的能力；必须是一位精明的管理者，具有组织部门工作、安排生产以及控制餐饮品质和成本的知识与能力。

2. 餐厅领班

餐厅服务通常是分区的，每个区域的具体服务工作由领班负责管理。按照餐厅规模不同，有的餐厅领班需参加实际餐饮服务，有的餐厅领班只负责该区域的组织、检查、监督及协调工作。

3. 餐厅迎宾员/咨客

餐厅迎宾员/咨客负责餐饮预订、宴会预订以及安排各种对外联络工作。因此必须对餐厅供应的餐饮产品了如指掌，且具备仪表端庄大气、气质高雅、声音甜美的特点。

4. 服务员

服务员可谓餐厅的灵魂，除了肩负服务客人的重任外，还要完成销售的任务。所以一位优秀的服务员必须同时具备餐饮服务的技能、丰富的产品知识和良好的销售技巧。

5. 传菜员

传菜是连接后厨和厅面的主要环节，传菜员工作的效率直接影响到厅面服务的质量。

（二）厨务人员

厨房最主要的活动是食物的制备，需由整个厨房来完成此项工作。无论是中式厨房、西式厨房还是特色厨房，主厨可谓是整个厨务工作的灵魂人物，其下属的各专司厨师及助理厨师都需听从主厨的工作安排并恪尽职守。

（三）其他相关人员

根据专业化分工的原则，酒店各部门的岗位都有明确职责，每个岗位与餐饮部都有直接或者间接的工作关系，以下主要介绍在经营服务过程中与餐饮部联系密切的三个部门，通过介绍部门经理的相关工作职责，体现整个部门与餐饮部的业务关系。

1. 管事部经理

直接与餐饮部经理沟通，全权负责管事部的运转，制订与实施工作计划，培训管事部的员工合理控制餐具损耗。确保管辖范围内的物品器皿的清洁卫生、餐具及服务用品卫生要达到国家相关卫生标准，负责宴会厅各种用具物品的保管。负责每日、每月、每季、每年的盘点工作，统计和记录各餐厅及厨房的餐具使用情况，控制各营业点的留存量。督导所属员工每日按正确的工作程序完成本职工作，进行绩效评估并实施奖惩。维护保养有关设备，控制各项成本费用，按规定处理垃圾。

2. 采购部经理

采购部经理安排食品原料采购员的日常工作任务，督促和检查采购员完成任务的质量。掌握各种货源信息和价格行情，分析比较并确定采购方案，努力降低采购费用和成本费用。根据市场供应和酒店的消耗情况调整采购任务和交货期，经餐饮部经理确认后方可实施。掌握次日就餐客情和宴会情况以及部门计划，根据计划组织货源。检查当日到货情况，保证正常供应。加强食品仓库管理，防止原料变质、积压。严格控制资金的使用，掌握库存情况，坚持存货先出原则，做到开源节流。

3. 销售部经理

充分掌握酒店餐饮部的经营政策、价格体系及对外销售制度，积极开展对外销售工作。协助酒店会议、团队业务的洽谈及接待，对外促销酒店客房、餐饮、各项配套设施及服务，与重要客户建立长久、良好的合作关系。协助负责酒店各类大型活动的宣传与促销。了解市场信息与竞争对手的情况，对市场前景做出预测，及时上报上级主管及决策部门，以便其做出准确的市场判断及决策。按时、按量完成上级交给的拜访任务及各项工作。

五、餐饮从业人员的素质要求

餐饮从业人员应具有良好的服务态度、较广的知识面和熟练的业务能力，才能为客人提供高质量的服务。

（一）服务态度要求

服务态度是指餐饮从业人员在对客服务过程中体现出来的主观意向和心理状态，其好坏直接影响到客人的心理感受，服务态度取决于员工的主动性、创造性、积极性、责任感和素质，具体包括以下几点。

1. 主动

餐饮从业人员应牢固树立"客人至上，服务第一"的专业意识，在服务工作中应时刻为客人着想，凡事只要是客人需要，不管分内、分外，发现后应主动、及时地予以解决，做到眼勤、口勤、手勤、脚勤、心勤，把服务工作做到客人开口之前。

2. 热情

餐饮从业人员在服务工作中应热爱本职工作，热爱自己的服务对象，像对待亲友一样为其服务，做到面带微笑、端庄稳重、语言亲切、精神饱满、诚恳待人，具有助人为乐的精神，热情待客。

3. 耐心

餐饮从业人员在为不同类型的客人服务时，应有耐心，不急躁、不厌烦，态度和蔼。餐饮从业人员应善于揣摩客人的消费心理，对于他们提出的所有问题，都应耐心解答；并能虚心听取客人的意见和建议，对事情不推诿。与客人发生矛盾时，应尊重客人，并有较强的自律能力，做到心平气和、耐心服务。

4. 周到

餐饮从业人员应将服务工作做到面面俱到、周密妥帖。在服务前，服务人员应做充分的准备工作，对服务工作做出细致、全面的计划；在服务时，应仔细观察，及时发现并满足客人的需求；在服务结束时，应认真征求客人的意见或建议，并及时反馈，以将服务工作做得更好。

（二）服务知识要求

餐厅从业人员应掌握的服务知识包括基础知识、专业知识、其他相关知识。

1. 基础知识

基础知识主要包括员工守则、服务意识、礼貌礼节、职业道德、外事纪律、酒店安全与卫生服务、心理学、外语知识等。

2. 专业知识

专业知识主要有岗位职责、工作程序、运转表单、管理制度、设施设备的使用与保养、酒店的服务项目与营业时间、沟通技巧等。

3. 其他相关知识

其他相关知识主要有哲学、美学、文学、艺术、法律、各国历史地理、习俗和礼仪、民俗、宗教、酒店所在地及周边地区的旅游景点和交通等知识。

（三）业务技能要求

餐饮服务既需要规范化、标准化的操作，又离不开满足不同消费者需求的个性化服务理念。因此，餐饮从业人员应掌握各种不同的业务技能。

1. 语言能力

语言是人与人沟通交流的工具，餐厅的优质服务需要运用语言来表达，因此餐饮从业人员应具有良好的语言能力。餐饮从业人员的语言基本要求：语言要文明、礼貌、简明、清晰；提倡讲普通话；对客人提出的问题应予以耐心解释，不推诿和应付。此外，部分餐饮从业人员还应掌握外语，有一定的外语交流能力。

2. 应变能力

由于餐厅服务工作大都由员工通过手工劳动完成，而且客人的需求多变，所以在服务过程中难免会出现一些突发事件，如客人投诉、员工操作不当、客人醉酒闹事、停电等。这就要求餐饮从业人员必须具有灵活的应变能力，遇事冷静，及时应变，妥善处理，充分体现酒店客人至上的服务宗旨，尽量满足客人的需求。

3. 推销能力

餐饮产品的生产、销售及客人消费几乎是同步进行的，且具有无形性的特点，所以要求餐饮从业人员必须根据客人的爱好、习惯及消费能力灵活推销，以尽力提高客人的消费水平，从而提高餐饮部的经济效益。

4. 技术能力

餐饮服务既是一门科学，又是一门艺术。技术能力是指餐饮从业人员在提供服务时显现的技巧和能力，它不仅能提高工作效率，保证餐厅服务的规格标准，还可以给客人带来赏心悦目的感受。因此要做好餐厅服务工作，就必须掌握娴熟的服务技能，并灵活自如地加以应用。

5. 观察能力

餐厅服务质量取决于客人在享受服务后的心理、生理感受，即客人需求的满足程度。这就要求餐饮从业人员在对客服务时应具有敏锐的观察能力，随时关注客人的需求并及时予以满足。

6. 记忆能力

餐饮从业人员通过观察了解到的有关客人的需求信息，除了应及时满足之外，还应加以记忆，当客人下次光临时，餐饮从业人员即可提供有针对性的个性化服务，这无疑会提高客人的满意程度。

7. 自律能力

自律能力是指餐饮从业人员在工作过程中的自我控制能力。餐饮从业人员应遵守酒店的员工守则等管理制度，明确知道在何时何地能做什么，不能做什么。每位从业人员都具有良好的自律能力是餐厅优质服务的保证。

8. 服从能力

餐饮从业人员应具有服从上司命令的组织纪律观念，对于直接上司的指令应无条件服从并密切执行。与此同时，餐饮从业人员还必须服从客人，对客人提出的要求应给予满足，但应服从有度，既要满足客人要求，又要符合传统道德观念和社会主义精神文明的合理需求。

9. 团队协作能力

对于餐饮从业人员来说，不仅要有个人能力，更需要有在不同的工作岗位上各尽所能、与其他员工协调合作，发挥团队精神，互补互助以达到最大工作效率的能力。

六、餐饮部与酒店其他部门的关系

餐饮部提供的产品是有形产品和无形产品相结合的综合性产品，有形产品如食品、装潢、菜单、设备等；无形产品如餐厅的气氛、风格、人员服务、卫生等。作为酒店系统中的一个子系统，餐饮部产品的生产与销售并不是独立完成的，而是必须与其他部门如前厅部、客房部、销售部、采购部、工程部等密切配合才能实现。

（一）与前厅部的关系

前厅部的工作贯穿于客人与酒店接触及交易往来的全过程，前厅部所掌握的客人信息是餐饮部提供产品和服务的重要依据，因此，餐饮部与前厅部之间的关系主要体现在内部信息的沟通和工作的协调上。餐饮部要依据前厅部提供的信息预测日常销售量；根据前厅部提供的团队用餐单安排团体客人的餐饮；根据前厅部提供的贵宾入住通知单及接待规格给贵宾送水果、花盆或点心茶水等；餐饮部还要从前厅部取得住客信用方面的信息，以决定是否予以赊账。餐饮部其他信息，如大型餐饮活动计划、重要宴会等，也应主动告知前厅部，以便前厅部回复客人的查询。

（二）与客房部的关系

客房是酒店销售的主要产品，如果客房销售理想，入住率高，到餐饮部用餐的客人就会增多，餐饮部的收入就会增加。此外，酒店的洗衣房多隶属客房部，此时客房部就要负责餐饮部棉织品（如餐巾）的洗涤和保养，负责餐饮部员工制服的洗烫，负责餐厅地面的保养。餐饮部还要在客房部员工的协助下收拾房间餐饮服务的餐具；餐饮部要与客房部密切配合清点客房、小酒吧的饮料消耗数量并及时补充。

（三）与销售部的关系

销售部负责酒店产品的推销工作，其广泛的客户接触面和信息渠道为餐饮部的销售提供了便利，起到了直接促进作用。餐饮部所接待的各种大型宴会或其他大型活动与销售部的宣传、促销工作是分不开的。因此，餐饮部必须与销售部互通信息。比如：向销售部提供各种餐饮促销资料，共同协商并制订年度和临时的促销计划，组织安排促销活动；及时了解销售部所掌握的客人信息，包括对餐饮部的态度和投诉情况。另外，还要依据销售部所提供的信息做好餐饮销售预测。

（四）与采购部的关系

餐饮部出售的菜肴、饮料与酒类等产品，都依赖采购部为其采购，餐饮部应与采购部密切配合。采购部的采购价格和采购质量直接影响到餐厅菜肴等产品的质量，餐饮部生产所需的原料需要采购部门为其把好第一关。因此，餐饮部应与采购部有必要的联系，如在制定新菜单时，应向采购部了解原料行情方面的信息，并按要求列出采购规格书；在采购部的协助下，制订合理的采购计划；与采购部加强信息沟通，及时掌握原料的新行情。

（五）与工程部的关系

餐饮部常常需要工程部的协助才能顺利营业，因为工程部对餐厅和厨房的空调、照明、供水、冷冻等设施设备的维修、保养工作直接负责。餐饮部在设备使用过程中，要经常检查设备运转情况，发现问题需立即报工程部，由其派专业人员维修，以保证安全和营业的正常进行；与工程部共同制订设备保养、维护计划，做到日常维护与定期保养相结合，分工要明确；为避免操作不当对设备造成损害，应在工程部的协助下对本部门员工进行培训，保证正确使用机器设备。

（六）与财务部的关系

财务部是管理餐厅营业收入的部门，它对餐饮部的营业收入起监督作用。财务管理活动对餐饮部的成本进行控制，可提高餐饮部经营管理水平。因此，餐饮部应积极协助财务部及时、准确地做好营业日报工作，以便正确分析和掌握实际经营情况，及时提供餐饮成本的波动情况，做好成本的控制与监督工作。另外，国家在财政方面的新规定和新政策要通过财务部及时向餐饮部的有关岗位传达。

（七）与人力资源部的关系

人力资源部通过招聘、培训和考核等一系列工作，为餐饮部提供合格的员工，并保证其具备较高的服务技能，能提供优质的服务。餐饮部需要与人力资源部相配合，根据岗位特点，提出对各岗位工作人员的素质要求，并将其提供给人力资源部，作为招聘工作的依据；制订员工培训计划，并在人力资源部的指导和监督下实施，以实现员工的可持续发展；做好员工的考勤及工作表现记录，作为人力资源部奖惩的依据，以激励员工不断提高服务质量。

第三节 餐饮企业的定位

一、餐饮企业市场定位及策略

如何开一家财源滚滚的餐厅？成功者的经验是，在经营之前，最重要的是选择好投资的地点。要是地点选择不当，空有高级的装潢、美味的食物、优雅的气氛，仍吸引不了顾客进门，其效果与预期的相差甚远。因此筹划前需要进行缜密的策划，了解与竞争对手之间的主、客观情势，慎重行动方能奏效。这就是开店之前要确定经营定位的道理。

市场定位即根据主体所面对的消费群体在市场上所形成的固定位置。定位理论的核心思想是："去操纵已存在于顾客心中的东西，去重新结合已存在的联结关系。"通俗地说，就是顾客希望获取什么样的需求，市场就提供什么样的产品来满足这种需求。

餐饮企业的市场定位是指为了让餐饮产品在目标消费群体的心目中树立明确及深受欢迎的形象而进行的各种决策和活动。通过市场定位，餐饮经营者明白企业在市场中所处的位置，面对的是什么类型和层次的顾客，才能根据需求设计餐饮产品，展开促销活动。总之，餐饮经营的成败取决于对目标市场的研究与分析，而关键又在于企业的市场定位是否准确与可行。

（一）餐饮企业市场定位的过程

餐饮企业市场定位的过程大致可按以下四个步骤进行。

1. 选择适合的客源层次

餐饮企业在进行市场定位时，要根据目标市场不同层次顾客的不同需求进行有条件的挑选，明白不同层次顾客的关键利益所在，有针对性地投其所好。

2. 树立起与众不同的市场形象

在选择了具体的目标市场之后，经营者就应考虑树立什么样的形象来博取顾客的好感与信赖。决策时要从顾客的立场来思考问题，"忧顾客之忧，乐顾客之乐"。例如，旅游区酒店如果能体现出浓郁的民族风情和地方特色，就能引起顾客的好奇与喜欢。

3. 宣传媒介的选择

餐饮企业的市场形象一经确定，就应通过宣传媒介向目标客源市场传递和宣传。宣传要注重简练、具体，强调餐饮特色和顾客能获取的好处，与此同时，挑选合适的媒介也是十分必要的。在选择时既要注意媒介在目标市场的影响力，又要注意节约广告开支。比如，针对中青年女性，选择流行的时装杂志或微信公众号作为宣传媒介，就能收到较理想的效果。

4. 餐饮产品的设计

餐饮产品能否被顾客接受并使顾客满意是检验餐饮企业经营质量优劣的标准，也是进行市场定位的最终目的。同时通过产品的魅力又可加深餐饮企业在顾客心中的地位，巩固树立起的信誉。

（二）餐饮企业的市场定位策略

1."避强就弱"定位法

餐饮企业应有意识地根据自身的接待能力进行市场定位，切忌好高骛远。当然，这并不是在确定市场定位时排斥一些消费能力强的顾客，而是要把主要的精力放在具有相当规模、能给本企业创造经济效益的顾客群体上。

2."避实就虚"定位法或"拾漏补缺"定位法

这是利用竞争对手市场定位的偏差或疏漏对目标市场进行定位。这就要求经营者必须了解市场竞争对手的主要定位方向，熟悉客源市场的构成，能够分析潜在市场的变化及变化的趋势，从而掌握定位的灵活性，做到既能吸引不同类型的顾客，又要主次分明。

3."顺风转舵"定位法

这里的"风"指的是影响市场的主客观因素，其中国家的产业政策对餐饮业的发展影响最大。一些餐饮企业风险承受力较差，国家一些新的政策与措施可能会给其带来灾难性的后果。所以餐饮企业要利用自身经营的灵活性，只要根据国家政策的动向适时调整或转换市场定位的方向，就能在经营中掌握主动。

4."由此及彼"定位法

这是以树立餐饮企业形象，提高知名度、美誉度为前提条件，也就是餐饮企业在确定了某一目标市场之后，期望由此目标市场带来新的目标市场。从营销角度看，这是一种十分重要的销售策略。一方面，顾客的多次光顾表示餐饮企业信誉良好；另一方面，老顾客又是餐饮企业的"活广告"，可以带来更多的可靠客源，这种方法的关键在于服务质量的提升和对常客提供的优惠措施。

(三)市场价格策略的制定

在餐厅经营的过程中,价格对于消费者和经营者来说都是极为重要的因素。成功的价格定位,是主客双方多次认可、双方受益的过程。

一般来说,餐厅在开办前,就要对主体价位进行策划和设计。一旦主体价位确定,则不能轻易变动。如果随意改变,就会使经营发生大起大落的现象,甚至会使餐厅毁于一旦。

社会环境和经济环境在不断变化,市场也在不断变化,因而在餐厅经营的价格上,我们也不能一成不变,应该瞄准市场随时做出适应性调整。这种调整不是随意的,而是理性的、技巧性的。笔者以为它应该遵循以下原则。

第一,餐厅的价格调整不应该冲击主体价位。它应该在一两个菜品、一两类商品、一两个区域中动脑筋,或者在短时间内做特价处理,取得经验和顾客认可后,再逐渐渗透。

第二,在运用价格策略时,一定要遵循价值规律和经济规律。从理论上说,价格应该反映商品的价值和供求关系。但是由于主客双方所处的角度不一样,对餐厅的软硬件,包括对菜品质量的评价也不一致;至于供求关系更是一个变量,仅就需求动态而论,供求平衡是暂时的、相对的,不平衡是经常的、绝对的。在一定供求比例的影响下,商品就可能按照高于价值或低于价值的价格出售。市场经济条件下,我们不能简单地反对价格背离价值的情况。但经营者在制定价格时,应该注意避免出现没有根据的价格背离价值的情况和不反映供求关系的情况。也就是说,没有新奇特的菜品和服务举措,定价过高,必然会招致失败。

简单说来,价格策略是对两大原则问题的把握,但具体操作起来,却又是十分复杂的问题。下面就与大家一起探讨价格策略的具体运作方法和实例。

平价策略是指按普遍的指标加价率确定价格的策略。

在发达国家,许多食品都有固定加价率。例如,一个汉堡包的成本是2美元,若固定加价率是40%,这个汉堡包的价格即为2.8美元。一般一个企业的商品固定加价率,都是参照市场普遍的加价率予以确定的。按照普遍的加价率确定的价格是中等价格,正常情况下,企业可以获得适当的利润。平价策略既便于企业进行标准化管理,又能增加可信度,容易受到大多数顾客的欢迎。这是一种较为平稳的价格策略,它一般不会使经营产生大起大落的现象。

平价策略最适用于快餐企业的定价。因为快餐企业最容易实行标准化、工业化管理。快餐的成功除了它在生产、管理上实行标准化以外,它在价格策略上也做到了标准化,它们的汉堡、炸薯条、饮料等食品基本上都是按照普遍加价率定价的。但是笔者看到许多中式快餐店,在售盒饭时,价格的随意性很大,

20元的盒饭与15元的盒饭分量和质量差不多，于是许多类似的餐厅总是打不开局面。如果它们了解平价策略的好处，制定正确的固定加价率，经营中就不会那样被动了。

除了快餐企业外，绝大多数餐厅的酒水和标准化、工业化程度较高的食品，也应该实行普遍指标加价率确定价格。例如，目前餐饮企业都在供应的黄金糕、水饺、汤圆、包子等食品，随意定价马上就会招来非议，影响餐厅形象。曾经有一个经营小吃的餐厅，自诩为精品店，把抄手、饺子定为100元一碗，想出奇制胜。可是这抄手、饺子再奇也奇不到哪里去，顾客一眼就看穿了奸商的把戏，于是这个餐厅经营不到3个月就关门了。

二、餐饮定位取舍

定位，是由美国著名营销专家艾尔·列斯与杰克·特罗于20世纪70年代早期提出的营销概念，其核心观点是：定位是对产品在未来潜在顾客的脑海里确定一个合理的位置，也就是把产品定位在未来潜在顾客的心中。定位的基本原则不是去创造某种新奇的或与众不同的东西，而是去操纵人们心中原本的想法，去打开联想之结，目的是在顾客心目中占据有利地位。

从市场学的角度理解，定位就是在较多的消费者，以及消费者的多层次消费需求中，锁定要为之服务的人群，确定如何满足其需求层次的决策。它应该有如下思维步骤。

（一）"花儿为谁开"

餐饮市场有着庞大的顾客群，从理论上讲，地球上有多少人口，餐饮市场的潜在顾客就有多少。一个餐饮企业是无论如何也无法同时满足形形色色消费者的消费需求的，因此，就必须进行市场细分。所谓市场细分，是指按照消费者的欲望与需求把一个总体市场划分成若干具有共同特征的市场。分属于同一细分市场的消费者，他们的需求和欲望极其相似。通过细分市场，有利于餐饮企业合理地选择目标市场，集中力量提供有特色的产品和服务，更好地为目标客户服务。

美国品牌肯德基在进入中国市场时，将目标客户定位在大、中、小城市16～25岁的青少年群体，据此完成品种定位、价格定位、营销策略定位、服务观念定位等。其企业文化根据客户定位有机展开，取得了巨大成功。

经营实践中，餐饮企业的客户市场细分要从本企业所处的地理位置、经营环境等状况出发，在进行广泛市场调查分析的基础上，做出符合本企业的定位决策。也就是说，当企业所处环境的客户群特征相对集中时，企业客户群定位应力争细致准确；当企业所处环境的客户群特征相对分散时，企业定位也应有相应层次，既要有主导性的定位，也要有非主导性的定位。企业在选择主要目标市场的同时，还要从实际出发，选择若干细分市场作为企业的可争夺市场，尽可能满足几个消费群体的需求。

（二）"拿什么奉献给你，我的朋友"

在目标市场确定之后，如何为目标客户提供相适宜的产品，就成了接下来思考的重点。有两种情形：A情形，已有成熟产品及完整营销策略；B情形，需要确定满足目标客户需求的产品。

在A情形中，选址是最重要的工作，即选择与其产品和定位相适应的开店环境。肯德基对其快餐店的选址非常重视，选址决策有着严格的审批机制，从而确保了几乎100%的成功率。肯德基进入某城市前，一定首先掌握该城市的商业环境，然后规划商圈，商圈规划时各种元素被赋予不同的分值予以加减等，总部或地区分部通过打分划分出不同类别商圈，如市中心商务型商圈、区级商业圈、目标消费型商圈、社区商圈、旅游型商圈等。肯德基则只选择成熟商圈，因为肯德基的开店原则是：努力争取在最聚客的地方及附近开店。

俗话说"一步差三市"，是说咫尺相望的店面，其人气兴旺度有时会有巨大差别。但这个"市"并非仅指繁华度，更多是指与定位相适应的"市道"。比如，许多高雅、讲求情趣的餐饮店开在喧哗闹市区的广厦中不见得是上佳选择。

在B情形中建立餐饮企业，设址一般会遭遇两种环境：一是生地；二是熟地。所谓生地，即尚未有其他餐饮企业或餐饮企业尚未成熟的区域；所谓熟地，是指餐饮业已经成熟的区域。在生地中，餐饮企业如果有足够的财力、人力、物力、智力，能够实现除餐饮本体功能外的其他附加功能，如旅游功能、景观功能、新概念诠释功能等，则完全可以建立不同寻常的产品体系；如果上述要素储备不够充足，则尽可能选择当地的大众化产品，因为大众化产品毕竟有着牢固的消费者基础，经营风险系数低，与后进入该区域的企业比，容易建立品牌优势。在熟地中建立新的餐饮企业，则应仔细分析目标客户的需求状况。如果目标客户的需求已通过其他餐饮企业的产品得到满足，则应选择更具竞争力的同层次其他产品，如果该区域内普遍性产品、种类、经营店面等数量趋于饱和，则可选择与目标客户潜在需求相适应的外来产品品种，以满足目标客户的求新需求。

如果感觉该区域内经营某种风行产品的店面达到临界点时，则不可跟风趋近。正如经济学界著名的巴菲特定律所言，在其他人都投资了的地方去投资，你是不会发财的。该定律最重要的启示是，对于投资项目的选择一定要慎重，不仅应该事先准确地判断该项目的投资价值，最好还要到竞争对手少的地方去投资，不要盲目关注一哄而上的投资行业与项目。

（三）"一样的花朵不一样地开"

产品定位包括两个层次的内容，除了品种定位外，还有层次定位要求。比如川菜，高端川菜、中端川菜、低端川菜分别满足的是目标客户的不同餐饮需求。如果列一张定位坐标，横向坐标应显示特定区域餐饮品种状况，纵向坐标应显示同区域餐饮档次状况。品种确定、档次确定才能最终完成餐饮企业的产品定位。

作为潜在目标客户，在未进入消费状态之前，都会依据各种经验和信息，以自己的需求、期望、利益为导向为所选择的餐饮企业描绘形象。而定位则是确定企业为潜在目标创造需求的方式，二者是统一的。当潜在目标的期望完满实现时，就证明了企业定位的准确性和正确性。因此，企业定位、客户需求、产品表现的和谐均衡，是经营定位的理想状态。

（四）"黑暗中的眼睛"

餐饮市场的激烈竞争有目共睹。当一个餐饮企业改善自身的市场定位与客户需求时，区域内的其他餐饮企业也做着相同的努力。而特定区域的客户量相对固定，争夺客户份额的所有工作，是餐饮企业市场竞争的内容。因此，餐饮企业在市场定位时，只有同时定位竞争对手，才能保证定位目标的持续实现。

何谓竞争对手？一般是指在同一区域内与本企业的经营范围、目标客户、产品形态等相似或相近的企业。

确定竞争对手后，必须回答一个问题。那就是，与其相比，你的缺陷和优点在哪里？从餐饮实务角度，供应链（成本、特许权）、地点（商圈价值）、环境（光线、照明、色彩、音乐）、餐具（风格要求）、菜式与饮品（专门化、综合化）、员工服务（上菜速度、着装、礼仪等）、销售渠道（如会员制、预订制等）、餐厅形象（主题、规格、品位）等元素，可成为分析的重点。得出分析结论后，企业应在总体定位的指导下，完成各要素的建设或运行定位，以便在竞争中占得先机，取得竞争优势。

当然，市场定位、竞争对手并不是固定不变的，大市场环境的变化、区域市场牌局重洗、竞争对手更迭、企业战略整合等原因，市场定位有时也必须根据新的形势有所调整。

第四节　快餐店的选址经验

一、学习肯德基的选址策略

（一）肯德基的选址策略

肯德基对店面选址是非常重视的，选址决策一般是两级审批制，通过地方公司和总部两个委员会的决策、同意其选址成功率几乎是100%，是肯德基的核心竞争力之一。

通常肯德基选址按以下几个步骤进行：

1. 商圈的划分与选择

（1）划分商圈。

肯德基计划进入某城市前，先通过有关部门或专业调查公司收集这个地区的资料。把资料收集齐了，就开始规划商圈。

商圈规划采取的是记分方法。例如，这个地区有一个大型商场，商场营业额1000万元算1分，5000万元算5分；有一条公交线路加多少分；有一条地铁线路加多少分。这些分值标准是多年平均下来的一个较准确的经验值。

通过打分把商圈分成好几大类，以北京为例，有市级商业型（西单、王府井等），区级商业型，定点（目标）消费型，还有社区型，社区、商务两用型，旅游型等。

（2）选择商圈。

要确定目前重点在哪个商圈开店，主要目标客户群是哪些。在商圈选择的标准上，一方面要考虑自身的市场定位，另一方面要考虑商圈的稳定度和成熟度。餐饮自身的市场定位不同，吸引的顾客群不一样，商圈的选择也就不同。

例如，马兰拉面和肯德基的市场定位不同，顾客群不一样，是两个"相交"的圆。有人吃肯德基也吃马兰拉面，有人可能从来不吃肯德基而专吃马兰拉面，也有人反之。马兰拉面的选址当然与肯德基不同。

而肯德基与麦当劳市场定位相似，顾客群基本上重合，所以在商圈选择方面也是一样的。可以看到，很多地方同一条街的两边，一边是麦当劳；另一边是肯德基。

2. 聚客点的测算与选择

（1）要确定这个商圈内，最主要的聚客点在哪。

例如，北京西单是很成熟的商圈，但不可能西单的任何位置都是聚客点，肯定有最主要的聚集顾客的地方。肯德基开店的原则是：努力争取在最聚客的地方及附近开店。

古语说"一步差三市"。开店地址差一步就有可能差三成的买卖。这跟人流动线（人流活动的线路）有关，可能有人走到这该拐弯，则这个地方就是顾客到不了的地方，差不了一个小胡同，但生意差很多。这些在选址时都要考虑到。

人流动线是怎么样的？在这个区域里，人从地铁出来后是往哪个方向走的等问题，这些都要派人去记录、去测量，有一套完整的数据之后才能据此确定地址。

比如，在店门前人流量的测定，是在计划开店的地点记录经过的人流，测算单位时间内有多少人经过该位置。除了该位置所在人行道上的人流外，还要测马路中间的和马路对面的人流量。马路中间的只算骑自行车的，开车的不算。是否算马路对面的人流量要看马路宽度，路较窄就算，路宽超过一定标准，一般就是隔离带，顾客就不可能再过来消费，就不算对面的人流量。

肯德基选址人员将采集来的人流数据录入，就可以测算出在此地的投资额不能超过多少，超过多少就不能开店。

（2）选址时一定要考虑人流的主要动线会不会被竞争对手截住。

人流是有一个主要动线的，如果竞争对手的聚客点比肯德基选址更好，那就有影响；如果两个一样，就无所谓。例如，北京北太平庄十字路口有一家肯德基，如果往西一百米，竞业者再开一家西式快餐店就不妥当了，因为主要客流是从东边过来的，再在西边开，大量客流就被肯德基截住了，开店效益就不会好。

（3）聚客点选择影响商圈选择。

聚客点的选择也影响商圈的选择，因为一个商圈有没有主要聚客点是这个商圈成熟度的重要标志。比如，北京某新兴的居民小区，居民非常多，人口素质很高，但调查显示，找不到该小区的主要聚客点，这时就可能先不开店。当什么时候这个社区成熟了或比较成熟了，确定其中某个地方是主要聚客点才开。

为了规划好商圈，肯德基开发部门投入了巨大的精力。以北京肯德基公司来说，其开发部人员常年跑遍北京各个角落，对这个每年建筑和道路变化极大，当地人都易迷路的地方了如指掌，只要一听地址就能说出该区域的商业环境特征及是否适合开店。

有了店址的评估标准和一些成功案例，我们可以开发出一套店址的评估工具,它主要由下面几个表格组成:租赁条件表、商圈及竞争条件表、现场情况表、综合评估表。它们是我们进行连锁经营店址评估的标准化管理工具。

(二)参考肯德基选址

一项事业的成功往往离不开天时、地利、人和。一旦决定开店,一定要对所选地点做全面的考察,了解该区人口密度、人均消费水平等信息。开店选址是很讲究的,通常应注意下列10个细节。

1. 交通便利

在主要交通枢纽的附近,或在顾客步行不超过20分钟的路程内设店。选择哪一边较有利于经营,需要观察马路两边的行人流量,以行人较多的一边为好。

2. 接近人们聚集的场所

商场、电影院、公园等娱乐场所附近,或大公司、写字楼附近,这些地方可吸引出入行人,也易于顾客记住该店面的地点,方便顾客向别人宣传介绍。

3. 选择人口增加较快的区域

企业、居民区和市政的发展,会给店面带来更多的顾客,并使其在经营上更具发展潜力。

4. 要选择较少有横街或障碍物的一边

许多时候,行人为了要过马路,因而集中精力去躲避车辆或其他来往行人,而忽略了一旁的店面。

5. 选取自发形成某类市场的地段

在长期的经营中,某街某市场会自发形成销售某类商品的"集中市场"。事实证明,对那些经营耐用品的店面来说,若能集中在某一个地段或街区,则更能招徕顾客。因为要购买某商品就会自然而然地想起这个地段。

6. 根据经营内容来选择地址

店面销售的商品种类不同,对店址的要求也不同。有的店面要求并在人流量大的地方,如小超市。但并不是所有的店面都适合开在人山人海的地方,如保健用品商店和老人服务中心,就适宜开在偏僻、安静的地方。

7. 要有求助意识

把店面开在著名连锁店或品牌店附近,甚至开在它的旁边。最好与超市、商场、24小时药店、咖啡店、茶艺馆、酒吧、学校、银行、邮局、洗衣店、冲印店、社区服务中心、社区文化体育活动中心等集客能力较强的品牌门店和公共场所相邻。例如，如果你想经营餐饮业，那你就应该将店面开在麦当劳、肯德基的周围。因为这些著名的快餐品牌在选择店址前已做过大量细致的市场调查，挨着它们开店，不仅可以省去考察场地的时间和精力，还能够借助它们的品牌效应"捡"些顾客。

8. 位于商业中心街道

东西走向街道最好坐北朝南；南北走向街道最好坐西朝东，尽量位于十字路口的西北拐角。另外，三岔路口是好地点；在坡路上开店不可取；路面与店面地面高低不能太悬殊。

9. 要选择有广告空间的店面

有的店面没有独立门面，店门前自然就失去独立的广告空间，也就失去了在店前"发挥"营销智慧的空间。

10. 选择由冷变热的区域

与其选择现在被商家看好的店面经营位置，不如选择目前未被看好而不远的将来会由冷变热的街道或市区。

二、参考麦当劳的选址方法

（一）麦当劳的选址策略

麦当劳除了品牌优势外，在选址方面也具有敏锐目光，进驻较具发展潜力的地区。以下让我们看一看麦当劳的选址策略。

1. 对地区做评估

做生意是长线的投资，所以在拣选落脚地前，麦当劳都会做市场调查，对据点做为期3~6个月的严密考察。考察的内容，包括进驻城市的规划与发展、人口变动、消费和收入水平等，如果发现是老化城市，则暂停计划。相反，若有兴建中的新型住宅区、学校和商场等，则会纳入考虑的范围。

2. 建频密网络

麦当劳的目标消费群是家庭成员和年轻人，所以在选址上，人群聚集地是最主要的考虑因素。例如，在儿童用品商店或青少年运动连锁店附近，便会积极进驻；至于靠近繁忙地铁站的周边，在不同的出口，也会设置分店，为顾客提供方便做考虑，亦以频密网络，抢攻来自四面八方的顾客。

3. 不打急进牌

虽然不少品牌都希望抢得黄金铺位，但昂贵的租金往往在营运成本上占了很大的比重。麦当劳在中国的对策是不打急进牌，例如，在上海松江区和金山区，是先发展其他二线据点，打响知名度和凝聚人流后，吸引代理高价店面的地产商，然后再做出议价行动，这样才能获得投资回报。

4. 抢眼装潢

除了地铺外，麦当劳也会在商场等一楼设店，而设店位置往往靠近玻璃窗，以落地玻璃窗反映顾客在店内的消费行为，借此吸引街外顾客的目光，以取得视觉上的优势。

5. 优势互动

麦当劳在百货公司也会开店中店，以吸引喜欢逛百货公司的顾客，尤其在知名度高的品牌旁边开店，如沃尔玛超市等，以达到优势互补的目的。至于年轻人喜欢逛的购物商场，如大悦城等，也会带来稳定的客源。

（二）麦当劳的商圈调查

麦当劳市场目标的确定需要通过商圈调查。在考虑餐厅的设址前必须事先估计当地的市场潜能。

1. 确定商圈范围

麦当劳把在制定经营策略时确定商圈的方法称作绘制商圈地图，商圈地图的画法首先是确定商圈范围。

一般说来，商圈范围是以这个餐厅为中心、以1~2千米为半径画一个圆，作为它的商圈。如果这个餐厅设有汽车走廊，则可以把半径延伸到4千米，然后把整个商圈分割为主商圈和副商圈。

商圈的范围一般不要越过公路、铁路、立交桥、地下道，因为顾客不会绕过这些阻碍到不方便的地方购物。

商圈确定以后，麦当劳的市场分析专家便开始分析商圈的特征，从而制定公司的地区分布战略。即规划在哪些地方开设多少餐厅最为适宜，从而达到通过消费导向去创造和满足消费者需求的目标。

因此，商圈特征的调查必须详细统计和分析商圈内的人口特征、住宅特点、集会场所、交通和人流状况、消费倾向、同类商店的分布情况，对商圈的优缺点进行评估，并预计开店后的收入和支出，对可能的净利润进行分析。

在商圈地图上，他们通常注意下列数据。

（1）餐厅所在社区的总人口、家庭数；

（2）餐厅所在社区的学校数、事业单位数；

（3）构成交通流量的场所（包括百货商店、大型集会场所、娱乐场所、公共汽车站和其他交通工具的集中点等）；

（4）餐厅前的人流量（应区分平日和假日），人潮走向；

（5）有无大型公寓或新村；

（6）商圈内的竞争店和互补店的店面数、座位数和营业时间等；

（7）街道的名称。

2. 进行抽样统计

在分析商圈的特征时，还必须在商圈内设置几个抽样点，进行抽样统计。抽样统计的目的是取得基准数据，以确定顾客的准确数字。

抽样统计可将一周分为三段：周一至周五为一段；周六为一段；周日和节假日为一段。从每天的早晨7点开始至午夜12点，以每两个小时为单位，计算通过的人流数、汽车和自行车数。人流数还要进一步分类为男、女、青少年、上班和下班的人群等，然后换算为每15分钟的数据。

3. 实地调查

除了进行抽样统计外，还要对顾客进行实地调查，或称作商情调查。

实地调查可以分为两种：一种以交通枢纽为中心，另一种以商业区为中心。

同时还要提出一个问题：是否还有其他的人流中心，答案应当从获得的商情资料中去挖掘。以交通枢纽为中心的调查方法可以是了解交通路线，或从地铁购票处取得购买交通卡的人员数量。

以商业区为中心的调查需要调查当地商会的活动计划和活动状况，调查抛弃在路边的购物纸袋和商业印刷品，看看人们常去哪些商店或超级市场，从而准确地掌握当地的购物行动圈。

通过访问购物者，调查他们的地址，向他们发放问卷，了解他们的生日。

把调查得来的所有资料一一载入最初画了圈的地图，并以不同颜色标明，就可以在地图上确定选址的商圈。

"应该说，正因为麦当劳的选址坚持通过对市场的全面资讯和对位置的评估标准的执行，才能够使开设的餐厅，无论是现在还是将来，都能健康稳定地成长和发展。"麦当劳香港总部负责人这样说。

三、星巴克的完美选址技巧

你想开一家自己的店吗？大家都知道，开店最重要的是地点，但要选在哪里好呢？星巴克前任副总裁亚瑟·鲁宾菲尔（Arthur Rubinfeld）以自己任内，将星巴克由100多家扩展到全球4000多家分店的经验，为每个想成功开店的人指引完美选址四步骤。

第一步，挑地方：确定人潮及流量。

首先，你必须清楚人们要往哪里去，而不只是在那里，像早餐店要在上班族会走过的地方，水果店则要开在回家的路上。你可以花点时间，在感兴趣的目标地区计算上午、下午、晚上各时段的人潮，统计进入附近店面的人数，看看经过的人当中，上班族、学生、家庭主妇的比例，而且至少要在工作日和周末各算一次，才能知道人潮真实的分布状况。

除了直到人们往哪里去外，你还要考虑人们得花多久才会到达你的店面。越便宜的产品，顾客越不愿花时间。例如，便利商店是以3分钟来定义主要商圈；咖啡店大约是5分钟。除非是打算买汽车这种高单价商品，否则一般而言，顾客最远只能忍受7分钟的交通时间。

第二步，找地点：访查周遭环境。

有了预选的地点，第二步是先观察其周遭环境。这时要用两种角度来观察，首先是商人的角度：什么迹象显示该地点可以创造业绩？其次，从顾客的角度：你会不会到这个地点逛街？黄金地段有冷门的角落，次级商圈也有热门据点，找地点最忌讳只看到别人成功，就想在隔壁复制一家店，除非你有把握做出自己的优势。

此外，留意坐落在对角或不远处的竞争对手是否会抢走你的生意；你是否能在顾客的行动路线上，抢先别人一步拦截顾客？随时注意对手的位置，寻找足以抗衡的地点，你一定要保持领先地位，不然，位于同性质商店的下风处，小心生意也会一直处于下风。

第三步，看店面：建筑等于活广告。

请抱着初次约会的心情看店面，要关心，也要抱着怀疑。先远看，再近看，想象你的店面在这个空间里的感觉。一旦店名放在招牌上，会很显眼吗？开车经过的人看得到吗？行人能从人行道上就注意到吗？好的店面就像活广告，不只是让人方便找到你，也能向路上行经的潜在客户展示自己。

此外，建筑设计也是一个重点。这个地点适合零售业吗？吸引人吗？该大楼的质量是否跟你的产品一样好？记住，一定要从品牌打造的角度来思考建筑物。

第四步，选邻居：好邻居让你少奋斗。

顾客会认为，彼此相邻的店面，其商品质量也相当类似。所以，跟类似的品牌坐落在同一地点十分重要，因此有些选址策略就是要"寄生"。在大百货公司旁开服饰店、在高级超市旁开生机饮食店，被大品牌所吸引的顾客，也会被你所吸引。

另外，如果能碰到一些中介店或干洗店之类的优质邻居那更好，因为这些店面都有着"两次到访"的机会。人们把衣服送去洗，隔几天必定会再回来拿；邮局、超市也是这种好用的人潮回力镖，若能沾到它们的光，那对你的生意绝对是大大加分。

四、快餐店选址的几点思考

快餐在我国的发展步伐无疑是飞速的，如今几乎没有孩子不知道麦当劳叔叔、肯德基爷爷。有人说，这是快餐的本土化策略带来的结果。确实有这方面的原因，快餐会根据当地人的口味适当调整自己的配方，但这只是一小部分，不管到哪里，它都有自己的特色。但本土化只是它成功的一个方面，快餐最成功的地方在于选址，它只在适合自己生存的地方开店，所以它的每个店都非常成功。

以先标准后本土的思想建立的快餐店，首先寻找适合自己定位的目标市场作为店址，再根据当地情况适当调整。它们不惜重金、不怕浪费更多的时间在选址上。但它们一般不会花巨资去开发新的市场，而是去寻找适合自己的市场；它们不会认为哪里都有其发展的空间，而是选择尽可能完全拷贝母店的店址。用一个形象的比喻来说，它们不会给每个人量体裁衣，它们需要做的只是寻找能够穿上它们衣服的人。

连锁企业发展的标志就是规模扩张，它的前提是总部统一控制发挥整体优势。而实现这一目标的第一步就是通过选择合适的店址，进行最大限度的拷贝，使分店更加标准化，使总部经营管理更加简单化。快餐连锁经营发展成功的三个首选条件是"选址、选址、选址"，它们就是要选择目标市场以加快连锁经营度的步伐。

地点是餐饮经营的首要因素，餐饮连锁经营也是如此。连锁店的正确选址，不仅是其成功的先决条件，也是实现连锁经营标准化、简单化、专业化的前提条件和基础。

商圈的成熟度和稳定度也非常重要。比如，规划局说某条路要开发，在什么地方设立地址，将来有可能成为成熟商圈，但肯德基一定要等到商圈成熟稳定后才进入。例如说这家店3年以后效益会多好，但对现今没有帮助，这3年难道要亏损？肯德基投入一家店要花费好几百万元，当然不会冒这种险，一定是遵循稳健的原则，保证开一家成功一家。

快餐店的选址要诀，其实对我们个人投资者来说也有不少的借鉴意义。虽然我们不可能像它们一样做那么多繁杂的测算，但其许多有益的思路还是值得我们学习的，能够让我们在商铺选址时把握得更加准确。

第五节　餐饮企业的终极定位及选址

店面选址的首要秘籍——"扣对你的第一颗纽扣！"

店面的成功经营涉及十六大环节要素，这些环节环环相扣，缺一不可。但在其中最重要的是——选址。如果这个首要环节做得不好，即使后续的定位、筹建、培训管理、销售服务等各方面做得非常好，也很难做到目标销售业绩。

如果经营不理想，去更换名字和店面或者重新定位，不但将花费更多的人力、物力和财力，并且会给经营者带来难以弥补的巨大损失。

其实，餐饮店的选址，就像我们早上起床穿衬衫时必须系准确第一颗纽扣，否则，下面的纽扣无论你系得如何认真、准确，整件衬衫的纽扣仍然都是错位的！

关键秘籍——你的"心上人"在哪里？

通常在店面选址的过程中，总希望找人流最集中的地段，认为人流量越大越是好的地段；甚至有些人认为租金越贵店面就越好。其实这些认识都比较片面而笼统，找店面仅仅看人流量或者租金很有可能就会把你带入一个陷阱：租金贵、成本高、客流量大，但就是进店率低、成交率低、利润低。这"三高三低"现象就会明显使你"入不敷出"。

人流量固然重要，但更重要的是，该地段的人流量是不是有效人流量，即目标消费群聚集的地方。品牌的定位是有着一定区域范围的，从顾客的年龄、职业、社会角色、经济收入、文化背景等要素中区分目标消费群。

例如，小餐饮、低价位的品牌一般适合于学生、刚参加工作且收入不高的群体、部分中低收入家庭等；而中高餐饮、高价位的品牌一般适合于参加工作时间长、收入较高的群体。这两部分顾客的就餐场所也自然形成了差异：年轻而收入不高的群体喜欢逛人流量大、整体价位比较低的街区；而另一部分则偏向于高消费，讲究享受，喜欢环境好、配套设施齐全，人流量不太大的位置。

从哲学角度来理解，任何一件事物都是具备利弊两方面的。"双刃剑"会时刻存在于你的经营中，店面的选址也是同样的道理。那么，在选地址时，如何看待你的竞争对手呢？从经营上来讲，在产品定位上类同的竞争对手会在销售上"分一杯羹"，并给餐饮的经营带来竞争压力，这是弊端的一方面。

但从另一方面讲，在聚集了同类竞争品牌的商圈环境中，也大量地吸引了同类的目标顾客。对于二线餐饮品牌选址特别需要考虑的重要因素是：该地段是否有同类竞品的一线品牌？在一线品牌旁边开店，带动目标消费群的光顾，从而使本品牌得到顾客的惠顾，这是有利的一方面。

在茫茫人海中要找到你"朝思暮想"的"心上人"还真不容易！不但要用心，还要采用一些巧妙的技巧，即选址中专业的"人流活动路线"测算工具。带上秒表、诚实的员工、笔、笔记本以及具备洞察能力的"火眼金睛"，站在你要选择的店面前，如实地记录过往的人流、车流、通过的时间、目标消费群的数量、竞争品牌的进店率等数据，用科学的数据帮助你做出餐饮经营中首要也是非常重要的决策——选址！从而有效地避免你在选址上的感性与冲动，也避免了你在经营中的"致命陷阱"。

"时间段"是指按餐饮经营的一天时间来算，通常是10：00-22：00，那么在此经营时间段内以一小时作为测评单位，来分析每个不同时间段中过往的人流、车流以及相关指标的变化，从而判断出该地段客流的高峰期和目标顾客的主要集中时间以及客流行走方向等数据。当然，测评的时间单位也可采用2～3小时或半小时，如果你需要详尽仔细反映客流指标的规律，可采用半小时为单位；如果你只要大致了解客流状况，也可采用2～3小时为单位。

"客流和车流数量"是指在测评时间段内，经过目标店面的人和车辆的总数量。该指标反映的是目标店面位置的商业氛围以及聚客能力水平。不过这只是一个总的数量指标，如果要详细深入分析，还要了解"目标消费群数量"。从"目标消费群数量"指标中可分析出该店面的针对性是否强。这个指标的占比越高，则反映该店面经营的成功概率也越高！

一定记住，不是大街上所有的人都是你的顾客，要找准属于自己的顾客。

"主客流方向"是指该店面门口的人行街道上，来往两个方向中，哪个方向是人流行走的侧重？这个指标对于该店面开业后的店名悬挂、广告灯箱朝向等决策有非常重要的作用。例如，某店A店面，左右两边有竞争对手B、C、D店面。如果广告宣传，A店面在左右两边的"视线点"应如何主推呢？

主客流方向是由右至左，根据人体工程学的规律：人体在行进过程中观察物体，视线是斜前方30°～45°，因此，A店面主要集中顾客视线点就在1

号位置，该位置是 A 店面吸引顾客进店的"黄金视线区"。新品上市，A 店面就要将其强项产品（比 B、C、D 店面产品有优势的产品）主推陈列在 1 号位置。另外，这个指标反映的也是该位置是否会被竞争对手截流，因为人们现在对品牌的忠诚度还没有很高，不会说我就去 A 店面消费，除此之外前面的 B 店面看也不看。如此的话，如果顾客在 B 店面消费了，那么，A 店面就没有机会了。

"竞争对手的进店数量"一定程度上可以比对反映出同类产品经营的适应性。如果竞争对手门头和橱窗、灯光都没有大问题，进店率却很低，那么实际上无形中已经给你敲了警钟：这条街针对目标消费群的适应性是否存在问题？当然，也可帮助你在该店面的后续经营中，对比你自己的进店率，从而切实找到经营上的差距。

"聚客点"是指聚集客流的地点，如公交车站、地铁站、出租车站、商场、大型超市、停车场、休闲娱乐广场、带横道线的十字路口等。聚客点越多，说明人流量就越大，"人气"就越旺。所以，附近的聚客点每增加一点就为你的选址增加一分，当然，相应的租金费用也会随之增加。

选址的时候，要考虑到店面的周边环境是否有"斑点"一样的东西，是否影响了顾客的购物情绪。

店面选址时，还要考虑顾客进出店面的方便性。如门口台阶是否过高或过低？门口道路是否阻碍顾客的正常行走？店面旁边是否有公厕、垃圾桶或难闻气味？

店面选址时也需要分析店面的地形特点，选择能见度高，不被周边建筑物、广告牌、树木等遮挡的地点建店。大树挡住了 LOGO 标的店面，其进店率明显地会受到限制，销售业绩也会受到影响。

综上所述，选址的准确是至关重要的因素，可以有效地帮助经营成功。当然，选址不仅需要充分掌握技巧，还是一种艺术！

第二章 餐饮行业礼仪培训

第一节 仪容仪表培训

一、服务人员注重仪表仪容的重要意义

在餐饮服务中,仪容仪表是不容忽视的基本因素,良好的仪容仪表会令人产生较好的第一印象。仪容仪表体现了餐饮服务人员对客人、对社会的尊重,显示了餐饮服务人员的精神面貌和修养程度,也反映出餐饮服务人员对待工作的态度,服务人员注重仪容仪表的意义体现在以下三个方面。

(一)仪容仪表是企业树立良好形象的手段

企业形象取决于两个方面:一是提供的产品与服务的质量水平;二是员工的形象。在员工的形象中,仪容仪表是最重要的表现,它在一定程度上体现了企业的服务形象。良好的仪容仪表,会令人产生较好的第一印象,从而对企业产生积极的宣传作用。

(二)仪容仪表是尊重服务对象的需要

在服务过程中,服务对象都在追求一种比日常生活更高标准的享受,包含视觉、听觉和嗅觉等感官的美好的享受。服务人员仪表端庄大方,整洁美观,可使服务对象得到视觉的享受,同时服务对象面对外观整洁、端庄大方的服务人员时,也会感到自己的身份地位得到应有的承认,求尊重的心理也会得到满足。

(三)仪容仪表反映企业的管理水平和服务质量

在服务行业中,服务人员的仪容仪表是最受客人重视的部分,服务人员的

仪容仪表往往会影响服务对象对其专业能力和任职资格的判断，并在一定程度上反映企业的管理水平和服务质量，在国内外评定旅游酒店星级的标准中，考核员工仪容仪表就是其中一项。

二、服务人员仪容仪表的基本要求

讲究仪容仪表美是设计美、创造美的过程，它是人际交往中人们都必须遵守的礼仪规范。在长期的实践中，人们对服务人员仪容仪表的要求有了一些共识，并逐渐成为一种规范。

（一）讲究个人卫生，保持仪表整洁

个人卫生是向客人提供优质服务的基础和前提，个人卫生也是良好的个人仪容所必须具备的基本要求。在工作岗位上，坚持不懈地做好仪容仪表细节的修饰工作，要求员工做到仪容干净、整洁，保持身体无异味；服装挺括，不残破、不褶皱；精神振作，整齐利落。

（二）穿着得体美观，打扮端庄自然

穿着得体，就是在整理、修饰仪容仪表时，力求简练、明快、方便、朴素，要力戒雕琢、烦琐。端庄大方，就是要求端庄、斯文、优雅，而不是花哨、轻浮、随意，并根据着装、自身特点、场合需要选择饰品。

（三）树立服务意识，遵守岗位规范

要求服务人员树立服务意识，突出岗位特点，维护企业形象，严格按岗位的要求规范着装。员工工作时必须穿统一的工作服，女员工淡妆上岗，男员工不化妆，但要保证仪容整洁。

三、服务人员仪容仪表的具体规范

餐饮服务人员在自己的工作岗位上都必须按照本行业、岗位的要求，对自己的仪容仪表进行必要的修饰与维护，要求服务人员在修饰本人的仪容时，重心放在以下几个方面。

（一）面部修饰规范

面容是人的仪容之首，也是最为动人之处。修饰面容最好的方法就是美容化妆。对男性服务人员而言，面容美化要求整洁健康、容光焕发。在具体操作上，

一般做好洁面、修面、护理皮肤即可。对女性服务人员而言，酒店提出的要求是"淡妆上岗"，这不仅是自身仪容美的需要，也是对客人尊重的需要。

1. 口部修饰

（1）刷牙。采用正确的刷牙方式，要求做到"三个三"：每天刷牙三次，每次刷牙宜在餐后三分钟进行，每次刷牙的时间不应少于三分钟。

（2）禁食。餐饮服务人员上班前，忌喝酒，忌吃葱、蒜、韭菜等有刺激性气味的食物，避免使口腔产生异味。

（3）剃须。男性服务员应坚持每天上班前剃须。

（4）护唇。餐饮服务人员要注意呵护自己的嘴唇，涂抹无色润唇膏来防止唇部干裂，吃完食物后要避免嘴角有残留物。

2. 鼻部修饰

（1）鼻垢的清理。有必要去除鼻垢时，宜在无人场合辅以手帕或纸巾轻声进行，切不要发出过大声音，令人反感。同时男性服务人员要注意及时修剪鼻毛。

（2）"黑头"的清理。清理这些有损个人形象的"黑头"时，应做到两点：一是平时对此处要认真进行清洗；二是可用专门的"鼻贴"将其处理掉。

3. 耳部修饰

（1）耳部的除垢。耳孔里的分泌物及灰尘映入客人的视野会显得极为不雅。因此，服务人员务必每天进行耳部除垢。但一定要注意，此举不宜在工作时进行。

（2）耳毛的修剪。有的人由于个人生理原因，耳孔周围会长出一些浓密的耳毛，若服务人员一旦发现自己有此类情况应及时进行修剪。

4. 颈部修饰

颈部是人体最易暴露年龄的部位，因此在进行眼、嘴、鼻、耳修饰的同时，也要同修饰脸部一样修饰颈部，保持颈部皮肤的清洁，并加强颈部的运动与营养按摩，使颈部皮肤紧绷，光洁动人。颈部的营养按摩一般从20~25岁开始为宜，如果年龄过大，恐怕会事倍功半。因此，宜尽早护理才能延缓衰老。

（二）头发修饰规范

餐饮服务人员的头发修饰，不仅要按照一般人的审美标准，还要符合餐饮行业的特殊要求以及酒店的具体规定。因此在进行个人头发修饰时，应注意以下问题。

1. 确保头发整洁

服务人员为了确保头发整洁，应选择适合自己发质的洗发水和护发素对头发进行清洗及护理，及时修剪和梳理头发。具体要求：服务人员的头发每周至少清洗三次，每月至少修剪一次，每天至少梳理一次。

2. 选择合适发型

发型是指头发经过一定修剪、修饰之后所呈现出来的形态。选择发型总的原则是男性应讲究阳刚之美，女性则崇尚阴柔之美。对服务人员而言，在选择发型时必须首先考虑到自己的职业，即应以工作为重，做到发型与工作性质相称。发型选择的总体要求：长度适中，以短发为主，风格庄重。

（1）男性服务人员切忌留长发，一般以短发为主。要求是前发不覆额，侧发不掩双耳，后发不及衣领，不留大鬓角，也不能剃光头。

（2）女性服务人员头发不宜长于肩部，不宜挡住眼睛，长发过肩者最好采取一定的措施，可将长发扎起来或盘成发髻，刘海不及眉。

（3）头发美化适当。人们在修饰头发时，往往会有意识地运用某些技术手段对其进行美化。如在染发方面，一般服务人员都不宜染发，早生白发或长有杂色头发者可将其染黑；在烫发方面，服务人员的发型应端庄大方，但注意不要将头发烫得过于凌乱；在佩戴发饰方面，服务人员在工作之中最好不佩戴，即使允许佩戴发饰，也仅仅是女性"管束"自己的头发之用，而不是意在打扮。工作时，只允许佩戴工作帽，佩戴时，一般要求不外露头发。

（三）肢体修饰规范

1. 上肢的修饰

上肢即手臂，是工作中运用最频繁的身体部位，在服务工作中，手臂通常被视为服务人员的"第二脸面"，一双保养良好、干净秀美的手臂，往往会给服务操作增添美感，所以服务人员对在服务过程中"处于显著位置"的手臂，应精心加以清洁、保养和修饰。

（1）手臂的清洁。清洗手臂，要真正保证无泥垢、无污痕，除了手部的烟渍必须清除之外，其他一切碍眼的痕迹，如手上所沾的墨水、油渍等污垢，均应清洗干净。在工作岗位上，每一位服务人员都要做到：上岗之前要洗手，外出归来要洗手。

（2）手臂的保养。由于服务人员在服务时用手较多，有些特殊的工作岗位甚至还会在一定程度上对手臂造成某种伤害，所以服务人员一定要高度重视保养自己的手臂。保养手臂一是方法得当，二是贵在坚持，形成良好的用手动作习惯。

（3）手臂修饰。为了增添美感，对手部、手臂进行清洁保养的同时需进行必要的修饰，服务人员在工作岗位上手臂的修饰，应以朴素庄重为美，不应艳丽，否则就与自身特定的社会角色不相称。同时要做到：勤剪指甲，养成"三日一修剪，一日一检查"的良好习惯；不在指甲上涂饰彩妆。

2. 下肢的修饰

在人际交往中，人们观察一个人常有"远看头，近看脚"的习惯，因此服务人员除了要慎重地对待下身服饰的选择与搭配外，还要注意下肢的清洁与适当的掩饰和修饰。

（1）保持下肢的清洁。下肢的清洁，应特别注意三个方面：一是要勤洗脚；二是要勤换鞋袜，一般要每天换洗一次袜子，还要注意尽量不穿不透气、吸湿性差、易产生异味的袜子；三是要定期交替更换自己的鞋子，并且要勤清洗、勤晾晒。清洗时，务必细心清洁鞋面、鞋跟、鞋底等处，皮鞋要定期擦油，使其锃亮光洁。

（2）下肢的适度掩饰和修饰。服务人员在工作岗位上时要对自己下肢的有关部位进行适度掩饰和修饰。

（四）化妆修饰规范

1. 化妆的要求

女性服务人员需要每天洁面、护肤、化淡妆。粉底要接近自己的肤色，淡雅自然；腮红柔和、均匀；在眉峰、眉头和眉尾的关键处进行修剪，顺着眉形画眉，颜色为黑色或棕色；画眼线、涂眼影、刷睫毛膏，画眼线注意上深下浅，眼影一般以棕色等大地色系为宜；涂口红，使用适合自己唇色的口红，以呈现健康红润的色泽，唇上有过于浓密的汗毛时应及时去除，以保持美观。

2. 化妆的禁忌

（1）忌离奇出众。离奇出众是指在化妆时有意脱离自己的角色定位，而专门追求怪异、神秘的妆容。

（2）忌当众化妆。在众目睽睽之下化妆是非常失礼的，既有碍于人，又不尊重自己。化妆应在无人之处，或是在专用的化妆间进行。

（3）忌残妆示人。残妆，是指出汗、休息或用餐之后妆容出现残缺。脸部残妆会给人懒散、邋遢之感，所以要注意及时检查和补妆，补妆也要避人，不能当众进行补妆。

（4）忌岗上化妆。服务人员工作妆一般应在上岗之前完成，不允许在工作岗位上进行，否则显得工作三心二意，对服务对象不尊重。

（五）服饰规范

1. 服务岗位着装的要求和规范

服务人员的服装应体现职业特色，对服务人员的服饰要有统一的要求与限制。服务人员整洁大方的服装可以体现对服务对象的尊重，表达对服务对象的高度重视；服务人员得体的着装，有助于塑造与维护企业的形象，有利于提高服务人员的自身素质。

按规定，服务人员在工作岗位上的穿着应与本人所扮演的服务角色相称，它应具有正式规范、庄重大方、符合身份、实用便利等特点。穿着时要注意外观平整、完好无损、干净卫生、无异味，并要成套穿着。

2. 饰物佩戴的要求

服务人员在工作中使用首饰的主要规范：符合身份，以少为佳，区分品种，佩戴有方。

（1）符合身份。服务人员在自己的工作岗位上佩戴首饰时，要符合身份，不可过度张扬。

（2）以少为佳。服务人员在自己的工作岗位上佩戴首饰时，一定要以少为佳，一般品种不宜超过两种，数量不超过两件。

（3）区分品种。服务人员在自己的工作岗位上佩戴首饰时，因具有特殊身份，并不可以对各种首饰自由地进行选择。对服务人员来讲，结婚或订婚戒指是其在工作岗位上唯一被允许佩戴在外的首饰；服务人员通常在工作岗位上不宜佩戴项链，即便佩戴，也只能将其戴在衣内，不宜显露在外；女性服务人员在工作岗位上，不宜佩戴耳环，但一般情况下，允许女性服务人员佩戴耳钉。

（4）佩戴有方。服务人员在自己的工作岗位上佩戴首饰时，不宜佩戴珠宝首饰。

第二节　服务仪态训练

一、站姿规范

站立姿势，又称站姿或立姿，是指人在停止行动之后，直立自己的身体、双脚着地或者踏在其他物体之上的姿势。它是一种静态的身体造型，是平常采用的最基本的姿势。优美的站姿是展现人体动态美的起点，是培养一个人全部仪态美的基础。

（一）站姿基本要求

站姿基本要求是"正看一个面，侧看一条线"。它的标准主要是正和直。即从身体的正面来看，主要特点是头正、眼正、肩正、身正；从身体的侧面来看，主要特点是颈直、背直、腰直、臂直、腿直。

（二）站姿基本要领

站姿基本要领：站直，双腿并拢脚跟相靠，脚尖分开45°~60°，身体重心在两脚中间；提臀、收腹、挺胸，挺直脊背；双肩打开、齐平，双臂自然下垂，虎口向前，手指自然弯曲，中指贴裤缝；头正、颈直、双眼平视前方，下颌微收，面带微笑。

（三）站姿不同形式

不同的工作岗位对站姿有不同的要求，但任何一种形式的站姿都是在基本站姿的基础上变化的，服务人员在实际工作中应当选择合适的站姿形式为客人服务。服务工作中常见的站姿有以下几种。

1. 侧放式站姿

侧放式站姿是男女通用的站立姿势，其要领和基本站姿相同。

2. 前腹式站姿

（1）站姿一：在基本站姿的基础上，两手轻轻划向腹前，右手握住左手手指部位，右手在上，两手交叉点在衣扣的垂线上，是女性常用的站立姿势。

（2）站姿二：两脚脚尖向外略展开，一脚在前，将一脚跟靠于另一脚内侧前端，形成一个斜写的"丁"字，两手握指交于腹前。此站姿又称"丁"字式站姿，是只限于女性使用的站立姿势。

3. 后背式站姿

后背式站姿是男性常用的站立姿势。后背式站姿要领：在基本站姿的基础上，两脚打开，略窄于肩宽，两脚平行，身体立直，身体重心放在两脚上，两臂肘关节自然内收，两手相握放在后背腰处。

4. 单臂式站姿

单臂式站姿是男女通用的站立姿势。单臂式站姿要领：因工作的需要，选择将两脚打开或呈"丁"字式，工作中常见到的是左手单臂后背，右手来完成如斟酒服务等工作。

站立太累时，可变换为调节式站姿，即身体重心偏移到左脚或右脚上，另一条腿微向前屈，脚部放松。无论转变成何种站立姿势，都要注意做到"万变不离其宗"，即不能离开站姿的基本要领。

（四）站姿的禁忌

服务人员在从事服务工作时应遵从站姿要求，不良的站姿会影响形象，应注意不可歪脖、斜腰、挺腹、屈腿，不可随意扶、倚、靠、趴，双手不可插在衣兜或裤兜里等。

（五）站姿的训练方法

（1）面向镜子，按照动作的要领体会站立姿势。

（2）头顶可放本书，练习头颈部的稳定性。

（3）靠墙站立或两人一组背靠背站立，要求脚跟、小腿、双肩、后脑勺都贴紧墙壁或另一个人，练习身体直立，腰身挺拔。

二、坐姿规范

坐姿不仅包括坐的静态姿势，同时还包括入座和起座的动态姿势，入座为坐的"序幕"，起座为坐的"尾声"。

（一）坐姿基本要求

坐姿的基本要求是"坐如钟"，即坐姿要像钟那样端正。

(二)坐姿基本要领

坐姿基本要领包括以下几个方面。

1. 入座

从座位左侧入座,背向座位,双腿并拢,右脚后退半步,使腿肚贴在座位边,(若女士穿裙装,双手沿大腿侧后部轻轻向前拢一下裙子)缓慢地坐满椅子的三分之二或二分之一;然后将右脚与左脚并齐。

2. 坐姿

双腿、双膝、双脚跟并拢,小腿与地面垂直;身体挺直,微向前倾,双肩放松下沉,双臂自然弯曲内收,双手呈握指式,右手在上,手指自然弯曲,放在双腿上或座位扶手上;头正、颈直、下颌微收,面带微笑,双目注视前方或对方。

3. 起座

右脚后退半步,脚掌蹬地,顺势而起。

(三)坐姿不同形式

入座后,人的双腿和双脚所处的不同位置往往体现出一个人坐姿的形式,常用的坐姿形式主要有以下几种。

1. 正襟危坐式

其要领和基本坐姿相同,适用于正规的场合。

2. 垂腿开膝式

垂腿开膝式也是较正规的坐姿,主要适用于男性。垂腿开膝式要领:在基本坐姿的基础上,两腿可以稍微分开,但不能超过肩宽。

3. 双腿斜放式

适合穿裙子的女性在低处就座时使用。双腿斜放式要领:在基本坐姿的基础上,双腿并拢,双脚向左或者向右侧斜放,斜放后的腿部与地面成45°角。

4. 前伸后屈式

主要适用于女性。前伸后屈式要领:在基本坐姿的基础上,大腿并拢,向前伸出一条腿,另一条腿往后屈回,两脚掌着地,两脚前后保持在一条直线上。

5. 双脚内收式

双脚内收式适合在一般场合使用,男性、女性都可以采用。双脚内收式要领:

在基本坐姿的基础上，双膝、小腿并拢，向内侧屈回，双脚脚掌着地。

6. 双脚交叉式

双脚交叉式适用于各种场合，男性、女性都可以采用。双脚交叉式要领：在基本坐姿的基础上，双膝并拢，双脚在踝部交叉。交叉后的双脚可以内收，也可以斜放，但不要向前方直伸出去。

（四）坐姿的禁忌

服务人员为保持优美坐姿和良好的形象，应注意以下禁忌。

（1）坐定之后，女士不可两膝盖分开，两脚尖呈"八"字或者脚尖翘起指向他人。

（2）坐定之后，不可摇头晃脑、左右顾盼、前俯后仰、双腿抖动。

（3）入座、离座之时，不可猛起猛坐，使椅子发出声响。

（五）坐姿的训练方法

（1）加强腰部、肩部的力量和灵活性训练，具体方法：经常进行舒展肩背动作的练习，同时利用器械进行腰部力量的训练。

（2）面对镜子，按照动作的要领体会不同坐姿，经常性地纠正和调整不良习惯。

三、走姿规范

走姿是指人们在行走过程中所采用的姿势。优美的走姿能体现出一个人良好的精神风貌和气质风度。

（一）走姿基本要求

走姿的基本要求：步履自然、匀速、稳健，步态轻松、优美。

（二）走姿基本要领

走姿的基本要领：头正、颈直，下颌微收，目光平视前方，面带微笑；挺胸、收腹、提臀，上身稍向前；双肩齐平下沉，双臂放松下垂，手指自然弯曲，两臂前后自然摆动；屈大腿带动小腿走，脚跟先着地，身体重心落在前脚掌上；同时要注意步位直、步幅适度、步速平稳。

（三）走姿的禁忌

服务人员在行走时要遵从要求，应注意不要左顾右盼、左右摇摆、身体不正、含胸或过于挺胸、脚内外"八"字步、步幅过大或过小等。

（四）走姿的训练方法

（1）靠墙站立，背靠墙壁，将后脑、肩背、臀部和脚跟靠在墙上，进行整体的直立和挺拔训练。

（2）在人行道和走廊等宽敞而安全的地方，沿着地面砖的直线缝隙进行直线走姿练习，同时依据地面砖的尺寸进行步幅练习。

（3）头顶书本行走，进行整体平衡的练习。

四、蹲姿规范

（一）蹲姿基本要求

站在所取物品的旁边，蹲下屈膝，抬头挺胸，不要低头，也不要弯腰，两脚合力支撑身体，掌握好身体的重心，慢慢地把腰部低下，蹲下时要保持上身挺拔，神情自然。

（二）蹲姿的不同形式

1. 高低式蹲姿

男女通用的蹲姿，这种蹲姿的主要特征：双膝一高一低，女性应使两腿靠紧，男性则可以适度分开。

2. 交叉式蹲姿

只适用于女性，尤其是穿短裙的女性。这种蹲姿的主要特征是蹲下后双腿交叉在一起。

3. 半蹲式蹲姿

男女通用的蹲姿，这种蹲姿多见于行进之中临时采用。男子采用半蹲式蹲姿时，两腿不必靠紧，可以有一定的距离，但女性应靠紧双腿。这种蹲姿的主要特征是身体半立半蹲。

4. 半跪式蹲姿

男女通用的蹲姿，它是一种非正式蹲姿，这种蹲姿的主要特征是双腿一蹲一跪。

（三）蹲姿的禁忌

不要突然下蹲，下蹲时不要离人过近，不要背对他人，不要蹲着休息，女性下蹲时不要毫无掩饰。

（四）蹲姿的训练方法

（1）加强腿部膝关节和踝关节力量和柔韧性的训练，具体方法：压腿、踢腿、活动关节。

（2）有意识地、主动地、经常地进行标准蹲姿的练习，形成良好习惯。

五、手势规范

手势也称手姿，指的是人们在特定的场合中运用手臂时所出现的具体动作与体态。它不仅能对口头语言起到加强、说明、解释等辅助作用，而且还能表达有些口头语言所无法表达的内容和情绪，它是人们交往时不可缺少的动作，是富有表现力的一种体态语。

（一）手势的基本要领

规范的手势是手掌伸直，手指并拢，拇指自然分开，掌心斜向上方，腕关节伸直，手与前臂形成直线，以肘关节为轴，自然弯曲，大小臂的弯曲以140°左右为宜。做手势时，要配合眼神、微笑和其他姿态，使手势显得更协调大方。

（二）手势的禁忌

在服务工作中，以下手势不可以使用。

（1）容易造成误解的手势。容易造成误解的手势有两种：一是个人习惯不被他人理解；二是因为不同的文化背景，手势被赋予了不同的意义。

（2）不卫生的手势。如在客人面前搔头皮、掏耳朵、抠鼻孔、剔牙齿等。

（3）不尊重他人的手势。如掌心向下挥动手臂、用手指指点他人或用食指指向他人等。

（4）不稳重的手势。如双臂环抱、摆弄手指、双手抱头、手插口袋等。

（5）忌手势过多，动作幅度过大。

(三)常用的手势

1. 引导手势

引导,即为客人指示行进方向。同时对客人说"您请",采用直臂式指路。具体做法:将手臂抬到齐胸高度,拇指张开,四指并拢,以肘关节为轴,上臂带动前臂,自然向上抬直。上身前倾,面带微笑,身体侧向来宾,目光看着目标方向。

2. "请"的手势

"请"的手势是服务人员运用最多的手势,根据场景的不同有着不同的意义。

(1)横摆式:在表示"请"时,常用右手,五指并拢伸直,掌心不可凹陷;女性为优雅起见,可微微压低食指。手与地面成45°角,手心斜对上方,肘关节微屈,腕关节要低于肘关节。动作时,手从腹部抬起至横膈膜处,然后以肘关节为轴向右摆动,到身体右侧稍前的地方停住。注意不要把手摆到体侧或是体后。

(2)前摆式:五指并拢伸直,掌心向上,手臂由体侧向体前自下而上抬起,当上臂与身体成45°角时,以肘关节为轴向体前摆动,距身体20厘米处停止。

另外还有双臂横摆式、双臂侧摆式等。

六、表情规范

表情是指一个人内心的思想感情体现在颈部以上(包括眼、眉、鼻、嘴等)各个部位的综合而微妙的反应。人的面部表情可以给人们以最直接的感觉和情绪体验。

在构成表情的诸要素之中,眼神和微笑的地位至关重要,在生活和工作中使用频率最高的也是人的眼神和笑容。一般来说,在人际交往中眼神和微笑的应用,要遵循谦恭、友好、适时、真诚的标准和原则。

(一)恰当的眼神

眼睛是心灵的窗户。在人际交往当中,眼神能够反映出人们内心世界很微妙的变化,恰当有效地使用眼神会取得意想不到的效果。

1. 注视的部位

社会交往过程中,凝视时目光应停留的区域为对方嘴唇中心到双眼之间的三角区,谈话时注视对方该区域会使对方感到轻松、自然和亲切。

2. 注视的角度

要正面注视服务对象,表示出对服务对象的重视。

3. 注视的时间

在人际交往中,注视对方时间的长短,往往十分重要。在交谈中,聆听的一方通常应多注视说话的一方,以表示友好、重视,但注视时间不要过长。同时注意在注视对方时,不要不停地眨眼和移动眼神,这样会使对方认为你不礼貌或不真诚。

4. 眼神的训练方法

可以采用睁大眼睛训练法、转动眼球训练法、钟摆式训练法、目光集中训练法,提高眼睛的明亮度,使眼睛更有神。

（二）亲和的微笑

希尔顿酒店总部的董事长康纳·希尔顿曾经指出,酒店的第一流设备重要,而第一流的微笑更为重要。如果没有服务人员的微笑,就好比花园失去了春日的阳光和春风。在服务行业中,微笑是很重要的,微笑也是服务人员的基本技能之一。

1. 微笑的要求

（1）微笑要真诚：发自内心的情感流露才能真正赢得客人的心,不能故作笑颜、假意奉承。

（2）微笑要适度：微笑虽然在人际交往中是最有价值的面部表情,但不能随心所欲,要加以控制。

（3）微笑要合乎规范：做到"四个结合",即口眼结合,微笑与神情、气质结合,微笑与语言结合,微笑与仪表、举止结合。

（4）微笑要区分场合：如进入庄严肃穆的场所或客人正满面愁容时,微笑显然是不合时宜的。

2. 微笑的标准

（1）微笑要得体：面含笑意,嘴角微微上翘,嘴唇略呈弧形,不牵动鼻子,不发出笑声,不露牙齿。

（2）微笑需要面部各部位的相互配合：微笑时眉头应自然舒展,眉毛微微上扬,同时特别要注意眼神的配合。

（3）微笑要表里如一：要避免皮笑肉不笑,调整自己的情绪,使微笑发自内心，自然舒畅。

3. 微笑的训练方法

（1）对镜练习：对着镜子练习微笑，调整自己的嘴形和面部其他部位和眼神，找到自己认为较为完美的状态，经常进行练习，形成习惯。

（2）加强必要而严格的训练：可以适当地采取一些方法，如借助普通话中的"茄子""田七""前"等发音来进行口形训练。

第三节　服务用语使用

一、服务用语主要特点

（一）主动性

在服务工作中使用礼貌用语，应当成为服务人员主动而自觉的行为。只有这样，服务用语的使用方能口到、心到、意到。正是出于这一原因，服务人员在与服务对象进行交流时，应率先主动地采用礼貌用语。

（二）约定性

在服务岗位上，服务人员所常用的礼貌服务用语，在其内容与形式上，往往都是约定俗成、沿用已久、人人皆知的。

（三）亲密性

服务人员在运用礼貌服务用语时，还必须力求做到亲切且自然，要让服务对象听在耳中、暖在心里，并且心领神会。运用礼貌用语时讲究亲密性，必须是诚心所致、不落俗套，而不是甜言蜜语、巧言令色、阿谀奉承。

二、服务人员礼貌服务用语

（一）礼貌服务用语的类型

1. 称呼语

称呼语作为交往过程中开口说出的第一句话，最能反映说话人的文化修养。

得体的称呼，可以给人良好的第一印象，可以使对方感到亲切和温暖，成为双方交往的通行证；不得体的称呼会使双方陷入尴尬境地。一般来讲，称呼有以下几种。

（1）代词称呼。在对客服务中，面对初次相识的客人，可直接称呼"您"。

（2）泛指称呼。在不知对方姓氏、职务、职业等情况下，可以使用泛指称呼。如称男性先生，称女性女士、小姐，如不知对方是否已婚，可以统称女士。

（3）职业称呼。在比较正式的场合，往往习惯于职业称谓，这带有尊重对方职业和劳动的意思，同时也暗示了谈话与职业有关。如律师、医生、老师等，并可冠之以姓。

（4）职务称呼。在职业环境或商务聚会等场合，人们往往使用职务称呼进行交流。如处长、主任、局长等，并可冠之以姓。

2. 问候语

问候，又称问好或打招呼，主要用于人们在公共场合，彼此向对方问好、致意或者表达关切之情。问候语一般不强调具体内容，只表示一种礼貌。一般情况下，下级、晚辈、学生、服务人员应主动问候上级、长辈、老师、客人等。比较通用的问候语有"您好""您早""早上好""下午好""晚上好""晚安"等。

3. 应答语

应答语是服务人员在工作岗位上，用于回答客人问话的礼貌用语。基本要求：有问有答，灵活热情。要根据不同的情况使用恰当的应答语。常用的应答语有"是的""好的""我明白了""谢谢您的好意""不要客气""没关系""这是我应该做的"等。

4. 致歉语

在服务工作中，如果自己的言行给他人带来了麻烦和不便，或言行举止有所失礼，应当立即向对方表示愧疚之情，并请求原谅。这种情况下就要用到致歉语，如"对不起""请原谅""很抱歉""实在过意不去""打扰您了"等。

5. 道谢语

道谢语是礼貌地表示感激的用语。当他人为我们提供了帮助时，当客人为我们提出了宝贵的意见或对我们的工作表示满意时，我们都应该说道谢语，如"谢谢""非常感谢""多谢您的帮助"等。

6. 告别语

告别语是人们在分别时说的礼貌用语，含有依依不舍、希望再次重逢的意愿。如"再见""明天见""祝您旅途愉快""祝您一路平安""欢迎您下次光临"等。

（二）使用礼貌服务用语的注意事项

（1）面向客人要表情自然、目光柔和、面带微笑。

（2）垂手恭立，距离适当（一般以1米左右为宜）。

（3）举止文雅，态度和蔼，能用语言讲清时尽量不加手势。

（4）进退有序，事后要先后退一步，再转身离开。

三、服务人员电话用语

服务人员经常会利用电话与客人进行沟通，在运用电话进行服务时，应做到彬彬有礼，用语得当，吐字清晰，音量适中，态度和蔼可亲。

（一）接听电话

（1）铃响不过三声。接听电话要及时，应在三声之内接听，以体现酒店的工作效率。

（2）通话语言要规范。先问好，再报单位，再用问询语，如："您好，××酒店，请问我能帮您什么忙吗？"

（3）注意聆听，做好记录。

（4）通话完毕时说"谢谢您的来电，再见"，并让对方先挂电话。

（二）拨打电话

（1）择时通话。选择好通话时间，过早、过晚以及三餐时间都不合时宜，打国际电话时，还要考虑到时差。

（2）对方拿起话筒后，先问好，再报单位，再说明打电话的目的。

（3）通话三分钟原则。通话时间要简短，长话短说，主次分明。重要电话通话之前，最好准备一份通话提纲，防止遗漏。

（4）拨错电话要道歉。

四、服务人员服务禁语

服务禁语，是指服务行业中的忌讳之语，是服务人员在服务客人时，不宜使用并努力避免使用的某些语言。

（一）不尊重的语言

在服务过程中，任何对服务对象缺乏尊重的语言，都不得使用。在正常情况下，不尊重的语言多是触犯了服务对象的个人忌讳，尤其是与其身体、健康方面相关的某些忌讳。

（二）不友好的语言

在任何情况下，都不允许服务人员对服务对象使用不够友善甚至满怀敌意的语言。如客人要求服务人员为其提供服务时，服务人员不要以鄙视的语气询问"你买得起吗""这东西你用过吗"。

（三）不耐烦的语言

服务人员在工作岗位上要做好本职工作，提高自己的服务质量，就要在接待服务对象的时候表现出应有的热情与足够的耐心。"我不知道""你问问别人"这类直接拒绝的应答语坚决不能说。

（四）不客气的语言

服务人员在工作过程中，不客气的语言坚决不能说。绝对不能同服务对象说"管那么多干什么""你问我，我问谁"之类的话。

五、服务人员沟通技巧

（一）语言礼貌，平等互敬

在服务中，服务人员应正确使用自谦恭敬的礼貌语言，尽可能使用谦语和敬语，谈到自己时要谦虚，谈到对方时要尊敬。交谈时，在心理、语调上，都要体现出对客人人格的尊重，不能装腔作势，既要彬彬有礼，又要热情庄重。

（二）用语准确，表达灵活

在措辞上，要针对不同对象、不同性别和年龄、不同场合灵活地使用不同的用语，以利于沟通和理解，从而避免产生矛盾。另外，要注意运用委婉的语言来表达双方都明白但又不便明说的问题。

（三）渗透情感，声音优美

在语言的表达上，服务人员一定要渗透情感，将自己非常乐意为客人服务的意愿渗透在每一句话中，让客人切实感受到你的真情实意。另外，和客人交谈时，语言要标准，语音要正确，嗓音要动听，音量要适度，语速要适中。

（四）表情自然，举止文雅

进行服务时，面部表情要自然，最好的面部表情是微笑，目光柔和，神态专注，并要掌握好介入对方话题的适当时机。

第三章 餐饮行业菜点与酒水知识培训

第一节 中式菜肴认知

一、中式菜肴的分类

中式菜肴一般分为地方菜、民族菜、宫廷菜和素菜四种。

1. 地方菜

人们通常把中国菜划分为四大菜系，即黄河流域的山东菜系（鲁菜）、长江上游的四川菜系（川菜）、长江中下游和东南沿海的江苏菜系（苏菜）和珠江流域及南部沿海的广东菜系（粤菜）。在这四大菜系的基础上，又有八大菜系之分，即在四大菜系的基础上再加上浙江菜系（浙菜）、安徽菜系（徽菜）、湖南菜系（湘菜）、福建菜系（闽菜）四个菜系。

2. 民族菜

民族菜是指具有地方风俗民情特色的菜肴。其特点是用料奇特，山珍野味，技法独特，蕴含浓郁的民族文化和民族风情。大致说，居住在草原的人们从事畜牧业生产，食物以肉类、奶制品为主；云南、贵州、广西等地区，气候温和，土地肥沃，雨量充沛，宜于农耕，居住在那里的众多的民族从事农业生产，食物以粮食为主；高原地区，气候寒冷，无霜期短，适宜种植大麦、青稞、玉米、荞麦、土豆等，居住在那里的民族，就是以这些杂粮为生。

新疆维吾尔族的主要饮食风俗与回族清真风味基本相同，同哈萨克族、乌孜别克族、塔吉克族也相近。牛、羊肉的烹调方法以烧、烤为主，煎、炒次之。

满族饮食经过二百多年的满汉交流，现在与汉族饮食大部分融合。满族八大碗颇有名气，分别是雪菜炒小豆腐、卤虾豆腐蛋、扒猪手、灼田鸡、小鸡珍蘑粉、年猪烩菜、御府椿鱼、阿玛尊肉。朝鲜族喜食辛辣可口的泡菜和狗肉。

3. 宫廷菜

历代皇帝及其嫔妃所食用的菜肴是由宫廷御膳房专门制作的，具有独特的宫廷风格。宫廷菜早在周朝已形成一定规模，到了清朝，宫廷菜的发展达到顶峰。目前，宫廷菜是按照历代皇室御膳资料研制仿效制作，供现代人食用的菜肴。多数菜肴沿用了清朝宫廷的制法和风味特点。宫廷菜的主要特点：选料讲究，制作精细；操作严谨，投料规范；讲究本味，菜名朴实；少花式而重食用。

宫廷菜著名代表有北京的仿膳宫廷菜、承德宫廷菜、沈阳的清宫菜。

4.素菜

素菜是以植物类、菌类食物为原料制成的菜肴。中国的素菜历史悠久，它产生于春秋战国时期，主要用于祭祀和重大的典礼。随着佛教的传入，吃素理论逐渐形成，对素菜的发展起到了极大的推动作用。从此，素菜便自成体系，风格别致，成为丰富多彩的中国菜肴和饮食文化的一个重要组成部分。中国素菜有三大流派、两大方向。三大流派是指宫廷素菜、寺院素菜和民间素菜；两大方向是指全素派和以荤托素派。全素派主要以寺院素菜为代表，不用鸡蛋和葱蒜等五荤。以荤托素派主要以民间素菜为代表，不忌五荤和蛋类，甚至用海产品及动物油脂和肉汤等。

二、中式菜肴常见的烹调方法

中式菜肴常见的烹调方法见表3-1。

表3-1　中式菜肴常见的烹调方法

名称	烹调方法
爆	爆是用旺火热油对无骨并经刀工成形原料烹调的方法，常用于猪肉、牛肉、羊肉、鸡肉、鱿鱼和墨鱼等原料，常见的有酱爆、葱爆、油爆和汤爆等
炒	炒是最基本的烹调方法，其原料一般是片、丝、丁、条、块，炒时要用旺火，要热锅热油，所用底油多少随原料而定，依照原料、火候、油量的不同，可分为生炒、滑炒、熟炒及干炒等
炸	炸是一种旺火、多油、无汁的烹调方法，即将油烧至一定的温度，使经过合理加工的原料在油内上色、成熟
煮	煮和氽相似，但煮比氽的时间长。煮是把主料放于多量的汤汁或清水中，先用大火烧开，再用中火或小火慢慢煮熟的一种烹调方法
蒸	蒸是以水蒸气的热量使食物原料成熟的烹调方法，也可作为保温的方法
熘	熘是用旺火急速烹调的一种方法，一般是先将原料经过油炸或开水氽熟后，另起油锅调制卤汁（卤汁也有不经过油制而以汤汁调制而成的），然后将处理好的原料放入调好的卤汁中搅拌或将卤汁浇淋于处理好的原料表面

续表

名称	烹调方法
烩	烩是将原料在汤中勾芡的一种烹调方法，即荤性原料都要拌味上浆，用温油滑透，素性原料用开水余透；熟料则直接下锅烩制即可
烹	烹是把经油炸透的原料，再以适量的调味汁沾匀的烹调方法，根据用油的多少可分为炸烹和煎烹两种
煎	煎是先把锅烧热，用少量的油刷一下锅底，然后把加工成形（一般为扁形）的原料放入锅中，用少量的油煎制成熟的一种烹调方法，一般是先煎一面，再煎另一面，煎时要不停地晃动锅，使原料受热均匀，色泽一致
贴	贴是把几种黏合在一起的原料挂糊之后，下锅只贴一面，使其一面黄脆，而另一面鲜嫩的烹调方法。它与煎的区别在于，贴只煎主料的一面，而煎是主料的两面都煎
烤	烤是利用火或电的热量辐射，使菜肴直接成熟的烹调方法，有明炉烤、挂炉烤和微波炉烤等
炖	炖是用大火将水或汤烧开，再以小火将成熟加工后的原料煮烂的烹调方法，分直接炖和微波炉炖等
扒	扒是指将加工成形（一般应为片状）的原料加调料腌渍后，放在扒炉上加热至规定的成熟度的一种烹调方法。扒的菜肴一般都要经过烧、蒸等方法烹制成熟后再进行扒制。扒类的菜肴有红扒和白扒，特点是质地酥烂和原汁原味
烧	烧是指原料经过煮或过油初加工，再加汤、调料用大火烧开、小火烧烂使菜肴入味的烹调方法，烧法有红烧、葱烧和清烧等
熏	熏是用烟气使食物受热，并使之带有烟熏香味的烹调方法，熏有锅熏和炉熏两种方法
焖	焖是将锅置于微火上加锅盖把原料焖熟的一种烹调方法。操作过程与烧很相似，但小火加热的时间更长，火力也很小，一般在半小时以上
炝	炝是把切配好的原料，经过水烫或油滑，加上盐、味精、花椒油拌和的一种冷菜烹调方法
腌	腌是冷菜的一种烹调方法，是把原料在调味卤汁中浸渍，或用调味品加以涂抹，使原料中部分水分排出，调料渗入其中，腌的方法很多，常用的有盐渍、糟腌、醉腌
拌	拌也是一种烹调方法，操作时把生料或熟料切成丝、条、片、块等，再加上调味品拌和即成
氽	氽既是对有些烹调原料进行出水处理的方法，也是一种制作菜肴的烹调方法。氽菜的原料多是细小的片、丝、花刀形或丸子，而且成品汤多。氽属旺火速成的烹调方法
卤	卤是把原料洗净后，放入调制好的卤汁中烧煮成熟，让卤汁渗入其中，晾凉后食用的一种冷菜的烹调方法
冻	冻是一种利用含有胶原蛋白的动物原材料经过蒸煮之后充分溶解，冷却后结成冻的一种冷菜烹调方法
挂霜	挂霜是把糖经过熬制后，再将主要原料放入，离火后在通风处一边吹一边进行翻动，使糖挂在原料上的烹调方法
拔丝	拔丝是把经过炸的食物原料放入炒制过的糖内均匀沾裹，并使之能拉出细丝的烹调方法
蜜汁	蜜汁是把糖溶化后熬成糖汁，然后将主要原料（一般是经蒸制后的原料）放入糖汁中，使之入味的烹调方法，其特点是香甜软糯

61

三、中式菜肴的特点

中式菜肴烹调技艺在漫长的历史发展过程中，融合了各民族的智慧与文化，使中式菜肴具有了鲜明的民族特点和不同的地域特征，同时也形成了一套完整的中式菜肴。

1. 选料讲究

中式菜肴在原料的选择上非常精细、讲究，质量上逢季烹鲜，力求鲜活；规格上，不同的菜肴按照不同的要求选用不同的原料，有些菜肴甚至只能选择原料的某一部位或某一地区所产的特定品种的原料，如制作糖醋里脊必须选用里脊肉作为主要原料，用鸡做菜一般要用小嫩鸡，吊汤要用老鸡，盐水鸭用老鸭，滋味好补益性强，烤鸭则用饲养三个多月的幼鸭，肉嫩多汁。川菜中的麻婆豆腐必须用郫县豆瓣作为制作的调料。

2. 刀工精湛

刀工是烹调的基本功之一，是菜肴制作的重要技术，它决定着菜肴的定型和造型。中式菜肴的刀工非常讲究，在世界上也是绝无仅有的。刀工处理的工具主要是菜刀和砧板，可将原料切成片、丝、条、块、丁、粒等形状，并要求其大小、厚薄、粗细均匀。有些厨师的刀工一流，为达到美化要求，能巧妙地根据原料的质地将其雕镂成各种动物、植物等不同形态，拼成栩栩如生的美丽图案。这样不仅便于烹制和调味，而且又使菜肴外形美观。

3. 技法多样

中式菜肴的烹调方法丰富多彩、精细微妙，有多种常用的热菜烹调方法，还有多种常用的冷菜烹调方法（见上文"中式菜肴常见的烹调方法"）。每一种烹调方法又可分为若干种形式，如烧包括红烧、葱烧和清烧等。运用不同的烹调方法，能制作出口味不同、形态各异、色彩丰富的菜肴。

4. 菜品繁多

我国地大物博，幅员辽阔，各地区的地理环境、自然气候以及人民的生活习惯都不尽相同，因此各地区、各民族的饮食风格都各具特色。长期以来，当地人们利用各种丰富的特产，创造出了多种多样具有地方风味特点和与之相适应的烹调方法，从而形成了不同风味的地方菜。目前我国不同的风味流派有几十种，各式风味名菜有几千种，花色品种更在万种以上，是其他国家都不能比拟的。

5. 味型丰富

味是菜肴的灵魂。中式菜肴的味型非常多,常用的葱、姜、蒜、醋、料酒、糖、盐以及各种香料都具有去异增味的作用。除咸、甜、酸、辣、苦、鲜、香、麻等基本口味外,还根据季节的变化和食者的口味,运用多种方法进行调味。中国各地方菜肴都有自己独特而可口的味型,如为人们所喜爱的鱼香、麻辣、糖醋、红油、家常、怪味、蒜香、咸鲜、辣咸、香辣、姜汁、酱香、麻酱、椒麻等。

6. 注重火候

《吕氏春秋·本味篇》中就有记载:"火为之纪,时疾时徐。灭腥去臊除膻,必以其胜,无失其理。"意思是说要注意掌握和调节加热原料的火候。在烹调时,火力的大小和加热时间的长短是决定菜肴质量的关键。中式菜肴在烹制过程中使用的火力相当讲究:有旺火速成的菜,有用微火长时间煨煮的菜,也有旺火与微火兼用的菜。根据原料性质、菜肴特色不同而使用不同的火候,从而使菜肴拥有鲜、嫩、酥、脆、爽、滑、烂、软、糯、浓、弹、韧、硬等不同的口感。

7. 讲究盛器

美食和盛器同样重要,好的菜肴配上精美典雅的盛器,能锦上添花。中式菜肴不仅讲究色、香、味、形、质、养,而且对盛装的器皿也特别讲究,注重美食盛器,对于造型各异的菜肴,装在什么样式的器皿里都有严格的要求。中式菜肴盛器品种多样、外形美观、质地精致、色彩鲜艳。例如:整禽整鱼宜用腰盘,煎炒爆熘宜用圆碟,汤羹甜菜宜用海碗,精炖焖煨宜用陶砂,涮煮羊鱼宜用火锅,酱菜醋姜宜用白盏,参翅燕鲍宜用华皿。精美的器皿,衬托着色、香、味、形、质俱佳的菜肴,犹如红花绿叶,相得益彰,这种食与器的完美统一,充分体现了我国独特的饮食文化特色。

8. 中西交融

中式菜肴不断创新发展,在原料的选择、调料的使用、方法的运用、工艺的革新等方面,也不断借鉴西餐的科学方法。如咖喱粉、吉士粉、番茄酱等西餐的调味品用于中餐,同样中餐的调味品也用于西餐烹调技法中,在中西交融方面,上海、广东的餐饮企业在保持民族特色的基础上做得比较好。随着中国加入世界贸易组织,中式菜肴已走向世界,在中西交融的过程中向着标准化、科学化的方向发展。常见的中西交融菜肴有铁板烧羊肉、鸵鸟肉等。

第二节　西式菜肴认知

一、西式菜肴的分类

西式菜肴的主要特点是主料突出、形色美观、口味鲜美、营养丰富、供应方便等。正规西餐应包括餐汤、前菜、主菜、餐后甜品及饮品。西式菜肴主要分为法式、英式、意式、美式、俄式、德式等。

1. 法式菜

法式菜名列世界西餐之首，其选料广泛，加工精细，烹饪考究，滋味有浓有淡，花色品种多。法式菜重视调味，调味品种类多样。法式菜常用酒来调味，什么样的菜选用什么样的酒都有严格的规定，如清汤用葡萄酒、海味品用白兰地酒、甜品用各式甜酒或白兰地等。法国人十分喜爱吃奶酪、水果和各种新鲜蔬菜。因此，法国菜和奶酪品种多样。

代表菜有：马赛鱼羹、鹅肝排、焗蜗牛、巴黎龙虾、红酒山鸡、沙福罗鸡、鸡肝牛排、鹅肝酱、牡蛎杯等。

2. 英式菜

英国是个很注重礼仪的国家，同样，对于用餐来说，更注重简洁与礼仪。

英式菜讲究花色，菜量要求少而精，注重营养搭配，少油、鲜嫩焦香是其显著特色。烹调讲究鲜嫩，口味清淡，选料注重海鲜及各式蔬菜。一般餐台上放置的调味品有胡椒粉、芥末粉、盐、醋、番茄沙司、辣酱油等，由客人根据爱好自己动手调味。英国人最喜爱的烹调方法是煮、烤、煎、铁扒，煮与铁扒更为普遍。对于牛肉，英国人喜用大块烹制，面包切片或切块食用，英国人擅长于切肉的技术。

代表菜：冬至布丁、鸡丁沙拉、烤大虾、薯烩羊肉、烤羊马鞍、明治牛排等，还有世界著名的炸薯条。

3. 意式菜

意式菜讲究原汁原味，以味浓著称。烹调注重炸、熏等，以炒、煎、炸、烩等方法见长。意大利人爱吃甜酸味，不爱油腻，不食动物内脏、肥肉和软体动物。

用面做菜是意大利餐饮的一大特色。意大利面做工精细品种多，闻名于世。在制作时，会在面中加入菠菜、胡萝卜、鸡蛋等而呈现各种颜色，同时制成各种形状，如弯的、粗的、细的、直的实心面条、通心面条等。意大利人还喜食意式馄饨、意式饺子等。新鲜水果是每餐后必吃的辅助食品。

代表菜：意大利面、通心粉素菜汤、焗馄饨、奶酪焗通心粉、肉末通心粉、比萨饼、米兰猪排、意大连大利牛腱子饭、罗马魔鬼鸡、佛罗伦萨烤牛排等。

4. 美式菜

美式菜是在英式菜的基础上发展起来的，继承了英式菜简单、清淡的特点，口味咸中带甜。美国人一般对辣味不感兴趣，喜欢铁扒类的菜肴，常用水果作为配料与菜肴一起烹制，如菠萝焗火腿、苹果烤鸭等。美国人的饮食习惯是一日三餐喜欢吃各种新鲜蔬菜和各式水果，讲究吃得科学、营养，追求效率和方便，一般不在食物精美细致上下功夫。

代表菜：烤火鸡、橘子烧野鸭、美式牛扒、苹果沙拉、糖酱煎饼等。各种派是美式食品的主打菜品。

5. 俄式菜

俄式菜的特点为选料广泛、讲究制作、加工精细、因料施技、讲究色泽和味道多样、适应性强、油大、味重。俄罗斯人喜欢酸、甜、辣、咸的菜，因此在烹调中多用酸奶油、奶渣、柠檬、辣椒、酸黄瓜、洋葱、白塔油、小茴香、香叶作为调料。俄式菜中的肉类，一般都要抹上一些酸奶油，再进行烤制。酸黄瓜、奶渣是常用的菜品，酸黄瓜可用作配菜，也可用作冷菜。黄油在俄式菜中用得较多，许多菜在烹制完成后，都要浇上一些黄油，所以味道比较浓郁。鱼子酱是俄式菜的名贵冷菜，黑鱼子酱比红鱼子酱更名贵。俄国人喜食热食，爱吃鱼肉、肉末、鸡蛋和蔬菜制成的小包子和肉饼等，各式小吃颇有盛名。

代表菜：什锦冷盘、罗宋汤、鱼子酱、酸黄瓜、冷苹果汤、鱼肉包子、黄油鸡卷等。

6. 德式菜

德国人对饮食并不讲究，只求实惠营养，因此，他们首先发明了自助快餐。德国人喜欢吃水果、奶酪、香肠、酸菜、土豆等。德式菜在口味上较重，以酸、咸口味为主，喜欢生食海鲜，调味较为浓重。材料上较偏好猪肉、牛肉、肝脏类、香料、鱼类、家禽及蔬菜等。调味品方面使用大量芥末、白酒、牛油等。德式菜烹调方法以烤、焖、串烧、烩为主。

代表菜：德式扁豆汤、德式生鱼片、德式烤杂肉、德式肉肠、德式苹果酥、煎甜饼、蔬菜沙拉、鲜蘑汤、焗鱼排等。

二、西式菜肴的特点

西方各国的餐饮文化都有各自的特点，各个国家的菜式也都不尽相同，具体特点如下。

1. 选料讲究

西式菜肴取材丰富，有肉类、水产类、家禽类、果蔬类、乳品类、谷类等多种类型，西式菜肴在原料和规格上都有严格要求，如牛肉要用黄牛、仔牛和乳牛除去骨无脂肪的瘦肉。仅肉类就可划分特级、一级、优良标准级、普通级和经济级，因此西式菜肴的选料以讲究著称。

2. 营养丰富

饮食服务首要的职责就是提供美味、卫生、富有营养的膳食，而满足最低营养需求的膳食应得到最优先的考虑。因此，西餐注重考虑膳食中营养素的含量及营养价值，如蔬菜一般以生食为主，维生素C的摄入量可大大提高；肉类一般以动物内脏为主，强调了钙、磷、钾、锌等微量元素的摄入。

3. 调料多样

西式菜肴所用调料、香料品种繁多且十分考究，除常用的盐、胡椒、酱油、番茄酱、芥末、咖喱汁等外，还在菜肴中加入香料，如桂皮、丁香、茴香、薄荷叶等。另外，烹制菜肴时，也可用酒类作为调料，法式菜肴尤为突出。常用的酒类有白兰地，红、白葡萄酒，朗姆酒，甜食酒等。奶制品中黄油、奶油、奶酪等也是不可少的调料。

4. 工艺精细

西式菜肴大都以份为单位，习惯于单份操作，如煎牛排，限量煎制，现吃现煎，这样煎制的菜肴才能保持质嫩色佳，味道鲜美。制作工艺也较复杂细致，如一份普通的炸猪排，需要剔筋、去肥、切块、拍松、点剁、下味、拍粉、拖蛋、裹皮、油炸等多道工序才能制作完成。

5. 火候讲究

欧美人对肉类菜肴（特别是牛肉、羊肉）的老嫩程度很讲究。服务人员在接受点菜时，必须问清客人的需求，厨师按客人要求烹制。

第三节 中西面点认知

一、中西面点的概念

中西面点分为中式面点和西式面点。从广义上讲，泛指以各种粮食（米、麦、杂粮及其粉料）为原料，以油、糖和蛋等为辅料，以蔬菜、肉、水产品、水果等为馅料（有的不配馅料）制作的各种主食、小吃和点心；从狭义上讲，特指利用面粉、米粉及其他杂粮粉料调成面团制作的面食小吃和正餐宴席的各式点心。

二、中西面点的地位和作用

面点制作与菜肴烹调两者之间是密切关联、互相配合、不可分割的。二者相互配合，形成餐饮业的一个整体。许多品种是菜中有点，点中有菜，菜点融为一体，体现了独特的风味特色。

相对于菜肴制作，面点制作具有相对的独立性，它可以离开菜肴烹调而单独经营。如西点屋、包子店、饺子店，经营小食品的早点店、夜宵店、点心铺等。

面点制品加工原料来源广泛，不但能够提供人类所需的七大类营养物质，还是人类活动所需能量的主要来源。发酵面团制品，如面包、馒头、花卷等因制作中加入了酵母，营养物质更易被吸收，适合老年人、儿童等消化功能较弱的人食用。

面点品种丰富、造型美观、富有艺术性，是人们访亲探友、礼尚往来的方便礼品。面点在各种节日中还能作为表达心意、联络感情的极好礼品。如正月十五的元宵、端午节的粽子、中秋节的月饼、复活节的蛋糕和圣诞节的姜饼等。除了节日，许多人在婚礼、生日等喜庆的日子，也会用蛋糕来庆祝。

三、中西面点的分类

中西面点包含中式面点和西式面点，大都用各类粮食、豆类、水果、鱼虾及根茎菜类为原料，是配以各种馅料的主食、小吃和点心。

（一）中式面点分类

中式面点按原料可分为麦类制品，米类、米粉类制品和其他制品；按烹调方法可分为蒸、煮、煎、烙、炸、烤以及复合熟制制品等；按形态可分为饭、粥、糕、饼、团、粉、条、块、卷、包、饺以及羹、冻等；按面团性质可分为水调面团制品、膨松面团制品、油酥面团制品、米粉面团制品和其他面团制品；按口味可分为甜味、咸味和复合味等。

1. 麦类制品

麦类制品指主要用小麦作为原料做成的面点。

（1）水调面团制品：指面粉与水（有的品种加入少量添加料，如盐、碱、蛋等）调制成面坯，成形、熟制而成的制品。水调面团制品主要有面条、饼、饺子、烧卖、春卷等。

（2）发酵面团制品：指在面粉与水中掺入酵种或者酵母，经调制成面坯、发酵、成形和熟制而成的制品。发酵面团制品主要有馒头、花卷、包子、烧饼等。

（3）膨松面团制品：指使用大量蛋品，经搅打起泡后，加入面粉等原料制成面糊状，再经成形、熟制而成的制品。膨松面团制品主要有蛋糕等。

（4）油酥面团制品：指以面粉、油和糖等为主要原料，加入化学膨松剂（有的品种不加入化学膨松剂），经调制成面坯，成形、熟制而成的制品。是否加蛋品、奶品，依品种而定。油酥面团制品有京八件、莲蓉蛋黄甘露酥、老婆饼、核桃酥、月饼等。

2. 米类、米粉类制品

米类、米粉类制品是指在米或米粉中掺入水及其他调辅料进行调制，再经成形、熟制而成的再制品。

3. 其他制品

（1）澄粉制品：指以特殊加工的澄粉（纯淀粉）加水调制，再经成形、熟制而成的制品。澄粉制品有虾饺等。

（2）杂粮豆薯类制品：指将杂粮或豆薯类磨成粉，经调制、成形、熟制而成的制品。是否掺入面粉、米粉、油、糖等，依品种而定。杂粮豆薯类制品有小窝头、绿豆糕、豌豆黄等。

（3）果菜类制品：以根茎类的蔬菜和水果为主要原料而制成的面点制品，果菜类制品有莲蓉点心等。

（二）西式面点分类

西式面点（简称西点）按点心温度可分为常温点心、冷点心和热点心；按用途可分为零售类点心、宴会点心、酒会点心、自助餐点心和茶点等；按口味可分为甜点和咸点等；按制品加工工艺及坯料性质，可分为蛋糕类、混酥类、起酥类、面包类、泡芙类、饼干类、冷冻甜食类等。

1. 蛋糕类

蛋糕类包括清蛋糕、油蛋糕、艺术蛋糕和风味蛋糕等。它们是以鸡蛋、糖、油、面粉等为主要原料，以水果、奶酪、巧克力、果仁等为辅料，经一系列加工而制成的松软点心。

2. 混酥类

混酥类是在用黄油、面粉、白糖、鸡蛋等主要原料（有的需加入适量添加剂）调制成面坯的基础上，经擀制、成形、成熟、装饰等工艺而制成的一类酥而无层的点心，如各式派、塔、干点心等。此类点心的面坯有甜味和咸味之分，是西点中常用的基础面坯。

3. 起酥类

起酥类是在用水调面坯、油面坯互为表里，经反复擀叠、冷冻形成新面坯的基础上，加工而成的一类层次清晰、松酥的点心。此类点心有甜咸之分，是西点中常见的一类点心。

4. 面包类

面包类是以面粉、酵母、盐和水等为基本原料，添加各种辅料，经加工、发酵制成的组织松软、富有弹性的制品，如法式长棍面包、吐司面包、全麦面包等。大型酒店有专门的面包房生产餐厅需要的以咸甜口味为主的面包，包括硬质面包、软质面包、松质面包、脆皮面包，这些面包主要作为早餐主食和正餐副食。

5. 泡芙类

泡芙又叫哈斗、气鼓。泡芙类制品是将黄油、水或牛奶煮沸后，烫制面粉，搅入鸡蛋制作成面糊，再通过挤注成形、烤制或炸制而成的制品，泡芙类制品口感酥脆，挤入馅心后食用。

6. 饼干类

饼干又称干点、小西饼，饼干有甜咸两类，重量轻、体积小，食用时以一口一块为宜，适用于酒会、茶点或餐后食用。饼干的类型主要有蛋白类饼干、甜酥类饼干等。

7. 冷冻甜食类

冷冻甜食以糖、牛奶、奶油、鸡蛋、水果、面粉为原料，经搅拌冷冻或蒸、烤或蒸烤结合制出的食品。它的品种繁多，口味独特，造型各异，包括各种果冻、慕斯、布丁、冰激凌、冻蛋糕等。冷冻甜食以甜为主，口味清香爽口，适用于午餐、晚餐的餐后甜食或非用餐时间食用。

四、中西面点的制作特点

中西面点在制作方式、取材用料等方面不同，导致其也有各自的制作特点。

（一）中式面点的制作特点

1. 选料广泛，品种繁多

我国幅员辽阔，各地气候环境不一，可做面点的原料极为广泛，如兰州拉面宜选用高筋面粉，宁波汤圆宜选用质地细腻的水磨糯米粉，制作牛肉馅宜取用鲜嫩而无筋的牛肉等。

我国的面点随着季节的变化和民俗的不同而不断变化，如春节的水饺、端午节的粽子、中秋节的月饼，维吾尔族的馕、朝鲜族的打糕、满族的沙琪玛等。

2. 讲究馅心，注重口味

中式面点馅心种类丰富，口味多样，所用的主料、配料一般都应选择最佳的品质。制作时，注意调味、成形、成熟的要求，考虑成品在色、香、味、形、质各方面的配合。如制鸡肉馅选鸡脯肉，制虾仁馅选对虾；根据成形和成熟的要求，常将原料加工成丁、粒等形状，以利于包捏成形和成熟。

由于各地不同的饮食生活习惯，中式面点更加注重口味。在口味上，我国自古就有南甜、北咸、东辣、西酸之说。因而在中式面点（简称中点）馅心上体现出来的地方风味特色就显得特别浓郁。如广式的蚝油叉烧包、天津的狗不理包子、苏式的淮安汤包等驰名中外的中华名点，均是以特色馅心而著称的。

3. 成形、成熟方法多样，造型美观

中式面点花样繁多，造型美观与面点制作技法的多样性是分不开的，大致有包、捏、卷、按、擀、叠、切、摊、剪、搓、抻、削、拨、钳花、镶嵌、挤注等。通过各种技法，又可形成各种各样的形态。形态的变化，不仅丰富了面点的花色品种，而且充分体现了面点的特色。如各种象形点心就是通过多种成形技法，再加上色彩的配置，捏塑成蔬菜、水果、动物等。

多数中式面点制作的最后一道工序是成熟，也是十分关键的一道工序。主要的成熟方法有蒸、煮、烙、烤、煎、炸、炒和复合成熟法等。

（二）西式面点的制作特点

西式面点用料讲究、品种繁多、风味各异、造型美观，在各种宴席、酒会中起着举足轻重的作用。

1. 用料讲究，营养丰富

在西式面点制作中，不同品种其选用的皮坯、馅料、装饰等原料都有各自的选料标准，各种原料之间都有恰当的比例，而且大多数原料要求称量准确。

西式面点多以乳品、蛋品、糖类、油脂、面粉、干鲜水果等为常用原料，其中蛋、糖、油脂的比例较大，而且配料中干鲜水果、果仁、巧克力等用量大，这些原料含有丰富的蛋白质、脂肪、糖、维生素等营养成分，它们是人体健康必不可少的营养素，因此西点具有较高的营养价值。

2. 工艺性强，造型美观

西式面点制作工艺严格、技法多，主要有捏、揉、搓、切、割、抹、擀、卷、编、挂等，具有成品规则，容易批量化生产，注重食品安全等特点。西式面点成品造型讲究点缀、装饰，能给人以美的享受。

3. 风味突出，口感多样

西式面点不仅营养丰富，造型美观，而且还具有品种变化多、应用范围广、口味清香、口感甜咸酥松等特点。

西式面点制品通常所用的主料有面粉、乳制品、巧克力和水果等，这些主料具有独特的风味。

五、中西面点在宴席中的搭配原则

宴席面点的配备是指在宴席中宴席面点与宴席菜肴相配合，它的配备要适应宴席菜肴的特点，从整体着手，考虑宴席面点在整桌宴席中的均衡性、协调性与多样性。宴席面点的合理搭配能烘托出宴席的最佳效果。为此，在配备宴席面点时应根据宾客的特点进行配备。

在配备宴席面点时，应首先通过调查，了解宾客的国籍、民族、宗教、职业、年龄、性别及嗜好忌讳，并据此确定品种。

1. 根据国内宾客的饮食习惯

在我国素有"南甜北咸,东辣西酸"及"南米北面"的说法。南方地区一般以大米为主食,喜食米类制品,诸如米团子、米糕、米饼、米饭等。面点制品精巧、口味清淡,以甜为主。北方地区一般以面粉为主食,诸如馒头、饺子、面条等,喜食油重、色浓、味咸和酥烂的面食,口味浓醇,以咸为主。我国各民族的生活习惯、饮食特点各不相同,对主食面点也有着特殊的要求,如回族人民制作面点的馅心以牛、羊肉为主;藏族人民以糌粑为主食。

2. 根据国际宾客的饮食习惯

法国人喜吃酥食点心;瑞典人喜食各种甜点心;英国人早餐以面包为主,辅以火腿、香肠、黄油、果汁及玉米饼,午饭吃沙拉、糕点、三明治等,晚饭以菜肴为主,主食吃得很少;美国人喜食烤面包、荞麦饼、水果蛋糕、冻甜点心等;意大利人喜食面食,如通心粉,并且面条的吃法也比较独特;土耳其人喜欢吃米饭,但不是作为主食,而是配上羊肉汤当菜吃;俄罗斯人的主食为面包;德国人喜食甜点心,尤其是用巧克力酱调制的点心;日本人喜食米饭;泰国人主食为稻米,喜食咖喱饭;印度人喜食米饭及黄油烙饼等点心;朝鲜人的主食为米饭,也喜吃冷面、打糕等。

3. 根据宴会的主题配备面点

宴席中的面点首先要选择与主题一致的特色面点,突出宴席主题并且烘托气氛,如婚宴、寿宴、庆功宴、学子宴等。如在婚宴上,配上鸳鸯饺、百合酥、婚礼蛋糕等;在寿宴上,配上寿桃、蛋糕、长寿面等。这样均能在整个宴席中起到画龙点睛的作用,使客人在生理上和心理上得到极大的满足,将宴席的热烈气氛进一步推向高潮。

4. 根据宴席的规格档次配备面点

宴席的规格有高档、中档、普通三种档次之分,因此,宴席面点的配备也有三档之别。高档宴席一般配备面点(简称配点)六道,其用料精良、制作精细、造型别致、风味独特。中档宴席一般配点四道,其用料高级、口味纯正、造型精巧、制作恰当。普通宴席配点两道,其用料普通、制作一般、造型简单。面点只有适应宴席的档次,才能使席面上菜肴质量与面点质量相匹配,达到整体协调一致的效果。

5. 根据季节配备面点

春夏秋冬,四季有别,宴席也有春席、夏筵、秋宴、冬饮之别。根据人们的饮食习惯,一般有"冬厚、夏薄、春酸、夏苦、秋辣、冬咸"的特点,在宴席面点的口味上应尽量突出季节的特点。春季可配春卷、荠菜包子、春饼等；秋季可配备蟹黄灌汤包、菊花酥饼、炸酥饺、三鲜蒸饺等；冬季可配八宝饭、萝卜丝饼、雪花酥等；夏季可配杏仁豆腐、豌豆黄、荷叶卷等。不同季节在烹调方法上也有一定区别。如春夏季多以蒸、煮制品为主，秋冬季以蒸、煮、煎、炸、烤为主。

6. 根据地方风味特色配备面点

我国幅员广阔，各地气候、物产、人民生活习惯的不同，面点制作在选料、口味、制法上形成了不同的风格和浓郁的地方风味特色。宴席配点时，首先要利用本地的名优特产、风味名点、本店的招牌面点以及各个面点师的拿手面点来发挥优势。其次，根据地方食俗，采用本地原料和时令原料，运用独特的制作工艺来展示浓郁的地方特色，使整个宴席内容更加丰富，独具匠心。具有鲜明地方特色的面点制品只要稍加点缀就会成为很有代表性的宴席面点。

7. 根据面点的特色配备面点

面点的特色主要指面点的色、香、味、形、器、质、养几个方面。在与菜肴搭配时，应以菜肴的色为主，以面点的色烘托菜肴的色，或顺其色或衬其色，使整桌宴席菜点呈现统一和谐的风格。面点的香要能衬托相应菜肴的香。面点的味一般主要突出咸味和甜味这两大类，咸味菜肴配咸面点，甜味菜肴配甜面点。面点的形要真、态要活，突出宴席的主题，丰富宴席的内容，宴席配点要注重面点的形态特色。面点容器的选择要符合面点色彩与造型特点。面点的质感要多样，给人们带来美的享受。除了以上因素外，面点的配备还应考虑与整桌宴席的营养搭配。

六、中式面点的风味流派

我国历史悠久、地域广阔、资源丰富、地理环境和气候各异、民俗习惯的不同、人文特点的不同，中式面点形成了京式面点、苏式面点、广式面点、川式面点四大风味流派。

（一）京式面点

京式面点，泛指黄河以北的大部分地区（包括华北、东北等）制作的面点。以北京为代表，故称京式面点。京式面点的特色主要有以下几点。

1. 用料广泛，面粉为主

京式面点用料很广，主料就有麦、米、豆、粟、黍、蛋、果、蔬、薯等。

豆类经常使用的有黄豆、绿豆、赤豆、芸豆、豌豆等。加上配料、调料，其用料有上百种之多。由于北方盛产小麦，因而用料以面粉居多。

2. 品种众多，制作精细

京式面点品种众多，包括拉面、刀削面、小刀面、拨鱼面；还有扒糕、炸糕、凉糕、蜂糕、麻花、豌豆黄、艾窝窝、炸三角、肉火烧、焦圈等风味小吃。

京式面点之所以风味突出，原因是面食制品制作精湛，同时又有其独到之处。八件是采用山楂、玫瑰、青梅、白糖、豆沙、枣泥、椒盐、葡萄干八种馅心，外裹以含食油的面，放在各种图案的印模里精心烤制而成。形状有腰子形、圆鼓形、佛手形、蝙蝠形、桃形、石榴形等多种。入嘴酥松适口，香味纯正。特别是细八件，制作精细层多均匀，馅儿柔软起沙，果料香味纯厚。外形也有三仙、银锭、桂花、福、禄、寿、喜桃等八种花样。京八件原是清朝皇室王族婚丧典礼及日常生活中必不可少的礼品和摆设，后来配方由御膳房传到民间。

3. 馅心风味独特

京式面点馅心注重咸鲜口味，肉馅多用水打馅，并常用葱、姜、黄酱、芝麻油为调料，形成了北方地区的独特风味。如天津的狗不理包子，就是在肉馅中加放骨头汤，并放入葱花、香油搅拌均匀，使其口味醇香、鲜嫩适口，肥而不腻。

京式面点的典型品种有拉面、烧卖、天津的狗不理包子、艾窝窝等，各具特色，驰名中外。

（二）苏式面点

苏式面点系指长江中下游江浙一带地区制作的面点。它起源于扬州、苏州，因以江苏为代表，故称苏式面点。苏式面点的特色主要有以下几点。

1. 品种繁多，应时送出

由于物产丰富，原料充足，加上面点师的高超技巧，同一种面坯可制作出不同造型、不同色彩、不同口味的面点来，因此苏式面点品种丰富。如扬州包子类面点中有形似玉珠的玉珠包子，形象逼真的石榴包子、佛手包子、寿桃包子等；口味多样，如三丁包子，口味是咸中带甜，甜中有脆，油而不腻；蟹黄包子则是味浓多汁，鲜美异常。

苏式面点随着季节的变化和群众的习俗而应时更换品种。如扬州某茶社，春日有笋肉鲜包、豆苗烧卖、各式酥饼；夏时有梅干菜肉包、冬瓜烧卖、各式灌汤蒸饺；秋令有蟹黄汤包、虾肉包；冬季有野鸭菜包、雪笋包子、水晶肉包。四季均有豆沙糖包、生肉包、青菜包、千层油糕和三丁包子等品种。

2. 制作精细，讲究造型

船点是苏式面点中最具特色的点心，经过揉粉、着色、成形及熟制而捏制成各种花卉、飞禽、走兽、水果、蔬菜等形状，制作精巧、形象逼真；苏式面点中的扬州面点，其外形玲珑剔透、栩栩如生。其中花卉状有菊花、荷叶、梅花等；动物状有刺猬、玉兔、白猪、螃蟹、蝴蝶、孔雀等。再如百鸟朝凤、熊猫戏竹等面点，更是形意俱佳，使人回味无穷。

3. 肉馅掺冻，汁多肥嫩

肉馅多掺鲜美皮冻，汁多味美，如江苏汤包，每500克馅心掺皮冻300克，熟制后，汤多而肥厚，食时先咬破吸汤，味道特别鲜美。

苏式面点的典型品种有三丁包子、翡翠烧卖、蟹黄汤包、船点等。

（三）广式面点

广式面点是指珠江流域及南部沿海地区制作的面点。广州面点是这一地区面点的代表，故称广式面点。广式面点的特色主要有以下几点。

1. 品种丰富，季节性强

广式面点按大类可分为长期点心、星期点心、节日点心、旅行点心、早晨点心、中西点心、招牌点心，各具特色，品种丰富。点心的品种依据春、夏、秋、冬不同的季节而变化，要求是夏秋宜清淡，春季浓淡相宜，冬季宜浓郁。如春季供应人们喜爱的浓淡相宜的银芽煎薄饼等；夏季应市的是生磨马蹄糕、西瓜汁凉糕等；秋季应市的是蟹黄灌汤饺等；冬季则主供滋补御寒食品，如腊肠糯米鸡、八宝甜糯饭等。

2. 以米及米粉制品为主，使用油、糖、蛋较多

广式面点中的米及米粉制品除糕、粽外，还有煎堆、粉果、炒米粉等。制品使用油、糖、蛋较多。如广式面点中的典型品种马蹄糕，糖的使用量占主料马蹄的70%。

3. 馅心用料广，口味清淡

广东物产丰富，广式面点馅心用料包括肉类、海鲜、杂粮、蔬菜、水果、干果以及果实、果仁等。如叉烧馅心，为广式面点所独有，除烹制的叉烧馅心具有独特风味外，还有别具一格的用面勾芡拌和的制馅方法。由于广东地处亚热带，气候较热，所以面点口味一般较清淡。

广式面点的典型品种有虾饺、叉烧包、马蹄糕、娥姐粉果、莲蓉甘露酥等。

（四）川式面点

川式面点指长江中下游一带制作的面食制品，以四川为代表。四川地大物博、物产丰富，是全国的农产品供应大省，号称天府之国，是我国小麦、水稻的重要产区。川式面点的特色主要有以下几点。

1. 选料大众，搭配适宜

川式面点选用的原料主要是面粉、油、糖、蛋、肉、糯米等大众食材，将这些食材巧妙搭配变换出各种味道。如叶儿粑。

2. 制作精细，突出特色

川式面点中有名的钟水饺，以猪瘦肉为馅心，相比北方的饺子，它个头较小。川式面点还擅长米制品的制作，地方特色突出。

3. 注重调味，口味多样

在咸、甜、麻、辣、复合味中，尤其擅调麻辣味，且讲究一味为主、他味相辅，使之具有浓郁的地方特色。

川式面点的典型品种有担担面、叶儿粑、白蜂糕、龙抄手、珍珠圆子、醪糟汤圆、豆花面等。

第四节　酒水基础知识

一、酒水的定义

酒水，顾名思义，既包含酒，也包含水。其中酒是人们熟悉的含有酒精的饮料，而水是饭店业和餐饮业的专业术语，是指所有不含酒精的饮料或饮品。一般来讲，酒水按照是否含酒精成分，可分为酒精饮料和非酒精饮料两大类。

1. 酒精饮料

酒精饮料就是人们日常生活中常说的酒，是指酒精含量为 0.5%～75.5% 的饮料。它是一种比较特殊的饮料，是以含淀粉或糖类的谷物或水果为原料，经过发酵、蒸馏等工艺酿造而成，既有营养成分，同时又具有刺激和麻醉作用，能使人兴奋，是人们日常生活中重要的饮品。

2. 非酒精饮料

非酒精饮料俗称软饮料，是指酒精含量不超过 0.5% 的提神解渴饮料。绝大多数非酒精饮料不含有任何酒精成分，但也有极少数含有微量酒精成分，其作用也仅仅是调节饮料的口味或改善饮料风味而已。

二、酒度的表示

酒度又称酒精度数，是指酒精在酒液中的含量，即表示酒液中所含有的酒精量的多少。通常按国际标准，酒度是指在 20℃ 的条件下，每 100 mL 酒液中含有酒精的毫升数，通常用百分比表示或用 GL 表示。例如，我国茅台酒酒度为 53 度，即每 100 mL 茅台酒中有纯酒精 53 mL。

三、酒的分类

酒是一个庞大的家族，全世界有成千上万个品种，有甜的、酸的、有色的、无色的、高度的、低度的，可谓五花八门，应有尽有。酒的分类方法也各不相同，下面介绍酒的几种主要分类方法。

（一）按生产工艺分类

1. 蒸馏酒

蒸馏酒又称烈酒，是以谷物或水果等为原料，经发酵、蒸馏而制成的含酒精饮料。代表品种：威士忌、金酒、伏特加、朗姆酒、特基拉酒、白兰地、中国白酒等。

2. 酿造酒

酿造酒又称原汁酒、发酵酒，是在含有糖分的液体中加上酵母进行发酵而产生的含酒精饮料。其生产过程包括糖化、发酵、过滤、杀菌等。发酵酒的主要原料是谷物和水果，其特点是酒精含量低，属于低度酒，如用谷物发酵的啤酒一般酒精度数为 3 ~ 8 度，果类的葡萄酒酒精度数为 8 ~ 14 度。代表品种：葡萄酒、苹果酒、啤酒、黄酒等。

3. 混配酒

混配酒即混合配制酒。混配酒也是一个庞大的酒系，它包括配制酒和混合酒两大体系。配制酒是用发酵酒、蒸馏酒或食用酒精与药材、香料和植物等浸泡后，经过滤或蒸馏而得的酒。其酒精度数在 22 度左右，个别配制酒的酒度高些，但一般都不超过40度。代表品种：竹叶青酒、人参酒、利口酒、味美思酒等。混合酒是一种由多种饮料混合而成的新型饮料，其主要代表品种是鸡尾酒。

（二）按配餐方式和饮用方式分类

1. 餐前酒

餐前酒又称开胃酒，是指餐前饮用的，能刺激人的胃口使人食欲增加的酒水。开胃酒通常用药材浸制而成。代表品种：味美思酒、茴香酒等。

2. 佐餐酒

佐餐酒也称葡萄酒，是西餐配餐的主要酒类。外国人就餐时一般只喝佐餐酒不喝其他酒。佐餐酒是由新鲜的葡萄汁发酵制成的，其中含有酒精、天然色素、脂肪、维生素、糖类、矿物质等营养成分，对人体非常有益。代表品种：红葡萄酒、白葡萄酒、玫瑰红葡萄酒等。

3. 餐后酒

餐后酒是供餐后饮用的酒精含量较多的酒类，饮用后有帮助消化的作用。这种酒有多种口味，原料分为两种类型，果料类和植物类，制作时用蒸馏酒加入各种配料和糖酿制而成。代表品种：葫芦绿薄荷酒等。

（三）按酒精含量分类

1. 低度酒

酒精度数在15度以下的酒为低度酒，低度酒常指发酵酒。代表品种有葡萄酒、啤酒等。

2. 中度酒

酒精度数在16～37度的酒为中度酒，这种酒常由葡萄酒加少量烈性酒调配而成。代表品种有味美思酒等。

3. 高度酒

高度酒也称烈性酒，指酒精度数在38度及以上的蒸馏酒。不同国家和地区对酒中的酒精度数有不同的认识。我国将38度及38度以上的酒称为烈性酒；而有些国家将20度及20度以上的酒称为烈性酒。代表品种有白兰地、威士忌、茅台酒等。

四、酒水的储存方法

1. 啤酒

啤酒是愈新鲜愈好的酒类，购入后不宜久藏，最佳保质期在三个月以内，最长不能超过六个月。啤酒储存温度应低些，温度若超过16℃，长时间储存会导致啤酒变质，但温度过低也不行，低于-10℃会使酒液混浊不清。如果条件许可，宜将啤酒和软饮料储存在接近4℃的温度下。啤酒的储存要避免剧烈震动和冷热剧烈变化。

2. 葡萄酒类

一般葡萄酒可在常温下储存，名贵的红葡萄酒最好在12～15℃的温度下储存，名贵的白葡萄酒的储存温度要更低些，最佳温度为10～12℃。红、白葡萄酒可在同一仓库中储存，但要放在不同的酒架上，并采用不同的空气流通方法和冷却方法。葡萄酒应平放在酒架上，这样可使软木塞长期浸泡在酒液中而不至于干缩，瓶塞干缩会使空气进入酒瓶内，与里面的酒液发生化学反应，从而导致酒液变色，或产生危害酒质的细菌，使酒液变质。

3. 香槟酒

香槟酒，特别是一些名贵的香槟酒，其生产经过两次发酵并在酒厂里存放了2~5年后才出厂销售。香槟酒中含有大量的二氧化碳气体，储存期间一定要避免剧烈震动。香槟酒存放时也要注意平放或瓶口向下倾斜，使软木塞保持湿润。香槟酒与葡萄酒一样都要在温度较低的条件下储存，温度太高会使酒液老化。储存时湿度不宜太大，湿度太大会使瓶塞和酒标霉变，影响酒品质量和形象。

4. 烈性酒

普通的烈性酒不需要特殊的储存条件。因为烈性酒受空气影响不大，并可以储存很长时间，但要注意防止金属瓶盖生锈和发生变形。

五、酒水的质量鉴定方法

（一）白酒的鉴别

1. 看色

无色透明、无悬浮物和沉淀物。

2. 闻香

①溢香：酒的芳香或芳香成分溢散在杯口附近的空气中；②喷香：酒液饮入口中，香气充满口腔，如五粮液；③留香：酒已咽下，而口中仍持续留有酒香味，如茅台酒。

3. 尝味

浓厚、淡薄、绵软、辛辣、纯净。

4. 特点

清澈透明、质地纯净、芳香浓郁、回味悠长。

（二）啤酒的鉴别

1. 色泽鉴别

（1）优质啤酒：浅黄色，不呈暗色，有醒目光泽，清亮透明，无明显悬浮物。

（2）劣质啤酒：色泽暗而无光或失光，有明显悬浮物和沉淀物，严重者酒体混浊。

2. 泡沫鉴别

（1）优质啤酒：倒入杯中时起泡力强，泡沫达杯高的1/2至2/3，洁白细腻，挂杯持久。

（2）劣质啤酒：倒入杯中稍有泡沫且消散很快，或者泡沫粗黄，不挂杯，似一杯冷茶水状。

3. 香气鉴别

（1）优质啤酒：有明显的麦香以及啤酒花香气，无其他异味。

（2）劣质啤酒：无啤酒花香气，有苦味和涩味。

4. 口味鉴别

（1）优质啤酒：口味纯正，酒香明显，无任何异杂味。

（2）劣质啤酒：味不正，有明显的异杂味、怪味，如酸味或甜味过于浓重，有铁腥味、苦涩味或淡而无味。

（三）葡萄酒的鉴别

1. 观察酒瓶外观

（1）观察酒瓶标签印刷是否清楚，模糊不清的可能是仿冒翻印。

（2）观察酒瓶的封盖是否有被打开或被破坏的痕迹。未开封的酒，如果瓶塞凸起或瓶口有黏液，说明该酒品质出了问题。

（3）从酒瓶背面标签上的国际条形码判断产地，如首位数字是3的，是法国生产的；首位数字是9的，是澳大利亚生产的；首位数字是6的，是中国生产的。

2. 观察葡萄酒体

（1）观察葡萄酒的颜色是否自然。通常葡萄酒的颜色呈宝石红色或淡金色、桃红色等清澈的自然葡萄酒色，酒体变质后会有混浊感，如果色泽不自然，就会有勾兑等嫌疑。

（2）观察葡萄酒体中是否有不明悬浮物。如果瓶底有少许沉淀的结晶体是正常现象。

（3）葡萄酒瓶底部都会有凹凸，用来在葡萄酒直立存放时沉淀酒渣的。越需要长时间储存的葡萄酒，凹凸越深。所以，一般来讲，好酒因需要长期保存，瓶底凹凸都比较深。

3. 观察酒塞标志

打开酒瓶，看木塞上的文字是否与酒瓶标签上的文字一样。在法国，酒瓶与酒塞都是专用的。

4. 闻葡萄酒的气味

通常打开一瓶葡萄酒，会闻到扑鼻而来的酒香（馥郁的果香，甚至是花香），如果葡萄酒有指甲油般呛人的气味，或醋酸味，说明葡萄酒已变质。

5. 观察葡萄酒的挂杯

将葡萄酒倒入酒杯，轻轻摇晃，观察酒体是否有挂杯现象，如果酒体不能挂杯，说明酒有勾兑的可能。正常的葡萄酒酒液挂在杯壁上一圈，像"小裙子"一样，均匀、细致。

6. 品尝葡萄酒

喝第一口酒，酒液经过喉头时，正常的葡萄酒是平顺的，如有强烈的刺激感，或残留在口中的气味有异样，则不正常。

第五节　蒸馏酒认知

一、威士忌

威士忌是以大麦、黑麦、小麦等谷物为原料，经发酵、蒸馏后放入橡木桶中醇化而酿成的高酒精饮料。酒精度数在 38～60 度。根据产出国家以及原料的不同，威士忌名称不胜枚举，香气也各异。常见的有苏格兰威士忌、爱尔兰威士忌、美国威士忌（主要以玉米为原料）以及加拿大威士忌。

1. 苏格兰威士忌

苏格兰威士忌以当地生产的大麦为原料，并以当地的泥煤作为烘烤麦芽的燃料，精制而成。新蒸馏出来的威士忌至少在酒桶内陈酿 4 年，在装瓶销售前还必须进行掺和调制。苏格兰威士忌的名品有芝华士。

2. 爱尔兰威士忌

爱尔兰威士忌以大麦、小麦、燕麦、黑麦为主要原料（其中大麦占 80%）经发酵蒸馏（三次）后入桶陈酿而成。陈酿期至少 4 年，通常为 8～15 年。爱尔兰威士忌的名品有占美神威士忌。

3. 加拿大威士忌

加拿大威士忌以玉米和黑麦等为主要原料经发酵、蒸馏后入桶陈酿而成。其陈酿期一般为 4～10 年。加拿大威士忌的名品有加拿大俱乐部威士忌。

4. 美国威士忌

美国威士忌以玉米、大麦等为主要原料（其中玉米占 51%～75%）经发酵、蒸馏后入桶陈酿而成。其陈酿期为 2～4 年，不能超过 8 年。美国威士忌以肯塔基州的产品最为著名，其名品有杰克·丹尼威士忌。

二、金酒

金酒又称琴酒、毡酒或杜松子酒，是以玉米、麦芽等谷物为原料经发酵、蒸馏后，加入杜松子和其他一些芳香原料再次蒸馏而制成的含酒精饮料。金酒属于调配蒸馏酒，其最大特点是散发令人愉快的香气。金酒无须陈酿，酒度为

40~52度。

金酒的主要产地有荷兰、英国、美国、法国等国家。著名的是荷兰和英国生产的金酒。因此通常把金酒分为荷式金酒和英式金酒两大类。

1. 荷式金酒

荷式金酒产于荷兰，金酒是荷兰的国酒。荷式金酒是以麦芽、玉米、黑麦和其他的香料制成的。其特点是色泽透明清亮，酒香味突出，辣中带甜，风格独特。因为荷式金酒具有浓郁的杜松子香和麦芽香，会淹没其他酒的味道，所以不适合做混合酒的基酒。名品有波尔斯、宝马等。

2. 英式金酒

英式金酒又称伦敦干金酒，这种酒并非都产自伦敦。伦敦干金酒是用谷物酿制的中性酒精和杜松子及其他香料共同蒸馏而得到的干金酒。其特点是无色透明，口感甘冽、醇美，不甜，气味奇异清香，所以英式金酒是既可单饮又可与其他酒调配或做鸡尾酒的基酒。名品有哥顿金酒、必富达金酒、孟买蓝宝石金酒、添加利金酒。

三、伏特加

伏特加是以马铃薯或玉米等多种谷物为原料，用重复蒸馏、精炼、过滤的方法，除去其中所含毒素和其他异物的一种高酒精含量的饮料。酒度高达90度，最后用蒸馏水稀释成40~50度的含酒精饮料。此酒不用陈酿即可出售、饮用，也有少量的伏特加在稀释后还要经过串香程序，使其具有芳香味道。

目前除俄罗斯和波兰外，美国、芬兰、瑞典、乌克兰等国家也在生产伏特加，但著名的产地还是俄罗斯和波兰，伏特加深受两国人民的喜爱，且都被称为国酒。伏特加可以分为纯净伏特加和芳香伏特加两大类。

1. 纯净伏特加

纯净伏特加是指将蒸馏后的原酒注入过滤槽内过滤掉杂质而得的酒，一般无色、无杂味、味烈、劲大，可以以任何浓度与其他饮料混合饮用，所以被用作鸡尾酒的基酒。名品有苏联红牌伏特加、斯米诺伏特加。

2. 芳香伏特加

芳香伏特加是指在纯净伏特加酒液中放入药材、香料等浸制而成的酒，因此带有色泽，又带有药材、香料的香味。目前波兰等国家都在生产芳香伏特加。名品有绝对伏特加、蓝天伏特加等。

四、朗姆酒

朗姆酒，又被译为兰姆酒、罗姆酒，是以蔗糖汁或者甘蔗制糖的副产品——糖蜜和糖渣为原料，经原料处理、发酵、蒸馏，在橡木桶中陈酿而成的烈性酒。新蒸馏出来的朗姆酒必须放入橡木桶陈酿一年以上，酒度为45度左右。朗姆酒具有细腻、甜润的口感，有芬芳馥郁的酒精香味。

朗姆酒产于盛产甘蔗及蔗糖的地区，如牙买加、古巴、海地等地，其中以牙买加、古巴生产的朗姆酒有名。朗姆酒按其色泽可分为三类。

1. 白朗姆

白朗姆又称银朗姆，是指蒸馏后的酒需经过滤后入桶陈酿一年以上。酒液无色或者淡色，为清淡型朗姆酒，酒味较干、香味不浓。主要产地是波多黎各。

2. 金朗姆

金朗姆又称琥珀朗姆，是指蒸馏后的酒需存入内侧烧焦的旧橡木桶中至少陈酿3年。酒液金黄色，味柔和、稍甜，酒色介于白朗姆和黑朗姆之间，通常用两种酒混合而成。

3. 黑朗姆

黑朗姆又称红朗姆，是由掺入甘蔗糖渣的糖蜜在天然酵母菌的作用下缓慢发酵，然后在蒸馏器中进行二次蒸馏，最后在橡木桶中熟化5年以上而制成。酒色较浓，呈深褐色，为浓烈型朗姆酒，酒味浓郁。主要产地为牙买加。

朗姆酒既可直接饮用，也可加冰块饮用，还可广泛用于调制鸡尾酒或混合饮料。朗姆酒的名品主要有百加得朗姆酒、摩根船长朗姆酒、美雅士朗姆酒、马利宝朗姆酒等。

五、特基拉

特基拉又称龙舌兰酒，是墨西哥的特产，被称为墨西哥的灵魂，是其国酒。特基拉是一种以被称为龙舌兰的热带仙人掌类植物的汁浆为原料经发酵、蒸馏而得到的烈性酒。新蒸馏出来的特基拉可以放在木桶内陈酿，也可以直接装瓶出售。特基拉带有龙舌兰独特的芳香味，口味浓烈，酒度多为38～45度。

特基拉根据颜色，分为银色特基拉和金色特基拉两种。

1. 银色特基拉

酒液无色，不需要熟化，为非陈年酒。

2. 金色特基拉

酒液呈金黄色，为短期陈酿酒，要求在橡木桶中储存 2～4 年，以增添色泽和口味。

特基拉可直接饮用或加冰块饮用，也可用于调制鸡尾酒。在直接饮用时常用柠檬角蘸盐伴饮，以充分体验特基拉的独特风味。名品有豪帅快活龙舌兰酒、奥美加银龙舌兰酒、奥美加金龙舌兰酒、培恩龙舌兰酒等。

六、白兰地

白兰地是以葡萄为原料，发酵后经过蒸馏而制成的含酒精饮料。以其他水果为原料制成的蒸馏酒也称白兰地，但是必须在白兰地名称前加原料名称，例如，以苹果为原料制成的白兰地称为苹果白兰地。新蒸馏出来的白兰地必须盛放在橡木桶内使之成熟，并经过较长时间的陈酿（如法国政府规定至少 18 个月），白兰地才会变得醇厚，并产生其色泽。白兰地的储存时间越长，酒的品质越佳。白兰地酒体为褐色，酒精度数在 38～48 度。白兰地主要用作餐后酒，一般不掺任何其他饮料。

世界上几乎所有的葡萄酒生产国都出产白兰地，但是法国的白兰地最好，无论是质量还是数量都居于世界领先地位，而在法国的白兰地产地中，以干邑（Cognac）白兰地和雅文邑（Armagnac）白兰地最为有名，并常在产品上冠以地名。法国人几乎不用白兰地来称呼这两种酒，而直接称其为干邑和雅文邑。干邑和雅文邑代表着世界高品质的白兰地，二者中又以干邑尤为有名，现今干邑已经是优质白兰地的代名词。

1. 干邑

干邑又称科涅克，是法国南部的一个地区，位于滨海夏朗德省境内。法国政府规定，只有在这个区域内生产的白兰地才可称为干邑，其他地区的产品只能称白兰地，不能称干邑。干邑白兰地被称为"白兰地之王"。干邑白兰地的酒度一般为 43 度，酒体呈琥珀色，清亮透明，口味芳香浓郁，风格优雅独特。干邑白兰地的名品有人头马白兰地、轩尼诗白兰地、马爹利白兰地等。

2. 雅文邑

雅文邑位于干邑南部，以产深色白兰地驰名，虽然没有干邑著名，但风格与其很接近。干邑与雅文邑最主要的区别是在蒸馏的程序上。前者初次蒸馏和第二次蒸馏是连续进行的，而后者则是分开进行的。雅文邑酒体呈琥珀色，发黑发亮，口味烈，酒度为 43 度。陈年或者远年的雅文邑酒香袭人，风格稳健沉着、醇厚浓郁、回味悠长。

雅文邑也是受法国法律保护的白兰地品种。只有雅文邑当地产的白兰地才可以在商标上冠以 Armagnac 字样。雅文邑白兰地的名品有嘉宝白兰地。

七、中国白酒

中国白酒是以高粱、玉米、大麦、大米、小麦等粮食谷物为原料，经发酵、蒸馏而制成的一种烈性酒，由于该酒为无色液体，因此称为白酒。白酒质地纯净、醇香浓郁、口感丰富，酒度一般为 38～67 度。

白酒是中华民族的传统饮品，有数千年的历史，发展到现在已成为世界蒸馏酒中产量最大、品种最多的蒸馏酒。但中国白酒的出口量极少，所以在其他国家影响不大。

中国白酒香型可分为酱香型、浓香型、清香型、米香型和兼香型五种。

1. 酱香型

酱香型又称茅香型，以贵州茅台酒为代表。酱香型白酒是由酱香酒、窖底香酒和醇甜酒等勾兑而成的，所谓酱香是指酒品具有类似酱食的香气。这类香型的白酒的香气香而不艳、低而不淡、醇香幽雅、不浓不猛、回味悠长，倒入杯中过夜香气久留不散，且空杯比实杯还香，令人回味无穷。

2. 浓香型

浓香型又称泸香型，以四川泸州老窖特曲为代表。浓香型的酒具有芳香浓郁、绵柔甘洌、入口甜、落口绵、尾净余长等特点，这也是判断浓香型白酒酒质优劣的主要依据。浓香型白酒的品种和产量均属全国大曲酒之首，全国八大名酒中，五粮液、泸州老窖特曲、剑南春、洋河大曲、古井贡酒都是浓香型白酒的优秀代表。

3. 清香型

清香型又称汾香型，以山西杏花村汾酒为主要代表。清香型白酒酒气清香、芬芳醇正，口味甘爽协调，酒味醇正，醇厚绵软。清香型酒的特点是清、甜、醇、净。

4. 米香型

米香型酒是指以桂林三花酒为代表的一类小曲香型酒，是中国历史悠久的传统酒种。米香型酒，蜜香清柔，幽雅纯净，入口柔绵，回味怡畅，给人以朴实醇正的美感，米香型酒的代表有桂林三花酒、全州湘山酒、广东长乐烧等。

5.兼香型

兼香型通常又称复合香型，即兼有两种以上主体香气的白酒。这类酒在酿造工艺上吸取了清香型、浓香型和酱香型酒的精华，在继承和发扬传统酿造工艺的基础上独创而成。兼香型酒以董酒为代表，董酒既有大曲酒的浓郁芳香，又有小曲酒的柔绵醇和、落口舒适甜爽的特点，风格独特。

第六节 酿造酒认知

一、葡萄酒

葡萄酒是以葡萄为原料，经过发酵酿制而成的酒，属于一种发酵酒。通常酒中的酒精含量低，酒度为10～14度，葡萄酒主要用于佐餐，所以被称为佐餐酒。葡萄酒含有丰富的营养成分，常饮用少量的红葡萄酒能减少脂肪在动脉血管上的沉积，对防止风湿病、糖尿病、骨质疏松症等有一定的功效。世界上葡萄酒质量最好的国家要属法国。

除此之外，德国、意大利、西班牙、葡萄牙等欧洲国家及美国、澳大利亚等国家也生产质量上乘的葡萄酒。

全世界葡萄酒品种繁多，一般按以下几个方面进行葡萄酒的分类。

（一）按酒的颜色分类

1.白葡萄酒

白葡萄酒是选择用白葡萄或浅红色果皮的酿酒葡萄，经过皮汁分离，取其果汁进行发酵酿制而成的葡萄酒。这类酒的色泽应近似无色，浅黄带绿或浅黄。果香芬芳，微酸爽口，是鱼贝类、禽类菜肴的最好佐餐酒。

2.红葡萄酒

红葡萄酒是选择用皮红肉白或皮肉皆红的酿酒葡萄，采用皮汁混合发酵，然后进行分离陈酿而成的葡萄酒。这类酒的色泽应呈自然宝石红色、紫红色、石榴红色等。失去自然感的红色不符合红葡萄酒的色泽要求。红葡萄酒有助于消化，是烤肉类或铁扒菜肴的最好佐餐酒。

3. 桃红葡萄酒

此酒是介于红、白葡萄酒之间，选用皮红肉白的酿酒葡萄，进行皮汁短时期混合发酵，达到要求后分离皮渣，继续发酵，陈酿而成的葡萄酒。这类酒的色泽应该是桃红色、玫瑰红或淡红色。

（二）按酒内糖分分类

1. 干葡萄酒

干葡萄酒亦称干酒，原料（葡萄汁）中糖分完全转化成酒精，残糖量在0.4%以下，口评时已感觉不到甜味，只有酸味和爽口的感觉。干酒是世界市场主要消费的葡萄酒品种。由于干酒糖分极少，所以干酒的葡萄品种风味体现最为充分，对干酒的口评是鉴定葡萄酒酿造品种优劣的主要依据。

2. 半干葡萄酒

含糖量在4～12g/L，欧洲与美洲消费较多。

3. 半甜葡萄酒

含糖量在12～40 g/L，味略甜，是日本和美国消费较多的品种。

4. 甜葡萄酒

甜葡萄酒含糖量超过40 g/L，口评能感到甜味的称为甜葡萄酒。质量高的甜葡萄酒是用含糖量高的葡萄为原料，在发酵尚未完成时即停止发酵，使糖分保留在4%左右，但一般甜葡萄酒多是在发酵后另外添加糖分。中国及亚洲一些国家甜葡萄酒消费较多。

（三）按是否含二氧化碳分类

1. 静酒

不含二氧化碳的酒为静酒。

2. 汽酒

含二氧化碳的葡萄酒为汽酒，又分为天然汽酒和人工汽酒。法国香槟区出产的香槟酒属于天然汽酒。

二、啤酒

啤酒是以大麦芽、啤酒花、水为主要原料，经发酵酿制而成的一种含有大量二氧化碳气体的低度酒，酒度一般在4度左右。在欧美一些国家和地区，啤酒被认为是一种饮料。啤酒具有显著的麦芽和酒花清香，口味纯正爽口，内含丰富的营养成分，所以深受消费者喜欢。啤酒一般冷藏后饮用或加冰块饮用更佳，其最佳饮用温度为8℃～10℃。判断啤酒质量最简单的方法主要有两种：一是看其有无混浊或沉淀，优质啤酒是清澈透明的，如混浊或有沉淀物，则表示啤酒已过期或变质；二是看其泡沫，优质啤酒的泡沫丰富、洁白、细腻、持续时间较长，且能挂杯，挂杯能保持在2分钟左右者为佳品。

（一）啤酒的分类

全世界啤酒品种繁多，啤酒一般按以下几方面进行分类。

1. 根据麦芽汁浓度分类

啤酒酒标上的度数与白酒上的度数不同，它并非指酒度，而是指为麦芽汁的浓度，即啤酒发酵进罐时麦芽汁的浓度，主要的度数有18度、16度、14度、12度、11度、10度、8度。日常生活中我们饮用的啤酒多为11度啤酒和12度。

2. 根据啤酒色泽分类

啤酒分为淡色啤酒、浓色啤酒、黑色啤酒。

3. 根据杀菌方法分类

（1）鲜啤酒。啤酒包装后，不经巴氏灭菌的啤酒。这种啤酒味道鲜美，容易变质，保质期为7天左右。

（2）熟啤酒。经过巴氏灭菌的啤酒，可以存放较长时间，用于外地销售。瓶装保质期为6个月左右；听装保质期为12个月左右。

4. 根据包装容器分类

（1）瓶装啤酒。国内主要为640 mL和355 mL两种包装，国际上还有500 mL和330mL等其他规格。

（2）听装啤酒。以铝合金为材料，规格多为355 mL，便于携带，但成本高。

（3）桶装啤酒。材料一般为不锈钢或塑料，容量为30L。

（二）啤酒的主要品牌

1. 国内著名品牌

国内著名啤酒品牌有华润雪花啤酒、青岛啤酒、燕京啤酒、哈尔滨啤酒。

2. 世界著名啤酒品牌

世界著名啤酒品牌有卢云堡啤酒、慕尼黑啤酒、嘉士伯啤酒、百威啤酒、喜力啤酒、科罗娜啤酒。

（1）卢云堡啤酒：德国传统啤酒，色泽较深。

（2）慕尼黑啤酒：德国慕尼黑地区生产的优质啤酒。该啤酒有浓郁的焦麦芽香味，口味微苦。

（3）嘉士伯（Carlsberg）啤酒：丹麦生产的著名啤酒。

（4）百威（Budweiser）啤酒：美国生产的一种极富时代感的清淡型啤酒。

（5）喜力（Heineken）啤酒：荷兰的传统啤酒。

（6）科罗娜（Corona）啤酒：墨西哥生产的著名啤酒。

三、黄酒

黄酒是世界上古老的一种酒，起源于中国。黄酒又称压榨酒，是以谷物（主要是糯米、黍米和大米）为原料，经过特定的加工工艺酿制而成的一种低酒精含量的原汁酒，因其颜色黄亮或黄中带红而取名黄酒。酒度一般为 8～20 度。黄酒还是一种重要的调料，具有去腥提味的作用。代表品种：浙江绍兴加饭酒、福建红曲酒、山东即墨老酒等。

四、清酒

清酒是借鉴中国黄酒的酿造法而发展起来的日本国酒，属于低度米酒。清酒一直是日本人最常喝的饮料酒。清酒色泽呈淡黄色或无色，清亮透明，具有独特的清酒香，口味酸度小、微苦、绵柔爽口，其酸、甜、苦、辣、涩味协调，酒度在 16 度左右，含多种氨基酸、维生素，是营养丰富的饮料酒。清酒可常温饮用，以 16℃左右为宜；如需加温饮用，加温一般至 40℃～50℃，温度不可过高；也可冷藏后饮用或加冰块和柠檬饮用。

第七节　非酒精饮料认知

一、茶

中国是世界上最早发现、种植和利用茶的国家，是茶的发源地，被誉为茶的故乡。茶依据茶叶的发酵程度，可分为全发酵茶、半发酵茶和不发酵茶；依据茶的制作工艺，可分为绿茶、红茶、乌龙茶、黄茶、白茶和黑茶六类。

1. 绿茶

绿茶属于不发酵茶，具有自然清香、味美、形美、耐冲泡等特点。代表产品：西湖龙井、洞庭碧螺春、信阳毛尖、黄山毛峰、太平猴魁、庐山云雾。

2. 红茶

红茶属于全发酵茶，具有红叶红汤、香气浓郁、滋味甘甜和鲜爽的特点。代表产品：祁门红茶、云南红茶、川红、宁红、荔枝红茶。现在西餐和酒吧通常使用的是红茶茶包。

3. 乌龙茶

乌龙茶属于半发酵茶，适当发酵后叶缘呈红色，叶片中间为绿色，三分红七分绿，美其名曰"绿叶红镶边"。乌龙茶既有绿茶之清香、花茶之芳香，又有红茶之甘醇。乌龙茶还有分解脂肪、减肥健美等功效，深受人们喜爱。乌龙茶在六类茶中工艺最复杂费时，泡法也最讲究，所以喝乌龙茶也被人称为喝工夫茶。代表产品：铁观音、水仙茶、大红袍、武夷岩茶。

4. 黄茶

黄茶属于微发酵茶，芽叶细嫩，色泽金黄。黄叶黄汤，汤色橙黄明亮，香气清纯、进口甜爽。代表产品：君山银针、蒙顶黄芽、广东大叶青等。

5. 白茶

白茶属于轻发酵茶，白茶是我国的特产。因成品茶多为芽头，满披白毫，色白隐绿，素有"银装素裹"之美感，有清热降火之功效。代表产品：白牡丹、白毫银针、安吉白茶。

6. 黑茶

黑茶属于厚发酵茶，品种丰富，是大叶种茶树的粗老硬叶或鲜叶经厚发酵制成，茶叶呈暗褐色、叶粗、梗多、茶汤黄褐色、香气浓郁、滋味醇厚。茶性温和、耐泡、耐煮、耐存放，具有解毒、降血脂、减肥、健胃、醒酒等功效。各种黑茶的紧压茶是藏族、蒙古族等人民日常生活的必需品。代表产品：云南普洱茶、广西六堡茶、安化黑茶。

二、咖啡

咖啡是一种营养价值较为丰富的饮料，含有脂肪、水、咖啡因、纤维素、糖分、芳香油等成分，具有振奋精神、消除疲劳、除湿利尿、帮助消化等功效，餐后喝咖啡可以分解肉类脂肪，所以深受人们的喜爱。咖啡原产于非洲的埃塞俄比亚，现在世界上咖啡产量居第一位的是巴西，哥伦比亚、印度尼西亚、牙买加等国家的产量也很高。

每一种咖啡都有不同的特性，分别偏向酸、甜、苦、醇、香等不同的味道。为适合不同人的饮用口味，可以把不同味道的咖啡综合起来调配，使之能相互补充不足而产生新的特性。常见的咖啡品种有蓝山咖啡、哥伦比亚咖啡、圣多斯咖啡、曼特林咖啡等。一杯好的咖啡必须是色、香、味俱全，其质量除与咖啡的品种有关外，还与冲调的方法有密切的关系。通常使用的冲调法可分为过滤式冲调法、蒸馏式冲调法、电咖啡壶冲调法三种。

三、可可

可可主要的产区是非洲和拉丁美洲，非洲西部加纳共和国的产量居世界之首，约占全世界总产量的1/3，我国的广东、台湾等地也有栽培。可可豆中含有50%的脂肪、10%的蛋白质、10%的淀粉，还含有维生素、蛋白质、脂肪及少量的糖和可可碱等。种子焙炒、粉碎后即可成为可可粉，其可做饮料，也是制作巧克力的主要原料，还可供药用，有强心、利尿的功效。可可粉味道香浓可口，能增加热量，增强体质。常见的饮料有可可牛奶、可可冰激凌等。

四、矿泉水

矿泉水是从地下深处自然涌出的或经人工开采的、未受污染的地下矿水，含有一定量的矿物质、微量元素或二氧化碳气体，具有清凉解渴、消除疲劳的作用，是一种天然的营养保健饮品。常见的矿泉水有法国的依云矿泉水，中国的崂山矿泉水、娃哈哈矿泉水、农夫山泉矿泉水等。

五、果蔬汁饮料

果蔬汁饮料是以新鲜水果和蔬菜为原料制成的饮品。果蔬汁饮料富含易被人体吸收的营养成分，有的还有医疗保健功效。果蔬汁饮料具有水果和蔬菜原有的风味，酸甜可口，色泽鲜艳，芬芳诱人。由于果蔬汁中含有一定水分，所以具有不稳定、易发酵、易生霉的特点，因此要特别注意此类饮料的保质期和保存条件。果蔬汁饮料可分为天然果汁、果汁饮料、果肉果汁、浓缩果汁以及蔬菜汁。

六、乳品饮料

乳品饮料，一般是指以牛乳加工制成的饮料的总称。乳品饮料含有丰富的营养成分，易被人体消化吸收，属于营养价值高的健康饮品。国家标准要求含乳饮料中牛乳的含量不得低于30%。乳品饮料常见的有纯鲜牛奶、乳脂饮料、发酵乳饮、冰激凌、含乳饮料。

七、碳酸饮料

碳酸饮料是在经过纯化的饮用水中压入二氧化碳气体，并添加甜味剂和香料制成的一种饮料，因含有二氧化碳气体，又称汽水。这类饮料的重要特征是具备其特有的甜度、酸感和清凉口感。碳酸饮料按是否含有香料分为含香料的碳酸饮料和不含香料的碳酸饮料；按其原料不同可分为果汁型、果味型、可乐型、低热量型、其他碳酸型五种。

第四章　餐饮行业服务技能培训

餐饮服务技能是指餐饮服务人员面对面地为客人提供各种服务，满足客人提出的各类符合情理的要求的各项基本技能。客人在就餐期间，不仅要求菜点的色、香、味、形、质、养、器俱佳，还要求提供相应的服务，服务人员只有掌握了对客服务的各项基本技能，才能更好地为客人服务，提高客人的满意度。本章以工作任务形式就餐饮服务的单项基本技能进行学习、训练，力求在学习的过程中提高感性认识，在训练的过程中使学生掌握各项基本技能，进一步升华服务意识。

第一节　台布铺设

一、台布的种类

台布又称桌布，是覆盖于台面、桌面上用以防污或增加美观的物品，也是现代酒店中必不可少的一类小型装饰品，主要起到保洁、装饰和方便服务的作用。台布是餐厅摆台必备的物品之一，台布的规格及色泽的选择，应与台面的大小、餐厅的风格协调一致。

台布的种类很多，主要有以下四种。

（1）从台布的质地分，有化纤台布、塑料台布、绒质台布、棉织台布等，其中纯棉台布吸湿性能好，为大多数餐厅所使用。

（2）从台布的颜色分，有白色、黄色、绿色和红色等。台布的颜色要与餐厅的风格、环境相协调。

（3）从台布花形图案分，有团花、提花、散花等，其中提花图案的台布使用较多。

（4）从台布的形状分，有圆形台布、正方形台布和异形台布等。正方形台布常用于方台或圆台，长方形台布则多用于西餐各种不同的餐台，圆形台布主要用于中餐圆台。高档宴会则采用多层两种形状以上的台布。除此之外，还分为台布和台裙。

二、台布的规格

一般情况下，按照台布尺寸和餐台使用人数可以分为五种情况。
（1）180 cm×180 cm 的台布，适用于 4～6 人餐桌。
（2）220 cm×220 cm 的台布，适用于 8～10 人餐桌。
（3）240 cm×240 cm 的台布，适用于 12 人餐桌。
（4）260 cm×260 cm 的台布，适用于 14～16 人餐桌。
（5）180 cm×360 cm 和 160 cm×200 cm 的长方形台布多用于西餐长台。

三、台布铺设技能操作程序与标准

台布铺设技能操作程序与标准见表 4-1。

表 4-1　台布铺设技能操作程序与标准

操作程序	操作标准
准备工作	洗净双手，准备好铺台需要的台布，放在餐桌的副主人位上
操作步骤	站在副主人位开始铺设台布
	台布正面朝上，中心线对准正、副主人位
	台布应"十"字居中，四角对桌角，四角下垂均等
	动作规范、熟练，一次铺成，铺好的台布应舒展、平整
铺设方法	抖铺式：用双手将台布打开，平行打折后将台布提拿在双手中，身体呈正位站立式，利用双腕的力量，将台布向前一次性抖开并平铺于餐台上
	推拉式：用双手将台布打开后放至餐台上，将台布贴着餐台平行推出去再拉回来
	撒网式：双手将打开的台布提拿起来至胸前，双臂与肩平行，上身向左转体，下肢不动并在右臂与身体回转时，台布斜着向前撒出去，将台布抛至前方时，上身转体回位并恢复至正位站立，这时台布应平铺于餐台上
	肩上抛式：将台布打开，平行打折，向胸前回拢，将台布整体翻置，在桌上击打一下，双手提拿起来至肩上，将台布整体抛出，再拉回，台布四角下垂均等。这种铺台布方法一般用于表演或比赛
	推拉式：用餐椅腿尖做支点将副主人位一侧的餐椅侧转 90 度，先铺第一块台布；将折叠好的台布横向打开，将垂直的中缝对准桌子的纵轴，用拇指与食指均匀地捏住台布边的左右两侧，左右双臂张开，身体前倾，将拎起的台布向餐桌中央推去，同时放开下层台布边；采用推拉的方式，将台布边推边拉，并抓住第一层台布边缘徐徐将台布拉正，放下下垂部分，台布铺好后，餐椅归位，推拉式铺设台布是西餐厅最常用的铺台方法

（1）台布的正面向上，铺设台布的位置在副主人位一侧。

（2）若是圆形台布，台布边缘距地面相等，同一餐厅所有餐桌台布的折缝要横竖统一。

（3）要将台布一次性铺开，台布的四角要下垂均等。

第二节　托盘使用

一、托盘的种类

一般情况下，托盘按照制作材料、形状和规格进行分类。

（1）根据托盘的制作材料，可分为木质托盘、金属托盘、胶木托盘和塑料托盘。餐饮服务中常用的托盘主要是胶木托盘、塑料托盘，均是采用防滑工艺处理过的。

（2）根据托盘的形状，可分长方形托盘、圆形托盘、椭圆形托盘和异形托盘。

（3）根据托盘的规格，可分大型托盘、中型托盘和小型托盘。

二、托盘的规格

餐饮服务中，常用的托盘形状主要是圆形托盘和长方形托盘，其中圆形托盘有直径35厘米、40厘米、45厘米等不同规格。餐厅席间服务用直径40厘米的托盘较为适宜。而长方形托盘，规格一般是长51厘米、宽38厘米。

三、托盘的使用方法

托盘的使用方法按照托盘的大小以及盛装物品的重量分为轻托和重托。在实际的餐饮服务工作中，以轻托为主，较大或者较重的物品为了安全起见多用餐车运送。

1. 轻托

轻托又称胸前托，是指托送比较轻的物品，或用于上菜、分菜、斟酒、撤换餐具等，一般托重量在5千克以内的物品。轻托多用于日常餐饮工作中，是最常见和实用的托法。轻托通常在客人面前操作，其准确、熟练、优雅的程度十分重要，是衡量、评价餐饮服务员服务水平的标准之一。

2. 重托

重托又称肩上托,是指用托盘运送较重的菜点、酒水和盘碟的方法,一般所托重量在 5～10 千克。日常餐饮工作中的长方形托盘多采用重托,以托送菜肴为主,由于易沾油渍,使用前要仔细检查和擦洗。

四、托盘服务技能的操作程序与标准

托盘服务技能操作程序与标准见表 4-2。

表 4-2　托盘服务技能操作程序与标准

操作程序	操作标准
准备工作	准备好轻托需要的托盘若干,以及各种餐具、酒具和酒瓶 准备好重托需要的托盘若干,各种菜盘若干
轻托	理盘:根据所托的物品选择清洁合适的托盘,如果不是防滑托盘,则在托盘内垫上洁净的垫布 装盘:根据物品的形状、体积和使用先后合理安排,重量分布均衡,重心靠近身体,以安全稳当和方便为宜 起盘:身体重心下降、前倾,左手掌心向上、指尖向前,右手拉托盘边缘,左手置于托盘下,找到托盘重心后托起,端稳后回复直立状,左臂放于胸前 行走:行走时要头正启平,上身挺直,目视前方,脚步轻快稳健,精力集中,随着步伐移动,托盘自然摆动,但以菜肴酒水不外溢为标准 落盘:到达目的地,要把托盘平稳地放到餐台上,再安全取出物品
重托	理盘:与轻托基本相同。选择大小合适的托盘,及时清洁托盘内的油渍,避免发生意外 装盘:要将托盘内的物品分类摆放均匀,使物品的重量在托盘内均匀分布,并注意物品的高矮、大小,切忌物品无层次混乱摆放,以免造成餐具破损。同时还要注意物品间要留有一定的距离,以免行走时发生碰撞而产生响声 起盘:起盘姿势是用双手将托盘移至工作台处,用右手协助将托盘拉出 1/3,左手伸入托盘底部,五指自然张开并托住盘底的中心,双脚分开呈八字形,双腿下蹲略呈骑马蹲裆式的姿势,腰部略向左前方弯曲。掌握好重心后,用右手协助左手将托盘向上托起,同时左手向上弯曲臂肘,向左后方旋转 180 度,肇托于肩上方。要做到盘底不落肩,盘前不靠嘴,盘后不靠发。待左手向后托实、托稳后再将右寸撤回。右于呈下垂姿势自然摆动,或抶托盘的前角
重托	行走:上身挺直,两肩放平,行走时步伐轻快,肩不倾斜,身不摇晃,掌控重心,动作表情轻松自然 落盘:右手协助左手将托盘向右前方旋转,顺势将托盘从肩上降至身前,左脚在前,身体下蹲,将托盘的前 1/3 部分搭放在工作台上,右手将托盘平稳向内平推至全部平放,起身

五、托盘服务技能的操作注意事项

1. 轻托的注意事项

（1）用轻托的方式给客人斟酒时，要随时调整托盘重心，勿使托盘翻倒而将酒水泼洒在客人身上。不可将托盘越过客人头顶，以免发生意外，左手应向后自然延伸。

（2）随着托盘内物品的不断变化，重心也不断变化，所以左手五个手指应根据托盘重心的变化做相应的受力调整，以掌握好托盘的重心。

（3）从托盘上取物品时，要从两边交替端下，以保持托盘平衡。

（4）行走时，托盘略有摆动，但应注意不能让其上下摆动的幅度过大。

2. 重托的注意事项

（1）平：托送时掌握好重心。行走时要保持盘内平、肩平、动作协调。重托的托盘以托送菜点居多，易沾油渍，使用前要仔细检查和擦洗。

（2）稳：要调度得当，分档安放。装盘要合理稳妥，托盘不晃动，行走不摇摆，使人有稳重、踏实的感觉。

（3）松：在托送重物的情况下，动作表情要显得轻松自如，上身保持正、直，行走自如。落盘时，要屈膝但不要弯腰。

第三节　餐巾折花

一、餐巾的作用和种类

餐巾又称口布、茶巾、茶布等，是餐厅中必备的一种保洁用品，也是台面摆设的艺术装饰品。它既能起到保洁作用，防止菜肴、汤汁、酒水溅落在衣服上，又能起到美化台面、渲染气氛的作用，同时还可以标志宾主席位，便于入座。

餐巾的种类可以从质地和颜色两方面进行划分。

1. 质地

按餐巾的质地，可分为棉织品和化纤织品。棉织品餐巾吸水性较好，去污力强，浆熨后挺括，造型效果好。化纤织品餐巾色泽艳丽，透明感强，富有弹性，如一次造型不成，可以二次造型，但吸水性差，去污力不如棉织品。

2. 颜色

按餐巾的颜色，可分为白色与彩色两种。白色餐巾给人以清洁卫生、恬静优雅的感觉，并能安定人的情绪。彩色餐巾可以渲染就餐气氛，如大红色、粉色、黄色餐巾给人以庄重热烈的感觉；橘黄色、鹅黄色餐巾给人以高贵典雅的感觉；湖蓝色餐巾在夏天能给人凉爽、舒适的感觉。

二、餐巾折花的种类

1. 餐巾的折叠方法与摆设

按餐巾的折叠方法与摆设，可分为杯花、盘花和环花三种。杯花一般需插入杯中以完成造型，取出杯子即散开；盘花造型完整，成形后不会自行散开，可放于盘中或其他盛器及台面上。

2. 餐巾花外观

按餐巾花外观，可分为植物类造型、动物类造型和实物类造型三种。

（1）植物类造型：根据植物的造型折制的有月季、荷花、梅花、牡丹、水仙花等品种；根据植物的叶、茎、果实造型折制的有荷叶、竹笋、玉米等品种。植物类造型变化多，造型美观，是餐巾折花品种中的一个大类。

（2）动物类造型：此类包括鱼虫鸟兽，其中以飞禽为主，如孔雀、鸽子、海鸥等。动物类造型有的塑其整体，有的取其特征，形态逼真，生动活泼，是餐巾折花中重要的一类。

（3）实物类造型：此类造型是模仿日常生活中各种实物形态折叠而成。常见的有花篮、折扇等。这类花形在餐巾花中只占少数，目前品种不太多。

三、餐巾折花的基本技法

餐巾折花的基本技法包括叠、卷、折、翻、拉、掰、捏、穿八大部分，详见表4-3。

表 4-3 餐巾折花基本技法操作要领

基本技法	具体操作要领
叠	叠是最基本的餐巾折花技法。将餐巾一折二、四，或折成长方形、三角形、正方形、梯形等，包括正方折叠、长方折叠、条形折叠、对角折叠、错位折叠等叠法。叠的基本要领是找好角度，一次叠成
卷	用大拇指、食指、中指三个手指相互配合，将餐巾卷成各种圆筒状，分别有直卷和螺旋卷（如孔雀）两种。直卷有单头卷、双头卷（如马蹄莲）、平头卷。卷的基本要领是要卷得紧凑、挺括
折	折是打褶时运用的一种手法。两个大拇指相对成一线，用拇指和食指将餐巾捏成一个褶，中指控制距离和长度，拇指和食指紧按捏起的褶向前推折，两手食指将推折好的褶重复捏起，两手中指控制好下一个褶的距离，三个手指相互配合做往返运动，折的基本要领是折出的褶均匀整齐
翻	翻大多用于折花鸟造型。用右手大拇指、食指、中指三个指头配合，把初步成形的餐巾翻成所需形状，分紧翻和松翻两种。翻的基本要领是注意大小适宜，自然美观
拉	在餐巾折花过程中，将餐巾的一角或一边拉出、拉下或拉上的手法。一般采用左手捏住餐巾的中部或下部，再用右手拉出一角或一边。拉的基本要领是大小比例适当，选型挺括
掰	将餐巾做好的褶用右手一层一层掰出层次，形成花蕾状，掰时不要用力过大，以免松散。掰的基本要领是层次分明，间距均匀
捏	主要用于折鸟的头部造型。操作时先将餐巾的一角拉挺做颈部，然后用一只手的大拇指、食指、中指捏住鸟颈的顶端，食指向下，将餐巾角尖端向里压下，用中指与拇指将压下的餐巾角捏出尖嘴状，做出鸟头。捏的基本要领是棱角分明，头顶角和嘴尖角要到位
穿	将餐巾先折好后攥在左手掌心内，用筷子一头穿进餐巾的褶缝里，然后用右手的大拇指和食指将筷子上的餐巾一点一点向后拨，直至筷子穿出餐巾为止，穿好后先把餐巾插入杯子内，然后再把筷子抽掉，否则容易松散。根据需要穿 1~2 根筷子。穿的基本要领是穿好的褶要平、直、细小、均匀

四、餐巾折花的选择原则

1. 根据宴会的主题、规模选择花形

餐巾折花因宴会主题各异而形式不同，所选择的花形也不同。大型宴会可选择简洁、挺括的花形。可以每桌选两种花形，使每个台面上花形不同，台面显得多姿多彩。

2. 根据宾主席位的安排选择花形

宴会主宾、主人席位上的花称为主花，主花一般选用品种名贵、折叠细致、美观醒目的花，以达到突出主人、尊敬主宾的目的。如接待商务客人，可以叠

和平鸽表示和平，叠花篮或企鹅表示欢迎；为女宾叠孔雀表示美丽；为儿童叠小动物表示活泼可爱，均可使宾主感到亲切。

3. 根据客人的宗教信仰选择花形

如果是信仰佛教的客人，勿折动物造型，宜叠植物、实物造型；信仰伊斯兰教的客人，勿用猪的造型等。

4. 根据客人的风俗习惯选择花形

如日本人喜欢樱花，忌用荷花；美国人喜欢山茶花；法国人喜欢百合花；英国人喜欢蔷薇花等。

五、餐巾折花发展的新趋势

1. 趋向线条简洁、明快、挺括的花形

因为这类花形折叠所需要的时间短、速度快，而且这种花形散开后，餐巾褶皱少，使用方便。

2. 趋向盘花

盘花可减少手握杯的环节，满足客人清洁卫生的心理。

六、餐巾折花服务技能的操作程序与标准

餐巾折花服务技能操作程序与标准见表4-4。

表4-4 餐巾折花服务技能操作程序与标准

操作程序	操作标准
折叠要求	做好操作前准备
	注意个人、餐巾、工具的卫生
	正确选择花形
	掌握折叠方法，一次成形
	造型美观、高雅、整洁
摆放要求	主花插在主人位，一般餐巾折花插在其他宾客席上，高低大小搭配应错落有致
	将餐巾折花最佳观赏面朝向客人
	形状相似的花形错开并对称摆放
	各餐巾折花间距均匀，餐巾折花不能遮挡台上用品，不能影响服务操作
	恰当掌握杯花的深度，注意杯内餐巾整齐
	注意整体的协调性

七、餐巾折花服务技能的操作注意事项

（1）选择好餐巾，餐巾要干净、熨烫平整、无破损，并根据用餐的具体情况选定餐巾。

（2）花形的选择既要符合原则，点缀台面，方便客人观赏使用，又不能遮挡餐具和餐台上用品，还要方便服务员值台操作。

（3）折花操作时要在干净光滑的操作台或托盘上进行，并准备好辅助工具，如干净光滑的筷子。

（4）折花操作前要洗净双手；操作过程中不能用嘴咬餐巾，也不要多说话，以防唾液污染餐巾。

（5）折花要正确使用基本技法，操作时掌握要领，姿势自然，手势灵活，用力得当；折花时要胸有成竹，看准角度，一次成形。

（6）放花入杯时，要注意卫生，手指不允许接触杯口，杯身不允许留下指纹；餐巾折花宜放置在杯中高度的 2/3 处。

（7）餐巾折花摆放台面时，要注意分清主宾位置，突出主人；单面观赏的花形如孔雀开屏，要将头部朝向宾客；多面观赏的花形要选择一个最佳观赏角度摆放。

第四节　中餐摆台

一、中餐摆台的种类

中餐摆台，一般分为便餐摆台和宴会摆台两种。便餐摆台以小餐桌为主，宴会摆台则以大圆桌为主。一张布置合适的餐桌必须事先准备好各种餐具备品，并按照餐厅的规格和就餐需要选择相应的餐具来摆设。

二、中餐摆台的用具

中餐摆台的用具包括餐碟、汤碗、汤匙、筷子、筷架、味碟、茶碗、茶碟、烟灰缸、调味盅、牙签盅、公用餐具、各式酒杯、餐巾折花、花瓶、桌号牌、菜单等。

三、中餐摆台的要求

（1）台面摆设保持清洁卫生。摆台所用的台布、餐巾、餐具、小件物品、调料品及餐椅和其他各种装饰物品都要符合卫生要求。

（2）餐台的布局要科学。餐台的布局要做到台形设计考究、合理，既方便就餐，又能确保服务工作的顺利进行。

（3）台面的设计要合理。台面的设计要尊重客人的民族习惯和饮食习惯，符合待客的礼仪要求。

（4）摆台时要备齐餐饮用具。根据就餐规格和形式设计台面，所配餐具、用具要配套、齐全。

（5）餐具摆放要规范。餐具摆放要有条理，各席位的餐具相对集中、整齐一致，席位之间应有明显空隙，既要方便客人用餐，又要便于席间服务。

（6）中心花设计要美观、得体。中心花的设计要能体现宴会的主题，力求造型逼真、美观、得体、实用。

四、中餐摆台服务技能的操作程序与标准

1. 摆餐椅
将所需要餐椅按就餐人数摆放于餐台的四周，使之呈三三两两的并列状。

2. 铺台布
服务员将选好的台布放于副主人处的餐台上，双手将台布打开并提好，运用臂力，把台布朝主人座位的方向抛抖出去。在抛抖的过程中，做到用力得当，动作熟练，一次抖开并到位。

3. 围台裙
围台裙可提高餐厅的规格档次，使台面美观、大方、高雅、舒适。

4. 摆转盘
服务员先把转盘摆放在餐桌中心，轻轻转动，看是否灵活。大型宴会和国宴不用转盘。

5. 摆餐具
按餐台摆放的技能标准摆餐具。

中餐早餐摆台服务技能操作程序与标准见表4-5。

表 4-5　中餐早餐摆台服务技能操作程序与标准

操作程序	操作标准
准备工作	准备好摆台需要的相关物品，并放在服务边台上
餐碟	餐碟之间距离均等；餐碟边距桌边 1 厘米
汤碗、汤匙	汤碗放在餐碟的左上方，距餐碟 1 厘米，俯视两圆相切；汤匙摆在汤碗内，汤匙柄向左；汤碗拿边，汤匙拿柄
筷架、筷子	筷架摆在餐碟的右侧，筷尾距桌边 1 厘米
餐巾折花	餐巾叠盘花，通常为统一的花形
花瓶	摆在靠墙的一边，调味盅、牙签盅放在花瓶旁边

中餐午、晚餐摆台服务技能操作程序与标准见表 4-6。

表 4-6　中餐午、晚餐摆台服务技能操作程序与标准

操作程序	操作标准
准备工作	准备好摆台需要的相关物品，并放在服务边台上
餐碟	餐碟之间距离均等；餐碟边距桌边 1 厘米
汤碗、汤匙	汤碗放在餐碟的左上方，距餐碟 1 厘米，俯视两圆相切；汤匙摆在汤碗内，汤匙柄向左；汤碗拿边，汤匙拿柄
水杯	水杯放在餐碟右上方，水杯中心与汤碗中心在一条水平线上，汤碗与水杯间距 1.5 厘米
筷架、筷子	筷架摆在餐碟的右侧，筷架中心与水杯、汤碗中心形成一条水平线，筷尾距桌边 1.5 厘米
餐巾折花	餐巾叠盘花，通常为统一的花形
花瓶	摆在靠墙的一边。调味盅、牙签盅放在花瓶旁边

中餐宴会摆台服务技能操作程序与标准见表 4-7。

表 4-7　中餐宴会摆台服务技能操作程序与标准

操作程序	操作标准
准备工作	准备好摆台需要的相关物品，并放在服务边台上
铺台布	（1）在副主人位一侧操作；台布正面朝上，中心线对准正、副主人位，"十"字中心点居桌面中心。 （2）台布四角对桌角，四角下垂均等
餐碟	（1）从主人位开始，顺时针依次摆放。 （2）餐碟之间距离均等；餐碟边距桌边 1.5 厘米。 （3）转盘中心与相对两个餐位三点呈一直线。 （4）操作时拿餐碟边缘部位
汤碗、汤匙、味碟	（1）汤碗放在餐碟左上方，距餐碟 1 厘米，汤匙摆在汤碗内，汤匙柄向左。 （2）味碟放在餐碟右上方，味碟与汤碗位于餐碟中线两侧，相距 1 厘米。 （3）汤碗拿边，汤匙拿柄

续表

操作程序	操作标准
筷架、筷子	（1）筷架摆在味碟的右侧，距味碟1厘米，汤碗、味碟及筷架三件餐具的中心在一条直线上。 （2）筷尾距桌边1.5厘米。 （3）筷子或筷套上的文字或图案一律向上
酒杯	（1）葡萄酒杯放在餐碟正前方，北座距汤匙、味碟边1厘米。 （2）白酒杯放在葡萄酒杯右侧，距离1厘米。 （3）啤酒杯中插餐巾花，摆在葡萄酒杯的左侧，距离1厘米。 （4）三杯中心横向呈一直线；啤酒杯拿下部，酒杯拿杯柄
餐巾折花	（1）突出主人位，报花名。 （2）操作手法卫生，手不触及杯的上部。 （3）动作娴熟，掌握折花要领，一次成形。 （4）花形美观大方、造型逼真形象自然。 （5）餐巾花插入杯中2/3处
茶碗、茶碟	（1）茶碗扣放于茶碟上，茶碟、茶碗放在餐碟的右侧，距离餐碟、桌边大约2指的距离。 （2）茶碟中心和餐碟中心在同一水平线上
公用餐具、用具	（1）摆在正、副主人杯具的前方。 （2）公用的筷子和汤匙平行横放在两用筷架上，公筷靠近桌心，筷尾向右，汤匙柄向左
牙签盅	放在餐碟与筷子之间，牙签盅中心和餐碟中心在同一水平线上
花瓶	摆在转盘中央
烟灰缸	从主人位右手开始，每隔两个餐位放一个，烟灰缸上沿与酒具平行
菜单、桌牌号	（1）菜单放在主人餐具的一侧，位置适当。 （2）桌号牌摆在餐桌正中，台号朝向厅堂入口处
餐椅	餐椅之间距离相等，餐椅前段与台布下垂部分自然接触，椅背绕成圆形

五、中餐摆台服务技能的操作注意事项

（1）操作时拿餐具边缘部位。

（2）托盘位于椅背外，摆放餐巾花时要报花名。

（3）午、晚餐摆台比早餐摆台多一个或两个酒具。

第五节　西餐摆台

一、西餐摆台的种类

西餐摆台一般情况下可以分为便餐摆台和宴会摆台。

二、西餐摆台的用具

西餐摆台的用具包括餐盘、各式刀叉、各式酒杯、面包盘、餐巾折花、烟灰缸、牙签盅、调味盅、胡椒瓶、盐瓶、菜单、烛台、花瓶或鲜花、咖啡杯等。

三、西餐摆台的要求

1. 摆餐椅

将所需要餐椅按就餐人数摆放于餐台旁。

2. 铺台布

服务员将选好的台布放于副主人处的餐台上,采用推拉式方法铺台布,要做到方法得当,动作熟练,一次到位。

3. 摆餐具

按餐台摆放的技能标准摆餐具。

四、西餐摆台服务技能的操作注意事项

（1）操作时拿边缘部位,带柄的拿柄。
（2）叉面、匙面朝上,刀口朝向盘心。
（3）摆放餐巾花时要使用盘花。

第六节　酒水斟倒

一、酒杯的选择

根据不同的就餐环境准备不同的酒杯，同时不同酒品饮用时使用的杯具也不相同。

酒杯内从左至右依次为冰水、白兰地、白葡萄酒、极品干红葡萄酒、香槟酒、红葡萄酒。

（1）冰水：使用矮脚玻璃杯。

（2）白兰地：使用白兰地专用窄口酒杯。

（3）白葡萄酒：用较小的一种宽体窄口高脚玻璃杯盛装，以便保留香气。

（4）极品干红葡萄酒：盛装此酒的杯子比装白葡萄酒的酒杯高一些。

（5）香槟酒：用窄长的香槟酒玻璃杯盛装。

（6）红葡萄酒：比装白葡萄酒的酒杯大一些。

二、斟酒的基本方法

斟酒的基本方法有两种：一种是桌斟；另一种是捧斟。

1. 桌斟

桌斟即指客人的酒杯放在餐桌上，服务员持瓶向杯中斟酒。桌斟还可分为徒手斟酒和托盘斟酒两种。

（1）徒手斟酒：服务员左手持服务巾，背于身后，右手持酒瓶的下半部，商标朝外，正对客人，右脚向前站在两椅之间，在客人右侧斟倒。

（2）托盘斟酒：将客人选定的几种酒放于托盘内，根据客人的需要依次将所需酒品斟入杯中。托盘斟酒时，服务员身体前倾，左手托盘，应向后自然拉开，掌握好托盘的重心，右手持酒瓶斟酒。这种斟酒的方法能方便客人选用。

2. 捧斟

捧斟即指斟酒服务时，服务员站立于客人右侧身后，右手握瓶，左手将酒杯捧在手中，向杯中斟满酒后，绕向客人的左侧将装有酒液的酒杯放回原来的杯位。捧斟多适用于酒会和酒吧服务。捧斟方式一般适用于非冰镇酒品。

三、斟酒的顺序

餐饮服务中，斟酒的顺序一般根据中西方客人的用餐习惯确定。

1. 中餐斟酒顺序

一般在宴会开始前 10 分钟左右将烈性酒和葡萄酒斟好。斟酒时可以从主位开始，按顺时针方向依次斟酒。客人入座后，服务员及时询问斟啤酒、饮料等。其顺序是：从主宾开始，按男主宾、女主宾、主人的顺序顺时针方向依次进行。如果是两位服务员同时服务，则一位从主宾开始，一位从副主宾开始，按顺时针方向进行。

2. 西餐斟酒顺序

斟倒葡萄酒时，首先斟至 1/5 杯，请主人品评酒质，待主人确认后再按顺序斟倒，然后先斟女主宾，后斟男主宾，再斟主人，最后按顺时针方向依次向其他宾客斟酒。另外，西餐饮用的酒品种类一般视菜肴的品种而定，即吃什么菜饮什么酒，饮什么酒配什么杯。较高级的西餐酒席宴会，一般要用七种以上的酒，也就是说，每道菜都配饮一种酒。

四、斟酒量的标准

（1）白酒：中餐常斟八分满，西餐白酒一般不要超过酒杯的 3/4。

（2）红葡萄酒：一般只斟至杯的 1/2 或 1/3。

（3）白葡萄酒：一般只斟至杯的 2/3。

（4）香槟酒：分两次斟倒，第一次斟至 1/3 杯，待泡沫平息后再斟至 2/3 杯或 3/4 杯即可。

（5）啤酒：因其泡沫较多，一般斟 80% 的酒，留 20% 的泡沫。

（6）白兰地、威士忌：一般斟倒约一盎司，约 1/5 杯，即将酒杯横放时，杯中酒液与杯口齐平。

（7）鸡尾酒：酒水占杯子的 3/4 即可。

（8）冰水：一般为半杯水加入适量的冰块，不加冰块时应斟满水杯的 3/4。

五、斟酒的时机

斟酒的时机是指宴会斟酒的两个不同阶段：一个是宴会前的斟酒；另一个

是宴会进行中的斟酒。如果客人点用白酒、红葡萄酒、啤酒时，在宴会开始前 10 分钟内将红葡萄酒和白酒斟入每位客人的酒杯中。斟好以上两种酒后就可请客人入座，待客人入座后，再依次斟啤酒。如用冰镇的酒或加温的酒，则应在宴会开始后上第一道热菜前依次为客人斟至酒杯中。宴会进行中的斟酒，应在客人干杯前后及时为客人添斟，每上一道新菜后要添斟，客人杯中的酒不足一半时，也要添酒。客人互相敬酒时要为敬酒客人及时添酒。

六、斟酒服务技能的操作注意事项

1. 酒水处理服务技能操作的注意事项

（1）冰镇瓶装酒需用冰桶，用托盘托住桶底，以防凝结水滴弄脏台布。
（2）冰桶中和溜杯时放入的冰块不宜过大或过碎。
（3）将酒瓶放入冰块内，酒标向上，再用一块毛巾搭在瓶身上。
（4）取冰镇的酒水时，应以一块折叠的餐巾护住瓶身，可以防止冰水滴落弄脏台布或客人的衣服。
（5）加热酒水的时间不宜过长，温度不宜过高。
（6）需要加热的酒水，敞开瓶盖，放在专用的加热器内，效果更佳。
（7）加热瓶装啤酒时，必须将瓶盖打开，防止酒瓶爆裂伤人。

2. 酒水展示、试尝服务技能的注意事项

（1）酒水展示时，注意酒瓶与客人的距离，方便客人看清酒水的商标。
（2）斟倒试尝酒水时，应注意商标朝向客人，控制好酒量，并轻转酒瓶以防酒液滴下。
（3）客人试尝酒水时，服务员应保持笑容，站立于客人身旁，耐心等候。

3. 葡萄酒滗酒服务技能操作的注意事项

（1）需要进行滗酒的葡萄酒，应于滗酒前置放约 1 小时，至少不得少于 30 分钟。若是前一天知道客人需要哪瓶酒，应事先将酒直立 24 小时，以便让酒渣有足够的时间沉淀至瓶底，这样滗酒的效果会更好。
（2）滗酒时，当接近含有沉渣的酒液时，动作要稳、慢。
（3）滗好酒后，服务员通常会征询客人是否需要醒酒，以便让葡萄酒的气味更好。

4. 斟酒服务技能操作的注意事项

（1）斟酒时，瓶口不可搭在酒杯口上，相距 2 厘米为宜，以防止将杯口

碰破或将酒杯碰倒；但也不要将瓶拿得过高，以免酒水溅出杯外。

（2）服务员要将酒缓缓倒入杯中，当斟至酒量适度时停一下，并旋转瓶身、抬起瓶口，使最后一滴酒随着瓶身的转动均匀地分布在瓶口边沿上。

（3）斟酒时，要随时注意瓶内酒量的变化情况，以适当的倾斜度控制酒液流出的速度。瓶内酒量越少，则流速越快，流速过快容易冲出杯外。

（4）斟啤酒时，速度要慢些，也可分两次斟或使啤酒沿着杯内壁流入酒杯内。

（5）由于操作不慎而将酒杯碰翻时，应向客人表示歉意，并立即将酒杯扶起，检查有无破损；如有破损，要立即更换新的；如无破损，要迅速用一块干净餐巾铺在酒迹上，然后将酒杯放回原处，重新斟酒；如果是客人不慎将酒杯碰倒、碰破，服务员也要这样做。

第七节　上菜分菜

一、上菜方法和服务

餐饮服务中，中、西餐上菜的方法有所不同。

1. 中餐上菜

（1）上菜的顺序：第一道凉菜、第二道主菜（名菜）、第三道热菜、第四道汤菜、第五道甜菜（随上点心），最后上水果。

由于中国地方菜系很多，上菜顺序也不完全相同，如广东上菜的习惯，冷菜后的第一道菜就是炖品汤，结尾时也是汤。安徽某些地区入座后的头道菜是开胃甜汤，鱼在最后汤的前面上。但在山东宴席中，鱼是作为大菜上的。又如上点心的时间，各地习惯也有不同，有的在宴会中上，有的在宴会将结束时上；有的甜、咸点心一起上，有的则分开上。

（2）上菜的方法：上菜首先要选定上菜位置，即上菜口。上菜要做到轻、准、正、平：轻，即菜盘落下时要轻，不可重碰；准，即上菜前挪出空位，将要上的菜准确落位；正，即造型菜上席时要针对主人席摆正位置，不可乱放；平，即菜盘拿在手上要平稳，不能将盘中汤汁洒出来。

上菜时应该注意正确的端盘方法：端一个盘子时用大拇指紧贴盘边，其余四指扣住盘子下面，拇指不应该碰到盘子边的上部，更不允许留下手印或者手指进入盘中,这样既不卫生也不礼貌。

上鸡、鸭、鱼等带头带尾的菜肴时,一般将头朝向左侧,胸脯部位朝向主人。这样的方法就是俗话说的"鸡不献头,鸭不献掌,鱼不献脊"。大型的艺术拼盘要将其正面对准主位。

(3)上菜速度和节奏:把握好热菜的上菜时间,最佳时间应在酒水刚好斟完时。紧接着上后面的菜,速度要快,以弥补席面的空白和单调。当席面上有了四五道菜之后,上菜就要放慢速度,否则会出现盘上叠盘的现象。

2. 西餐上菜

(1)上菜顺序:西餐的上菜顺序一般为:开胃品(头盘)、汤、副菜、主菜、配菜、甜品、咖啡或茶。

①开胃品(头盘):西餐的头盘有冷头盘和热头盘之分,常见有鱼子酱、鹅肝酱、熏鲑鱼、奶油鸡酥盒、焗蜗牛等。头盘即开胃品,味道常以咸、酸为主且量少而精。

②汤:西餐的汤有清汤、奶油汤、蔬菜汤和冷汤等,常见各式奶油汤、海鲜汤、蛤蜊汤、蔬菜汤、罗宋汤。冷汤有俄式冷汤、德式冷汤。

③副菜:各种水产类菜肴和蛋类、面包类、酥盒类菜肴通常称为副菜。吃鱼类菜肴时西餐讲究调味汁,如鞑靼汁、荷兰汁、白奶油汁、大主教汁、美国汁和水手鱼汁等。

④主菜:西餐的主菜,即各种肉、禽类菜肴。通常取牛、羊、猪各个部位的肉,用烤、煎、铁扒等方法烹制成各式肉排菜肴。配用的调味汁主要有黑胡椒汁、浓烧洋葱汁、蘑菇汁、西班牙汁等。通常将鸡、鸭、鹅、兔肉和鹿肉等野味归入禽类菜肴,用煮、炸、烤、焖等烹调方法制成,主要的调味汁有咖喱汁、奶油汁等。

⑤配菜:西餐的配菜即蔬菜类菜肴,也称沙拉。与主菜同时摆上的生蔬菜沙拉,一般用生菜、番茄、黄瓜、芦笋等制作。沙拉调味汁主要有千岛汁、醋油汁、乳酪沙拉汁等。另有炸土豆条和煮菠菜、花椰菜等熟蔬菜沙拉。除此之外,还有亦可作为头盘食用的鱼、肉、蛋类制作的沙拉,通常不加调味汁。

⑥甜品:西餐的甜品包括所有主菜后的食物,如布丁、煎饼、冰激凌、乳酪、水果等。

⑦最后是品尝咖啡或茶。

(2)上菜的方法:西餐菜肴一般要右上右撤,酒水饮料要从客人的右侧上。法式宴会所需食物都是用餐车送上,由服务员上菜,除面包、黄油、沙拉和其他必须放在客人左边的盘子外,其他食物一律从右边用右手送上。

二、分菜方法和服务

分菜服务常见于西餐的分餐制服务中,而在一些中餐的高级宴会上也会使用。西餐的分菜按其习惯,应该先女后男,先宾后主。但在国宴等高级宴会中,应该按先主宾后主人,再按照先女宾后男宾的顺序进行服务。分菜服务可以有效体现餐饮服务的品质,因此服务员必须熟练掌握服务技巧。常见的分餐方式有餐位分菜法、转台分菜法、旁桌分菜法、厨房分菜法。常用的分菜手法有以下几种。

1. 指夹法

将一对服务叉和服务勺握在右手,服务叉在上方,服务勺在下方,使中指及小指在下方而无名指在上方夹住服务勺。将食指伸进叉勺之间,用食指与拇指指尖握住服务叉,使之固定,适用于体积较小的食物。此种方法操作很灵活。

2. 右勺左叉法

右手握住服务勺,左手握住服务叉,左右来回移动叉勺,适用于体积较大的食物。

三、上菜分菜服务技能的操作注意事项

1. 上菜服务技能操作注意事项

(1)服务员一定要事先了解客人的用餐菜单,上菜时要仔细核对,特别是多桌、多档的中餐更要仔细,切不可送错对象。西餐的任何一道需配酒类的菜肴在上桌前应先斟酒,然后再上菜。

(2)上菜时应说"对不起"或"请慢回身",以提醒客人防止碰撞而发生意外,动作要轻、稳,避免从客人的肩上、头上越过而引起客人的不满。

(3)台面菜肴要保持"一中心""二平放""三三角""四四方""五梅花"的形状,以使台面始终保持整洁美观。上造型菜时应将最佳观赏面朝向宾客。西餐每道菜用完均需撤走用过的餐具(包括餐盘和刀叉等),然后再上菜。

(4)菜肴上桌后,服务员要主动报菜名,同时将菜肴转至主宾位置并介绍菜肴。

2. 分菜服务技能操作注意事项

(1)分菜时应注意手法卫生,不能将掉在桌上的菜肴再分给客人,手拿餐碟的边缘,避免污染餐碟。

（2）服务员在分菜时要轻、快、准，切不可在分菜给最后一位客人时菜已放凉。

（3）分菜时，服务员要做到心中有数，做到给每位客人的菜肴要大致等量。

（4）凡带骨的菜肴，骨与肉要分得均匀，头、尾、翼尖的部分不能分给客人。

（5）需要跟上调料的菜肴，分菜时要跟上调料并略加说明。

第五章　中西式餐饮服务

第一节　中式早餐服务

一、中式早餐服务的种类

目前，酒店为客人提供的中式早餐服务主要有早茶服务、自助餐服务、套餐服务等。

二、中式早餐服务流程

（一）餐前准备

（1）开餐前做好餐厅环境卫生工作，以符合卫生要求。

（2）按早餐摆台标准摆台，准备好各种早餐所需用品，餐具摆放整齐以便取用。

（3）检查台面上的调味品，并确保各种调味品的分量符合规定要求，盐、胡椒粉不结团。

（4）如果是自助餐，负责看台的服务员要将布菲台的卫生清理干净到位，布菲台上面可以摆放鲜花或者其他装饰品。

（5）已经消毒的餐具要准备充足，并且要按照规定码放在布菲台的一侧。除此之外，保温用具和厨房人员到餐厅为客人做现场切配用的一切用具都要准备齐全。

（6）开餐前，将食品放在布菲台上面，冷盘、热菜、点心、水果、酒水要分类依次摆放好，其中热菜要放在布菲炉里保温，准备好客人取食品用的布菲夹、餐盘、餐具等。

（7）检查员工仪容着装，做到仪表整洁，按要求佩戴工号牌，随时准备为客人服务。

（二）迎宾服务

（1）事先了解当天早餐预估详情，团队和散客用餐时间及比例。

（2）当客人来到餐厅时，亲切、友善地问候客人，使用礼貌用语，如"早上好""欢迎光临"等，然后将客人带到合适的餐台安排就座。

（三）问位开茶

（1）值台服务员主动上前为客人拉椅让座，送上香巾后开茶，开茶时服务员要尊重客人的饮茶习惯，先向客人问茶，然后按需开茶。

（2）开茶时，服务员应站在客人的右侧斟倒第一杯礼貌茶，以七八分满为宜。

（3）根据客人人数填写点心卡，记上台号、茶位，签上服务员的名字，把点心卡送上台，为客人撤筷套并收走筷套。

（四）餐中服务

1. 早茶服务

中式早餐服务最常见的是早茶服务。早茶最早流行于广东等沿海地区，后向内地发展，早茶的消费对象一般为具有一定消费能力又有闲暇时间的客人。

（1）服务员为客人提供茶水服务后，点心推销员应将点心车推至客人桌旁。

（2）点心推销员向客人介绍当天供应的各式点心品种，在客人选定后，服务员应协助点心推销员为客人送上点心。

（3）服务员根据客人所点的点心在点心卡上做好记录，及时填好日期、时间、桌号、人数等内容。

（4）服务员要勤巡台、勤续茶水、勤清理台面，主动征询客人的意见，尽量满足客人的要求。

2. 自助餐服务

自助餐是一种自己选择取用食物的就餐形式。其特点是菜点种类丰盛，选择余地大；客人随来随吃，进餐速度较快；餐位周转率高，用餐标准一般固定，价格便宜，经济实惠。

（1）客人进入餐厅坐下后，服务员要主动向客人推荐饮料，并热情地为客人介绍菜点。

（2）根据客人的需要，迅速为客人取煎煮食品或其他菜点。

（3）服务员及时整理餐台区域用具和台面，添加餐台区域食品和饮料，要经常整理菜点，使之保持丰盛、整洁、美观，必要时帮助客人取菜。

（4）如果某些菜点消费速度较快，服务员应及时补充以示充裕。

（5）服务员要做好热菜的保温工作，为客人续添红茶，做好客人的临时需求服务，及时回答客人提出的有关菜点的问题。

（6）勤巡餐台、撤走餐台上的脏盘，保持餐厅卫生，并随时准备为客人提供服务。

（7）自助餐快要结束时，添菜时一般添加一半或1/3即可，避免到收餐时剩菜过多导致浪费。

3. 套餐服务

套餐服务是按固定用餐标准为客人提供规定品种菜肴的服务方式。

（1）服务员为客人提供茶水服务之后，要向客人介绍套餐的种类、价格并询问客人的需要。

（2）当传菜员将客人点的套餐从厨房托送至餐厅时，服务员应立即将套餐送上餐桌。

（3）为客人备好必要的调料。

无论采取哪种服务方式，在客人用餐过程中，服务员都应做好以下工作，即勤巡台、勤清理台面；主动适时地推销，随时满足客人的需要。

（五）结账服务

（1）客人示意结账时，服务员迅速将点心卡送至收银台，收银员将点心卡汇总后送交服务员。

（2）如果是套餐服务或自助餐服务，服务员可直接去收银台领取账单。

（3）服务员将账单收入账单夹内，站在客人的右侧打开账单夹，客人付款后服务员要将所收金额及时送交收银台，将余额当面点清，连同账单交还给客人，并礼貌地向客人道谢。

（六）送客服务

（1）当客人起身离座时，服务员应及时帮客人拉座椅，同时提醒客人带上自己的物品，并再次向客人道谢。

（2）迎宾员应将客人送出餐厅门口并感谢其光临，同时欢迎客人下次光临。

（七）清理台面

（1）客人离开餐厅后，服务员应立即检查有无遗留火种、遗留物品，餐椅归位。然后清理台面，按顺序收壶、香巾、茶杯，最后收走其他餐具。

（2）台面清理后，应迅速换上干净的台布重新摆台，为迎接下批客人或午餐做准备。

（3）整理好可利用的食品，将其撤回厨房予以妥善保存，以备再次使用。

（4）清理餐台时手法要迅速、卫生，不可将汤汁洒在台面上。

（5）妥善保管自助餐台的装饰品。

三、中式早餐服务的注意事项

（一）餐中服务注意事项

（1）客人提出问题时，服务员应停止手上工作礼貌回答问题，并提供帮助。如不能解决应立即上报领班处理。

（2）服务员站岗应合理选择位置，确保餐厅内所有用餐的客人都能得到所需的服务。

（3）整理餐台时遇到客人在取菜时应让出位置，不得让客人等候。

（二）收台服务注意事项

（1）清理餐台时应使用左手托盘，不得在客人面前整理餐盘垃圾。

（2）不可使用过湿的抹布擦拭台面，以免残留水渍，擦完台面后应习惯性摆好台面物品。

（3）收台过程中应同时关注区域内其他客人动向，避免冷落客人或者未能及时发现其他问题。

第二节　中式零点服务

一、中式零点服务的餐前准备工作

餐前准备是指开餐前为客人进餐所提供的一系列服务准备工作，它是餐厅服务的基础与保障。

（一）餐位预订

餐位预订是指客人就餐前，对餐厅座位的预先约定，包括保留餐位的数量及时间。预订是对订餐客人的一种承诺，餐厅必须在约定的时间为客人保留餐位。

（二）清洁、整理餐厅

餐厅清洁卫生是提高餐厅服务质量的基础和条件，一般应遵循从上到下、从里到外、环形整理的原则做好餐厅卫生，既可美化环境又可增强客人的就餐兴趣。

（三）准备服务用具和酒水

（1）将开餐所需要的各种餐具、酒具、托盘、开瓶器、点菜单、菜单、酒水单、餐巾纸、各种调味品等准备齐全充足。

（2）备好迎宾用茶水、数量充足的酒水饮料。

（四）熟悉菜单中的菜肴

（1）了解新增菜肴的价格和菜肴的价格变动情况，各种菜点的点菜频率。

（2）了解当日沽清的菜肴和餐厅推荐菜品，以便在点菜时做好推销和解释工作。

（五）零点摆台

按餐厅要求摆台（参见上文"中餐摆台"）。

（六）全面检查

餐前检查的方法包括服务员自查、领班和主管以上管理人员抽查或全面检查。

（七）迎宾工作

迎宾服务是餐厅服务的重要环节，也是酒店现代服务风范的具体步骤，更是礼貌服务和个性化服务的开始。迎宾员应服务态度端正，有强烈的服务意识，要求有较好的语言表达能力和较好的外语能力。

二、中式零点服务的餐中服务程序

（一）接受点菜

点菜服务对服务员要求很高，不仅要熟悉菜单，还要具备良好的语言技巧和丰富的销售知识，了解客人的就餐心理，洞察客人的就餐需求，根据餐厅实际情况为客人点菜。

（二）酒水服务

酒水服务是根据客人所点酒水摆上相应的酒杯和饮料杯，使用托盘为客人提供的服务。斟完第一杯酒，酒瓶可以放在餐桌的一角，或放在附近的服务台上，以便随时为客人续酒。

（三）菜肴服务

1. 上菜（参见上文"上菜分菜"）

（1）上菜应按照冷菜、热菜、汤、面点、水果（先冷后热，先高档后一般，先咸后甜）的顺序进行。

（2）上菜位置应灵活掌握，严禁从主人和主宾之间上菜，不能越过客人头顶上菜。

（3）上菜要注意核对台号、菜品名称，避免上错菜；上菜时应用右手操作，并用"对不起，打扰一下"提醒客人注意，将所上的菜放至主宾面前，退后一步，报菜名"×××，请品尝"，并伸手示意，要声音洪亮，委婉动听，上每道菜时都要报菜名，视情况做适当介绍。

（4）上特色菜时，应用礼貌用语"各位来宾，这是特色菜×××，请您品尝并多提宝贵意见"，视情况对特色菜品给予适当介绍。

2. 摆菜

上菜的过程中不推、不拉、不压盘子，随时撤去空菜盘，保持餐桌清洁、美观，菜上齐时应用礼貌用语，如"您的菜已经上齐了"。

三、中式零点服务的餐后收尾工作

（一）结账

（1）结账准备。当客人要求结账时，应先斟上茶水，送上香巾，请客人稍等，立即去收银处取回账单，并核查账单台号、人数、菜品及饮品消费额是否准确无误，将账单放入账单夹内，正面朝向客人。

（2）递交账单。走到客人的右侧，打开账单夹，右手持账单夹上端，左手持账单夹下端，递至主人面前，并说"这是您的账单"。请客人认真核对，如发现问题，应及时解决，对客人的疑问要耐心解释。

（3）结账时间。服务员一般不要催促客人结账，结账应由客人主动提出，以免造成赶客人离开的印象。

（4）结账对象。在散客结账时，应分清由谁付款，如果搞错了收款对象容易造成客人对酒店的不满。

（5）服务态度。结账时最易出现客人对账单有疑问的情况，这时服务员一定要态度良好，认真核对，认真解释，不要与客人发生冲突，要讲究策略。

（6）结账时容易出现跑账和跑单的情况，一定要避免。

（7）绝不要在客人结账后就停止为其服务而马上撤台收拾，仍应满足客人的要求，并继续为其热情服务，直至客人离去。

（二）送客服务

（1）值台服务员应为客人拉椅并提醒客人不要遗忘物品，目送至餐厅大门迎宾员处。

（2）掌握好客人离店的时机，客人不想离开时绝不能催促。

（3）始终体现对客人的关注，客人离开前，如愿意将剩余食物打包带走，应积极为其服务。送客是礼貌服务的具体体现，是餐饮服务中不可或缺的项目。在送客过程中，服务员应做到礼貌、细致、周全，使客人满意。

（三）清理台面

服务员在热情送客、道谢告别后，要迅速收拾好台面上的餐具，清理台面，按要求重新摆餐位，以迎接下批客人。

（1）零点撤台需在该桌客人离开餐厅后，宴会撤台则要求宾客用餐结束，全部走出餐厅后。

（2）翻台应注意及时、有序，应按酒具、小件餐具、大件餐具的顺序进行。

（3）收撤餐具时要轻拿轻放，尽量不要发生碰撞声响。
（4）翻台时如发现客人遗忘的物品，应及时交给客人或上交有关部门。
（5）撤台完毕后，应立即开始规范摆台，尽量减少客人的等待时间。

四、中式零点服务的操作注意事项

（一）递菜单注意事项

向客人呈递零点菜单时应先递给主人，由主人去征求其他客人的意见，呈送附加单后应主动向客人介绍本酒店的产品、当日新增等。呈送零点菜单后不要催客人点菜，要给客人翻看菜单的时间。

（二）点菜注意事项

（1）注意颜色、冷热、荤素的搭配。
（2）如果客人点了本店沽清的菜，应向客人道歉，并推荐口味相近的菜。
（3）客人要求特殊加工的菜品，要与上级或厨房联系。
（4）如客人点的汤数过多时，应提示客人。

（三）酒水服务注意事项

服务员在斟倒完第一圈后，要及时补充酒水，准备第二次为客人倒酒，一般情况下，第一圈倒酒非常重要。主人给第二主宾敬酒时，服务员要提供协助，以确保所有会用到的器皿都已准备好，避免耽搁。

（四）上菜服务注意事项

（1）遇有客人赶时间催菜，应及时与厨房取得联系，尽快将菜上桌。
（2）遇有客人喝醉，应及时送上毛巾、热茶及塑料袋，以防客人呕吐，并告知督导。
（3）遇有客人打翻茶杯、酒杯等，服务员应及时递上餐巾、毛巾擦拭，给客人更换新的餐具，安慰客人不必惊慌。
（4）如菜肴售缺时，应转告客人，并同时向客人推荐类似菜肴。
（5）若发现菜肴有杂物，应立即向客人道歉并及时撤下，告知领班员去处理。
（6）若上错菜且客人未用时，需征求客人意见是否需要，如不需要，向客人表示歉意，撤下这道菜。如客人已动筷，可向客人介绍并推销此道菜，客人无异议就加单；如客人表示不需要，向客人表示歉意，并撤下此道菜或酌情赠送。

第三节　中式宴会服务

一、宴会预订工作

（一）认识宴会

1. 宴会的特点
（1）规模和规格预先确定。
（2）菜点、酒水的种类及数量预先确定。
（3）用餐标准预先确定。
（4）对服务要求高，强调细致周到，讲究礼貌礼节。
（5）对环境布置要求较高，强调隆重热烈，讲究气氛渲染。

2. 宴会的分类
（1）宴会按内容和形式的不同分为：中餐宴会、西餐宴会、冷餐酒会、鸡尾酒会、茶话会等。
（2）宴会按进餐标准和服务水平分为：高档宴会、中档宴会、一般（普通）宴会等。
（3）宴会按进餐形式的不同分为：立餐宴会、坐餐宴会、坐餐和立餐混合式宴会等。
（4）宴会按礼仪分为：欢迎宴会、答谢宴会、告别宴会等。
（5）宴会按规格分为：国宴、正式宴会、非正式宴会（便宴）、家庭宴会等。
（6）宴会按规模（出席者的人数）分为：大型宴会、中型宴会、小型宴会等。
（7）宴会按菜肴特点的不同分为：海鲜宴、燕窝宴、野味宴、全羊席、满汉全席、火锅宴、饺子宴、素席等。

（二）宴会预订方式

宴会预订是指个人或企业提前预约餐饮活动的过程，宴会预订既是宴会产品推销过程，又是客源组织过程。宴会预订工作质量，直接影响到菜单的编制、场地的安排以及整个宴会活动的组织与实施。

宴会预订方式主要包括电话预订、面谈预订、信函预订、中介预订、指令性预订等。

（三）宴会预订服务

作为酒店宴会业务管理部门的预订员，要按照酒店的宴会预订程序、标准和要求为客人提供基本的宴会预订服务。

（四）建立宴会客史档案

宴会客史档案主要记录预订宴会者的情况，即来宾的姓名、电话号码、宴会日期、种类、出席人数、出席宴会者中特殊客人的身份、要求等内容，以及宴会的收费标准、宴会举行的地点、所需的额外服务、所用饮料、菜品名称、宴会效果反馈等。

二、中式宴会前的组织准备工作

1. 领宴会通知单

在宴会正式举办前，要根据宴会通知单的要求完成布置宴会厅、准备物品、布置餐台等工作，确保宴会活动的顺利开展。

2. 宴会厅环境设计与布置

宴会厅环境设计，是对宴会举办场地进行选择和利用，并对环境进行艺术加工和布置创作。良好的宴会设计会使宴会达到更好的效果，使客人更加满意。宴会厅的环境设计与布置重点是突出宴会厅气氛，使宴会环境布置同其等级规格相适应。具体应掌握三个基本原则和标准。

（1）宴会等级规格：如果是国宴活动，要在宴会厅的正面并列悬挂两国国旗，正式宴会应根据外交部规定决定是否悬挂国旗。悬挂双方国旗，按国际惯例，以右为上、左为下。由我国政府宴请来宾时，我国的国旗挂在左边，外国的国旗挂在右边；来访国举行答谢宴会时，则相互调换国旗位置。

（2）宴会主题：所谓宴会主题，就是宴会主办者的设宴意图，如婚庆、祝寿、接风洗尘等，宴会环境设计必须根据宴会主办者的设宴意图，设计准确的宴会主题。

（3）主办单位的具体要求：宴会环境设计，必须把握客人的需求。如举办隆重的正式宴会时，一般在宴会厅周围摆放盆景花草或在主台后面用花坛、画屏、大型青枝翠树盆景装饰，用以增强宴会的隆重热烈气氛。对于一般婚宴，则在靠近主台的墙壁上挂双"喜"字，贴对联。对于寿宴，则挂"寿"字等烘托喜庆的主题。

另外，布置宴会厅时还应考虑到宾客宴请的形式、参加活动的人数、宴会厅的形状和面积以及宴请的季节等各种因素。

3. 宴会台形设计

宴会的台形设计应根据宴会的桌数、宴会厅的面积和形状以及举办者的要求灵活进行，但应遵循以下原则：主桌第一，左高右低，近高远低。在整个宴会餐桌的布局上要做到：桌布一条线，桌腿一条线，花瓶一条线，各桌主位能相互照应。宴会台形设计基本要求有以下几种。

（1）因地制宜，适应场地：根据宴会的规模，宴会厅的形状和大小，选择适宜的宴会场地。

（2）突出主桌，整齐有序：主桌应面对主入口，背靠主墙，能纵观全局。餐桌排列整齐有序、间隔适当、合理布局、左右对称。大型宴会除主桌外，所有餐桌都应编号。各桌席次的编排应照顾到客人的风俗习惯，如招待欧美宾客的宴席，应跳过"13"编号。客人亦可从座位图知道自己桌子的号码和位置。另外，编排座位计划时应为可能出现的额外客人留出座位，一般情况下应预留10%的座位，事先最好与客人协商一致。

（3）疏密适宜，方便服务：宴会台形排列根据宴会厅大小及赴宴人数的多少来安排，餐桌之间的距离以方便穿行、上菜、斟酒、换盘为宜。一般餐桌与餐桌之间的距离不小于1.5 m米，餐桌距墙的距离不少于1.2米。

4. 宴会台面设计

宴会台面设计，又称餐桌布置艺术，它是根据宴会主题，对宴会台面用品进行合理搭配、布置和装饰，以形成一个完美台面组合形式的艺术创造。台面设计应突出实用、美观、礼仪的原则。宴会台面设计的基本要求有以下几点。

（1）根据宴会的主题和档次进行设计：宴会台面设计应突出宴会的主题。宴会档次的高低决定餐位的大小、装饰物及餐用具的造价、质地和件数等。

（2）根据宴会菜点和酒水特点进行设计：餐具及装饰物的选择与布置，必须由宴会菜点和酒水特点来确定。不同的宴会配备不同类型的餐具及装饰物。饮用不同的酒水也应摆设不同的酒具。

（3）根据美观性要求进行设计：宴会台面设计在满足以上实用性的基础上，应结合文化传统、美学原则进行创新设计，将各种餐具加以艺术陈列和布置，起到烘托宴会气氛、增强客人食欲的作用。

（4）根据卫生要求进行设计：要保证摆台所用的餐具都符合安全卫生的标准，在摆台操作时要注意操作卫生。不能用手接触餐具、杯具的进口或食物的部分。

5.宴会前的服务准备

（1）掌握情况：接到宴会通知单后，餐厅管理人员和服务员应做到"八知""五了解"。"八知"即知台数、知人数、知宴会标准、知宴会开餐时间、知菜式品种及出菜顺序、知主办单位或客人房号、知收费办法、知宴请对象。"五了解"是了解客人风俗习惯、了解客人生活忌讳、了解客人特殊需要、了解客人进餐方式、了解主宾和主客（如果是外宾，还应了解其国家、宗教信仰、禁忌和口味特点）的特殊爱好。

（2）分工明确：按照宴会要求，对迎宾、值台、传菜、酒水供应、贵宾室等岗位人员，明确好分工，具体任务落实到人。同时，根据服务人员的特长安排工作，以使所有服务人员形成最佳工作组合，确保宴会的顺利进行。

（3）熟悉菜单：服务员应熟悉宴会菜单和主要菜肴的风味特色，以做好上菜、派菜和回答客人对菜肴提出的询问。同时，应了解每道菜肴的服务程序，保证准确无误地进行上菜服务。对于菜单，应做到能准确说出每道菜的名称、风味特色、配菜和配食作料、制作方法。

（4）准备物品与摆台：按照宴会规格和摆台要求进行宴会摆台（参见上文"中餐摆台"），宴会菜单每桌一至两份，重要宴会则人手一份。根据菜单要求准备分菜用具和各种服务用具，根据菜肴准备相配的作料。

（5）席位安排：席位安排是指根据宾主的身份、地位来安排每位客人的座位。在进行席位安排时，必须与宴会举办者联络，了解其要求，并遵循"高近低远"的原则。"高近低远"中的"高低"是指客人的身份和地位，而"近远"则是指客人与正、副主人（或主桌）的距离。餐桌上的席位通常是根据身份、地位、年龄等因素来确定的。一般的宴会，十人桌席位有固定的安排方法如下：主人在上首，其右为主宾，副主人在主人对面，副主宾在副主人右侧，陪同在主宾右侧，其他陪同人员一般无严格的规定。当客人职务层次远高于主人，或表示特别尊敬时，也有主宾坐主位。当主客双方较为平等，也可以"正中无主位式"的席位安排。如果是多桌宴会，一般应绘制一张席位分配图，客人们在进入宴会厅之前，就可以从这张图上了解到自己桌次的位置，避免到宴会厅里寻找。

三、中式宴会服务的注意事项

（1）上毛巾时要注意毛巾的清洁及温度。
（2）所有操作原则上都要在客人右侧进行（除小毛巾服务）。
（3）操作必须用托盘，一切用具轻拿轻放（重和高的物品靠近自己）。

（4）撤去餐具及菜碟时，必须征求客人同意，但不能多次询问、催促客人。

（5）用餐过程勤巡视，勤清理台面的杂物，换骨碟，保持转盘的清洁。

（6）宴会服务应注意节奏，不能过快或过慢，应以客人进餐速度为标准。

（7）席间如有客人突感身体不适，应立即请医务室协助并向领导汇报，将食物原样保存，留待化验。

（8）如不慎将菜汤洒在客人身上，应诚恳道歉，用餐巾擦净桌面或铺上洁净餐巾遮盖，用香巾擦拭客人身上的油污，请客人更衣，免费给予洗涤。

（9）如果客人之间发生矛盾争吵，服务员不应围观，要劝阻对方不能激化矛盾，征得客人同意调换桌次后主动为客人送上香巾、茶水让客人息怒并互相谅解。

（10）见到客人醉酒时，要请客人到清爽的地方，送茶水、温毛巾并请来宾派人看护。立即清理呕吐物，撤脏餐具换新餐具，同时不忘记招呼其他客人。

第四节　西式餐饮服务形式

一、法式服务

法式服务又称"餐车服务""手推车服务"，食物在厨房粗加工后，用餐车送到客人桌旁，由高级厨师在客人面前完成最后的烹制。传统的法式服务是西式餐饮服务形式中十分讲究礼节、非常豪华的服务形式。通常，法式服务用于法式餐厅，即扒房。

二、俄式服务

俄式服务又称"银盘服务""国际式服务"，起源于俄国的沙皇时代，同法式服务相似，是目前世界上所有高级餐厅中最流行的、讲究礼节的、豪华的服务方式之一，菜肴在厨房制熟，放入精致的大银盘上，由服务员递送到餐厅。

三、美式服务

美式服务又称"盘式服务"，这种服务简单快捷，不太拘泥形式，是餐厅服务中最普遍、最有效的服务方式。

四、英式服务

英式服务又称"家庭式服务",在美国和某些欧洲国家,家庭式餐厅很流行,这种家庭式餐厅通常采用英式服务。

五、大陆式服务

大陆式服务又称"综合式服务",是一种融合了法式服务、俄式服务和美式服务的综合服务方式。许多西餐宴会的服务采用这种服务方式。通常用美式服务上开胃品和沙拉,用俄式服务或法式服务上汤或菜,用法式服务或俄式服务上甜点。不同的餐厅或不同的餐次选用的服务方式组合也不同,这与餐厅的种类和特色、顾客的消费水平、餐厅的销售方式有着密切的联系,但不管采用何种方式,都必须遵循方便宾客用餐、方便员工操作的原则。

第五节 西式早餐服务

一、西式早餐的种类

西式早餐比较科学,主要供应一些选料精细、粗纤维少、营养丰富的食物,如各种蛋类、面包、各种饮料等。西式早餐按传统方法可分为两类,即英式早餐和欧陆式早餐。

(一)英式早餐

英式早餐内容丰富,有蛋有肉,一般被称为饭店的零点餐,早餐的种类和数量由客人自己选择,根据自身的消费水平决定。早餐内容包括以下几类。

1. 饮料类

饮料类有咖啡、红茶、可可和牛奶等。咖啡要在吃玉米面饼或麦片粥时上,最迟要与煎鸡蛋和烤面包同时上。

2. 果汁类

果汁类一般有番茄汁、橙汁、西柚汁等。果汁一般用新鲜水果,通过榨汁机榨制而成，也可用听装、罐装或瓶装果汁。

西式早餐有时也供应烩水果，一般用水果罐头，也可用新鲜水果除去皮和核后切成丁或片，用糖水煮熟后冷却即可。

3.谷物类食品

谷物类食品一般有燕麦片、玉米片等，通常加牛奶、水煮成粥类食物，吃燕麦片粥时要用砂糖和热牛奶，吃玉米面饼等时要饮冷牛奶。

4 蛋类

（1）煎蛋：可分为单面煎和双面煎，双面煎又可分为双面煎嫩蛋和双面煎老蛋，区别是蛋黄是否凝固，煎鸡蛋要用热盘子趁热送上。

（2）煮蛋：3分钟蛋，蛋黄呈流汁状；5分钟蛋，蛋黄开始凝固；10分钟蛋，蛋黄发硬。上煮蛋时应放在蛋盅内，同时送上咖啡匙和垫碟。

（3）水波蛋：水波蛋与我国一些地区的糖水蛋类似，先将鸡蛋打入锅中，轻轻将少量盐和白醋放入沸水锅内，煮制2～3分钟后捞出沥干水分，放在烤面包上装盘，服务时应同时送上糖浆或蜂蜜。

（4）溜糊蛋：要求鸡蛋全熟，但无凝结的硬块。溜糊蛋通常放在烤面包上，也可直接装盘。

（5）蛋卷：又称列蛋，是先将蛋液倒入放了少许油且油温较高（六七成熟）的锅内摊成饼形，再加入不同原料后卷成梭形，因加入原料不同而有不同的名称，如清蛋卷、洋葱蛋卷、番茄蛋卷、火腿蛋卷等。

5.肉类

一般有火腿、香肠、熏肉三种，服务前应在油锅中略煎，通常与蛋类一起装盘。

6.面包

面包一般有烤面包（又称吐司）、牛角包、面包卷等种类可供客人选择，上面包时一起上黄油和果酱，常见的果酱有苹果酱和橘子酱等。

（二）欧陆式早餐

欧陆式早餐又称大陆式早餐，内容简单。当今欧美国家许多饭店把欧陆式早餐算在房价之中，住店客人住宿一夜，可免费享用一顿简单的标准早餐，主要有以下几种：①咖啡、茶或可可；②果汁和蔬菜汁；③面包配黄油或果酱。

欧洲部分地区习惯把午餐作为正餐，因此对早餐不太讲究，时至今日，欧洲许多国家的早餐还是以冷食为主，也有家庭有时吃鸡蛋和肉类。

二、西式早餐服务的工作流程

（一）餐前准备

1. 餐前摆台

按要求进行西式早餐摆台。西式早餐摆台主要用具有餐巾、餐刀、餐叉、甜品勺、面包盘、黄油刀、油碟、咖啡杯、果汁杯、胡椒瓶、盐瓶、糖缸、烟灰缸或禁烟标志和花瓶等。

2. 早餐材料

备好面包、黄油、果汁、热咖啡、鲜奶、水果等。

3. 整理检查

整理并检查餐厅设备和环境卫生；检查、清洗桌面用品，胡椒、盐瓶定期清洗，每日加满原料并擦净瓶身等；整理并检查个人仪表仪容等。

（二）迎宾服务

（1）保持正确的站姿和仪表仪容，客人进入餐厅时，迎宾员要微笑问候，如"早上好，先生/女士，请问有几位？"

（2）迎宾员以手示意引领客人进入餐厅，为客人安排喜欢的餐位并拉椅让座，按照女士优先的原则进行。

（三）点餐服务

（1）客人就座后，为客人翻开咖啡杯并从客人右侧递上菜单和饮料单，同时询问客人用茶还是用咖啡。

（2）站在客人的右后方，上身微躬，详细记录客人所点的食品和饮料，并复述点菜内容，做好落单工作。

（3）根据客人所点的食品和饮料，尽快为其提供，站在客人的右侧送餐巾，补充桌台上原有的餐用具。

（四）餐中服务

（1）站在客人右侧送餐巾。

（2）根据客人所点菜肴补充相应的餐具。

（3）从客人右侧上果汁，从客人左侧上面包。若给客人上烤面包时，应放在用餐巾或花纸装饰好的藤篮里，然后给客人小包装的牛油和果酱。

（4）依次从客人右侧送上谷物类食物、鸡蛋和肉类。

（5）随时补充饮料，如按杯出售，则应征询客人同意。

（6）巡视服务区域，及时为客人撤掉空盘和空杯，添加咖啡或茶。

（五）结账服务

（1）提前检查账单，保证准确无误，准备好笔和账单夹。

（2）按照结账的规范为客人结账，如遇数位客人同时进餐，应问清客人是分单结账还是合单结账，以适应西方客人的消费习惯。

（3）客人离座时，主动为客人拉椅，及时检查是否有遗留物品，同时致谢并欢迎客人下次光临。

（六）清理台面

客人离开后，迅速收拾餐具、台布。按照摆台要求重新布置台面，以迎接下批次客人。

三、西式早餐服务的注意事项

（1）西式早餐就餐客人多，周转快，需不断与厨房联系，以确保供应，保证食品质量，控制出菜时间。

（2）当客人点蛋类时，要问清客人的口味要求；当客人点饮料时，要问清客人需要哪种，如果不需要则替客人倒冰水。

（3）在不打扰客人的情况下，主动征求客人对服务和食品的意见。

（4）客人离去后及时检查是否有尚未熄灭的烟蒂，并按先餐巾、毛巾，后酒杯、碗碟、筷子、刀叉的顺序收拾餐具及有关物品。

第六节　西式零点服务

一、西式零点服务的餐前准备

（一）餐前准备

参见中式零点服务中的餐前准备工作。西餐值台员餐前准备服务程序与标准见表 5-1。

表 5-1 西餐值台员餐前准备服务程序与标准

操作程序	操作标准
清洁卫生	做好所辖区域的卫生清洁工作及设备检查工作。如吧台、椅子、操作台。设施、设备是否正常运行,完好无损;环境卫生、温度是否符合规定要求;衣帽间的衣架、存衣牌等是否齐全、充足等。检查服务员的仪容仪表是否符合服务要求
物品准备	（1）备好菜单、托盘、服务手推车等。 （2）冰水、咖啡、茶。 （3）调味品。芥末、胡椒瓶、盐瓶、番茄酱、奶酪、沙拉酱、水果盘、冻肉盘、甜果酱等
摆台	四式零点摆台的基本要领是左叉右刀、先里后外、刀口朝盘,根据菜肴配餐具。台面摆设物品时,花瓶应放在桌子中央,花瓶前摆盐和胡椒,盐和胡椒前面放牙签盅,牙签盅前面是烟灰缸,烟灰缸缺口对准盐和胡椒的中缝。摆台前,应将摆台所用的餐、酒、用具进行检查,发现不干净或有瑕疵的餐具要及时更换,保证用品符合干净、光亮、完好的标准。摆放时,手不可触摸盘面和杯口。摆台时,要用托盘盛放餐具、酒具及用具,摆放金、银器皿时,应佩戴手套,保证餐具清洁,防止污染
开餐前会	参加餐前会,按具体情况予以调整
信息准备	了解客情、菜情、酒情
食品准备	（1）面包准备。 （2）酒水准备
自查	检查不合标准之处,及时纠正

（二）迎宾服务

1. 问候客人

客人到达餐厅后,迎宾员主动上前问候,确认是否预订,如"晚上好,欢迎光临本餐厅！请问您订餐位了吗？"如果客人已订餐位,检查并核对客人预订记录及用餐人数;如果客人没有预订,则询问客人用餐人数及对餐桌位置的偏好。

根据客人需求和餐厅营业状况,引领客人入座或安排到休息室休息或安排到酒吧喝些饮料。迎宾员应事先了解餐厅内餐位的状况,如吸烟区和非吸烟区内哪些是没有预订的餐位。

2. 引位入座

迎宾员引领客人走到桌边,一边拉出椅子,一边询问客人以确认客人对餐位是否满意,然后示意客人说"您请坐"。客人入座后介绍该区域的值台员,值台员需主动和客人打招呼。如果有两组客人几乎同时入座，迎宾员应遵循先到先服务的原则，以免让客人认为没有得到尊重而不愉快。

二、西式零点服务的餐中服务

（一）点菜服务

西式零点服务的点菜服务程序与标准见表 5-2。

表 5-2　西式零点服务的点菜服务程序与标准

操作程序	操作标准
递送菜单	向客人递送菜单。双手将菜单送到客人面前，适时向客人介绍、推荐餐厅的特色菜。如"您好，这是我们的菜单，请问需要帮您推荐餐厅的特色菜吗？"
倒柠檬水或冰水	（1）客人入座后，微笑问候，在客人右侧倾倒至八成满。 （2）微笑并退一步说："先生/小姐，您好！请慢用。"注意防止唾沫进入杯中
询问客人是否可以点菜	（1）服务员站在客人的右侧，离客人一步距离并与餐台保持一定距离，询问客人："请问可以为您点菜了吗？" （2）注意身体不要靠着餐桌边缘，音量适中，身体微微前倾
为客人点菜	（1）适时推销及给客人一些合理化建议。 （2）重复客人点的菜，并流利回答客人的提问，同时对餐点和酒水做推荐销售。 （3）语言要亲切、热情、平缓；注意先女后男、先宾后主的顺序；与客人保持眼神交流；向每位客人复述所点的内容 情况一：客人要点的菜，菜单上没有时 （1）立即向厨师长了解该菜是否能马上制作。 （2）与客人沟通"×先生/小姐，您点的×××虽然菜单上没有，但是厨师长将尽全力为您制作这道菜"。如果不能制作，服务员应婉言拒绝。 （3）不要慌张，保持镇静 情况二：遇到熟客时 使用熟客的姓氏称呼客人，牢记客人的喜好，主动推荐 情况三：遇到信仰宗教的客人时 了解客人有什么忌讳，在菜单上要特别注明向厨师交代客人的特殊要求；上菜时要仔细检查以免出错。根据便签上记录的内容，按照出菜顺序将客人所点的菜肴和饮料输入点菜系统

（二）点酒服务

（1）有的餐厅内点菜和点酒是同时进行的，但多数情况是先点菜后点酒以方便客人根据所点食物选择佐餐酒。

（2）接受点酒服务时，注意与客人对话要语气温和，动作优雅，将酒单用右手递到客人手中。

（3）服务员要记住客人所点酒品的名称、价格，标上客人的特殊要求（如不加冰）。注意不应在点菜时拒绝客人同时点酒，当客人点完酒水后，重复客人所点酒水，询问上酒水的时间。

（4）将客人所点菜单和酒水单内容输入点单机（现代餐厅大部分都使用点单系统，随着科技的发展，已经有越来越多的点菜系统使用"掌中宝"式的输入系统代替电脑键盘）。

（三）餐巾服务

（1）用右手从客人的右边拿起餐巾，用左手拿起餐巾的一角，轻轻打开餐巾使之自然下垂。

（2）同时用双手拿餐巾的对角将餐巾对折成三角形。

（3）右手在前，左手在后，将餐巾铺在客人双膝上，餐巾三角形的长边朝向客人。注意铺餐巾时不要与客人发生不必要的接触。

（四）传菜服务

传菜员必须熟悉餐厅每一张餐桌的确切位置，熟悉每桌各餐位的编号，了解本餐厅经营的各种菜点的名称、分量、样式、配料及所用器皿。如同时为一桌以上客人送菜时，要特别记住点菜单的先后顺序。在为同一桌不同的几位客人传菜时，要按照餐位编号一一进行，还应遵循客人所点主菜全部同时上桌这一服务原则。

传菜服务中应使用托盘取菜，做到热菜必须热上，凉菜必须冷上。传菜过程中要保证菜点和汤汁不滴、不洒。

（五）上菜服务

由于西式的用餐习惯需要在客人用完一道菜之后才能上下一道菜，所以，控制上菜的时间尤为重要，这取决于客人的用餐速度和用餐气氛、厨房的烹饪时间、厨房和餐桌的距离。最理想的上菜时间是在客人用完上一道菜相隔0.5~1分钟后再上下一道菜。上菜服务基本要求有以下几个方面。

（1）在上第一道菜之前，提前10分钟通知厨房，客人准备用餐。

（2）核对菜品是否和客人所点一致。

（3）将菜品送到餐厅并再次对照菜单，检查送出的菜品是否正确。

（4）如使用美式服务方法，食物送到客人面前，用两个碟或三个碟的托碟方法照单上菜。

（5）上菜时从客人右手边上菜，并说："打扰先生/女士，您的××（菜名），请慢用。"

（6）通知厨房准备下一道菜，注意每道菜之间应留出充分的时间让厨房准备。

（7）合理判断客人的用餐进度并依次上菜。

（六）席间服务

（1）撤碟，包括添加冰水、葡萄酒，撤换餐用具、烟灰缸，补充面包、黄油等。清理面包屑被认为是高档西餐厅必有的服务，在清理面包屑之前，要保证餐桌上的其他用具已经清理干净。操作时从客人的左手边进行清理（面包盘摆放的位置）。将左手的餐碟向下放至略低的餐桌桌面，右手用一块叠成方形的餐巾轻轻将桌上的面包屑扫入餐碟中。注意不要掸桌上的面包屑。只能朝餐碟的方向用餐巾清扫，按逆时针方向顺次清理面包屑。

（2）撤饮料杯。撤饮料杯时也是从客人右手边取走，且使用托盘操作。

（3）更换烟灰缸。主动为客人点烟，随时撤换超过两个烟蒂的烟灰缸。

（4）添加冰水、葡萄酒、面包、黄油。

三、西式零点服务的餐后服务

（一）结账服务

服务员在为客人结账前应仔细核对客人消费项目及金额。当客人示意结账时，应迅速、准确地按规范进行结账服务，并向客人致谢。有时客人会要求分单结账，因此，应注意以下几方面。

（1）将同桌客人的账单分列记录准确。

（2）勿让客人长时间等待账单。

（3）账单应放在结账夹内，勿让其他客人看到账单中的消费金额。

（4）结账后将零钱及账单收据或信用卡交给客人。

（二）送客服务

当客人准备离开时，服务员要为客人拉椅，提醒客人带好随身物品，礼貌地与客人道别。

（三）结束工作

客人离开餐桌前，所有酒杯均保持原位不动，待客人离去后再撤。检查客人是否有遗留物品，如有则要及时归还给客人，如客人已离开应立即交给上级处理。送客服务结束后，服务员应立即按收台顺序清理餐台，更换台布，重新摆台，准备迎接下一批客人。

第七节　西式宴会服务

一、宴会的预订工作

宴会预订是宴会组织管理的第一步，也是一项既有较强专业性又有较大灵活性的工作。宴会预订过程既是开发客源市场和进行产品推销的过程，又是客源组织过程，是酒店与外部联系的枢纽，是酒店内部相互合作的桥梁。

（一）宴会预订的方式

1. 电话预订

电话预订是酒店与客户联系的主要方式，常用于小型宴会预订、查询以及核实细节、促销等。

2. 传真预订

所有客户传真过来的询问都必须立即做出答复，并附上建议性的菜单；此后以信函或面谈的方式达成协议。

3. 面谈预订

面谈是宴会预订有效且实用的方式，多用于中高档大型宴会、会议型宴会等重要宴会预订。这种方式既可以满足客人提出的各项合理要求，又便于酒店提早做好宴会接待准备工作。

4. 网络预订

网络预订是现今流行的一种预订方式，主要有两种预订媒介：餐饮企业或连锁集团的官方网站的预订系统和第三方餐饮预订系统。网络预订呈现出前所未有的增长势头。

5. 指令性预订

指令性预订是指政府机关或主管部门在政务交往或业务往来中安排宴请活动时，专门向直属饭店、宾馆发出的预订方式。

（二）西式宴会预订服务程序与标准

西式宴会预订服务程序与标准见表 5-3。

表 7-9　西式宴会预订服务程序与标准

操作程序	操作标准
问候客人	（1）当客人来到西餐厅要求预订时，迎宾员应礼貌问候客人，主动介绍自己，并表示愿意为客人提供服务。 （2）客人来电预订时，应在铃响三声之内拿起电话，用清晰的语言、礼貌的语气问候客人，准确报出餐厅名称和自己姓名并表示愿意为客人提供服务。 如："早上好！请问一共有多少人来用餐？"
接受预订	（1）迎宾员礼貌地问清客人的姓名、房号(若是住店客人)、联系电话、用餐人数、用餐时间，并准确、迅速地记录在订餐本上。 （2）询问客人对用餐包间、吸烟区、菜品、酒水等有无特殊要求。 （3）若客人需要订宴会，应联系销售专员与客人商谈宴会预订事宜。 （4）听完客人的要求后，复述一遍预订客人的姓名、房号（若是住店客人）、用餐人数、用餐时间及特殊要求。要获得客人确认
下发通知	（1）根据订餐记录填写预订单。 （2）确定好菜单的预订或大型宴会预订，应立即通知西餐厅经理、厨师长、采购主管。 （3）未确定菜单的预订则只通知西餐厅领班即可。 （4）有特殊要求的预订，要及时通知西餐厅领班和厨师长

二、西式宴会前的组织准备工作

西式宴会作为一种高规格的就餐形式，其显著的特点是礼仪性和程序性，因而在西式宴会服务前的准备工作尤为重要。

（一）掌握宴会情况

1. 领宴会通知单

参见中餐宴会前组织准备工作。

2. 菜单情况

包括菜点名称和出菜顺序、菜点所搭配调配料及服务方法、菜点口味特点等。

3. 服务要求

主要包括宴会摆台及台面布置要求，迎宾服务和菜肴服务要求；酒水服务和撤换餐用具要求；结账送客等。

（二）布置宴会厅

根据宴会通知单的要求对宴会厅进行合理布置，检查宴会厅各个部位的环境卫生和厅内设施设备。场地布置要根据宴请活动的性质、形式及主办单位的具体要求、参加活动的人数、宴会厅的形状和面积等情况来制订设计方案。

（三）设计宴会台形

根据宴会通知单的要求布置宴会的场地，并进行宴会桌形设计。桌形设计应根据宴请活动的性质、形式、主办人（单位）的具体要求、参加人数、宴会厅的形状和面积等情况来决定。一般使用长台，其他类型的餐台由小型餐台拼合而成。一般拼成一形、U形、E形、T形、回形等。西式宴会无论采用何种台形，都要求庄重、美观、大方，餐椅摆放整齐、对称、平稳。

1. 台形设计考虑的因素

首先，要与餐厅的装饰风格相适应。不同风格的西餐厅餐台布置也不同，必须进行精心设计。其次，体现档次的差别。利用台布颜色和餐具质地、插花等桌面装饰来区分主桌和非主桌。最后，设计与服务方式相适应。不同的西餐服务方式，台形设计有较大的差异，如法式西餐，要求餐厅灯光可以调节，服务通道要通畅，台形设计要宽敞。

2. 台形设计的种类

（1）一形台：设在宴会厅的中央位置，与四周的位置大致相等。长桌两端可分为弧形和方形。圆弧形长桌适用于豪华型单桌的西式宴会。正副主人坐在长桌的两端，为了体现他们的尊贵、与众不同，他们的餐位是弧形的，其他客人坐在长桌的两边。方形长桌用于大型宴会的主桌，主人与主宾坐在长桌的中间。一形台适用于欧式古典大型宴会厅或大型宴会的主桌。

（2）T形台：常用于自助餐食台、西餐套餐、服装表演，由长形条桌拼合而成。

（3）U形台：横向长度要比纵向长度短一些（面向餐桌的凹处）。桌形凸出处有圆弧形和正方形两种。主要部分摆放5个餐位，体现主人对主客的尊重。餐桌的凹口处，是法式服务的现场表演处，便于主客的观看。

（4）E、M形台：横向要比纵向短（面向餐桌的凹处），各个翼的长度要一致。按照西方的习惯，主人坐在竖着的中间，客人坐在主人的两边和横向的位置。

（5）回形台：设在宴会厅的中央，是一个中空的台形。主人坐中间的位置，客人从主人位置依次往下排列就座。

（四）安排席位

席位安排是指根据宾、主的身份、地位来安排每位客人的座位。

1. 便宴

席位安排只有主客之分，没有职务之分。为便于席上交谈，席位安排只需要考虑以下两点：男女宾客穿插落座；夫妇穿插落座。以女主人为准，主宾在女主人右方，主宾夫人在男主人右方；也可以根据客人习惯，将主宾和主宾夫人安排在一起。

2. 正式宴会

在宴会厅举行的正式宴会，气氛严肃。安排席位时，需要考虑参加宴会的双方各有几位首要人物，他们是否带夫人及翻译人员，主客如何穿插落座，分桌时餐桌的主次安排等内容。

3. 上位席与下位席

上位席是女主人（主人妻子）的座位，对面是男主人的席位。出席宴会的人全部为男性，或者全部为女性的场合，女主人的席位由主宾（年长者、有社会地位的人或领导者）坐。

4. 其他席位安排

以男女主人为基轴，按顺序男女交叉匀称地分坐在餐桌旁。

（1）法国式（也称欧陆式）：主人席位在餐台横向面向门的上首正中，副主人在主人席对面，右边分别是主宾和副主宾席位，其他客人则从上至下、从右至左依次排列。座位排列从较长的桌缘开始，若不够，再安排在较短的桌缘。

（2）英美式：将主人和副主人席位安排在长桌两端。这种安排可提供两个谈话中心，避免客人坐在末端。

（五）准备酒水

宴会所需的酒类饮料必须事先从仓库领出，清洁瓶（罐）身或外包装。饮料应事先冰镇。在开宴前半小时左右，值台员应擦净瓶（罐）身，将酒水整齐地码放在工作台上，并将开瓶器具也备好放在旁边。此外，香烟、茶水也应备好。同时还应准备宴会所需的汁、酱等调料。

（六）摆台

按宴会预订的人数，准备瓷器、玻璃杯、金属餐具、棉织品等。摆放与之相适应的宴会台面、宴会座椅,并将座椅摆放整齐,且围好座椅套。(见上文"西餐摆台")

(七)开宴前检查

宴会开始前应对宴会场地、台面餐饮用具、宴会酒水、设备、卫生、安全等进行全面检查,确保宴会顺利进行。

三、西式宴会的服务流程

西式宴会按照西式操作程序和礼节进行服务,环境灯光柔和,有时点蜡烛,并在席间播放音乐,气氛轻松舒适。西式宴会服务流程包括迎接客人、席间服务、结账送客、收尾服务四个环节。

四、西式宴会服务的注意事项

(1)宴会服务过程中应遵循"先宾后主、女士优先"的服务原则。

(2)在上每一道菜之前,应先撤去上一道菜肴的餐具,斟好相应的酒水,再上菜。

(3)如餐桌上的餐具已经用完,应先摆好相应的餐具,再上菜。

(4)在撤餐具时,动作要轻稳,西餐撤盘一般是徒手操作,因此一次不应拿得太多,以免摔破。

(5)宴会厅全场撤盘、上菜时机应一致,多桌时,以主桌为准。

第六章 餐饮行业财务管理

第一节 餐饮行业的数据、误区及重点

一、餐饮总经理每天必看的四个财务数据

餐饮财务数据、报表繁多，专业性强，许多老板如读天书，看不懂报表。笔者在实践中体会到，你只要每天了解四个数据，就基本上掌握了店里的财务情况。

（一）现金流量

现金是餐饮企业的血液。一个企业在账面有盈利数百万，那是有一定风险的，万一欠款大户破产或失踪，百万利润瞬间可能化为乌有，只有手上的现金是真的。所以，现金流是老板首先要关注的财务数据，企业财务必须每天及时向老板更新现金账目，老板根据现金流情况安排现金支出。

（二）应收账款

应收账款是餐饮企业现金流的重要来源，是老总应重点关注的对象。老总应每天观看应收账款的变化，分析客户的动态，布置应收账款的收款工作，保证应收账款无坏账，确保现金流量。

（三）应付账款

应付账款是餐饮企业诚信度的重要指标，是企业和供应商关系的具体写照。老板应根据企业的资金状况及和供应商的关系，进行应付账款清还的核准、审批工作。

（四）当日利润

当日利润指标是企业健康发展的重要标志。对当日利润的测算方法有多种，基本方法是按企业年度目标测算出每日利润指标，再测算出企业日盈亏平衡点。如果每日实际盈利超过每日利润指标，就完成了日计划。按当日作为核算单位，能及时了解企业的盈利情况，发现企业盈利方面存在的规律和问题，及时调整盈利指标，能发现每一阶段、每一产品的盈利中存在的问题，进而加以解决，确保盈利指标的实现。

二、四个误区、五大工作重点

100%的餐饮店对这样一个公式都十分熟悉：经营利润＝营业收入－营业成本－税金－营业费用－财务费用。从该公式中我们不难看出，成本费用是酒店经营支出补偿的最低界限，其管理水平会直接影响企业的获利能力。然而，这一简单公式所蕴含的深刻管理哲学并非为每位店员所掌握。我们从工作误区与重点的角度谈谈餐饮企业成本费用控制问题，以期和广大经营管理者进行一次有益的交流。

（一）四个常见误区

有效控制成本和费用对经营目标的实现非常重要，使得绝大多数餐饮决策者都十分注重成本费用管理，甚至还出现了"成本总经理"的说法。而正是由于过分强调成本问题，餐饮管理往往不知不觉地陷入成本费用控制的误区和怪圈之中。

1. 特性顾客合法利益

在控制成本费用时，每个餐饮经营管理者都应该牢记"利润＝价格－成本"和"低成本、低质量"。前者是日本著名企业丰田汽车公司的经营观，其基本含义为在产品价格由市场决定的情况下，减少成本就能增加企业利润；后者则是对第一个公式的约束，对餐饮企业而言，即指降低成本不能以损害顾客的利益为代价。然而，在现实经营过程中，有一些餐饮企业尤其是规模小、档次较低的企业选择了舍本逐末的做法。它们随意取消服务项目甚至减少产品标准配量，采购原材料时以次充好或者在食品加工中减少配料定额等。这些短期行为最终会使餐饮企业失去市场。

2. 降低设备、用品质量

为了迅速减少成本，低档酒店尤其是流动资金不足的酒店往往喜欢在设备、用品上"打主意"。一般而言，主要体现在以下三个方面。

（1）采购时，不是借助科学的市场调查购买物优价廉的商品，而是试图用低价采购一般的设备或用品，以降低成本；

（2）不注重设备的日常维护，致使设施设备提前报废；

（3）某些设备老化或信笺、服务指南等低值易耗品早已过时，却不及时更新，最终影响了酒店的服务质量。

3. 压缩正常营业费用

一个大型餐饮企业的营业费用一般有20项之多，其中除了工资、折旧、大修理费、水电费、物料消耗等大额项目外，还包括宣传促销、教育培训、劳动保护等多种费用。在不浪费的前提下，上述费用的支出都是维持酒店的正常运转所必需的，因而不能随意削减。例如，若不对房间、餐厅、车队等部门的设施设备进行定期大修，在短期内的确可以降低经营成本，但从长远来看必将使大量设备提前报损。遗憾的是，不少餐饮企业经营者为了追求短期政绩，偏偏采取了这种不明智的做法。

4. 削减员工福利待遇

在控制成本费用时，餐饮企业还容易步入另一个误区——克扣员工工资或减少正当福利，以降低企业的营业费用。如果餐饮企业经营者抱有这样的想法，那就彻底错了。假日饭店联号的创始人威尔逊先生认为，"有幸福愉快的员工，才有幸福愉快的顾客"。克扣工资福利不仅不能控制费用，还会导致员工把不满的情绪带到工作中，造成一些人为的浪费和额外的支出。更糟糕的是，员工的抵触情绪会明显降低企业的对客服务质量。

（二）五大工作重点

餐饮企业对成本费用控制的方法较多，常用的有预算控制法、标准成本控制法、费用差额分析法及主要指标控制法等。笔者认为，选择适当的方法固然重要，但更为关键的是餐饮企业管理层要明确控制的重点，即主导努力的方向。

1. 节能降耗

一般情况下，一个大型餐饮企业的燃料和水电费要占正常营业额的5%左右，由此可见节能降耗工作的重要性。美国国家标准局的一份调查报告表明，美国有代表性的酒店中一般都有减少15%～30%的能源消耗的空间，这一比例在国内酒店业中可能更高。对餐饮企业而言，节能降耗主要指合理控制燃煤和水电的使用量，具体方法如下：

(1)采购先进的节煤锅炉,并使燃煤的粒度和水分与其设计要求相符合;做好蒸汽管道的保温、维修工作,杜绝跑漏气和散热损失;保证锅炉用水的水质,增强其传热效果;合理调节入炉的过剩空气系数,保持最高的燃烧效率。

(2)按照厨房等部门对用水量的不同要求,分别科学地设计管道口径;加强管道、阀门的日常维护,防止漏水和长流水现象的发生。

(3)采用新型设备,降低变压器的能耗;根据不同的场合及用途,合理地选择各类节能灯源,提高灯源的发光效率;健全日常节电制度,如二线部门尽可能利用自然光等。

(4)制定能源消耗监控比较表,及时分析和调整不合理的能源耗费。

2. 采购水平

采购水平不仅能直接决定餐饮企业的营业费用和固定费用,还会在一定的程度上影响经营过程中的管理费用。实际上,控制采购成本有两层含义:一是以更低的价格(包括货款、运费和磨损费)采购市场上的同类产品;二是确保所购商品或设备的质量。为此,餐饮企业采购部门应把以下几点作为努力的方向。

(1)不断完善采购制度和改进采购程序,做到"任务到人、责任到人、奖惩分明"。

(2)经常开展市场调查,增强自身与供应商的谈判能力。

(3)积极拓宽采购渠道,推行采购招标,尽力实现"物美价廉"。

(4)合理控制采购的时机与数量,以降低购买单价、减少商品库存费用。

3. 项目投资

包房升级、餐厅重装修、锅炉换型等项目的发生虽然间隔周期较长,但往往涉及的资金庞大并且会直接影响餐饮企业未来产品的类型和档次,因而不容半点忽视。鉴于控制成本的目的,当前许多餐饮企业在进行项目投资时都采用了出包的做法,这点值得肯定。但项目出包的程序需要优化,在这里提供一个理想框架,仅供参考。

(1)开展项目价值估算,明确目标成本,并制订可行的筹资方案。

(2)面向社会广泛招标,投标书内容包括设计方案、材料标准、工程报价等。

(3)召开竞标大会,组织专家和使用部门评选最佳方案。

(4)方案实施。

(5)严格验收并投入试运营。

4. 绿色食品

时下，创建绿色餐饮企业在中国餐饮业中呼声很高，这种经营理念无疑值得大力倡导。通过开展创绿活动，餐饮企业既可以帮助顾客树立人本主义的消费观，又能有效节约经营成本。然而，在为顾客提供绿色食品时需要注意三点：一是满足顾客的合理要求，不降低餐饮企业的服务品质；二是提高创绿活动的透明度，让顾客明明白白消费；三是将所节约成本的相当一部分让利于顾客。否则，顾客会觉得店方在借机省钱，进而认为酒店的产品没有"物有所值"。

5. 控制过程

控制过程主要指成本费用控制的制度出台、执行监督和方法改进等活动，实际上，这些内容穿插在上述四个工作重点之中。

（1）实行成本控制责任制。

成本控制责任制是经营目标责任制的一部分，其实质就是餐饮企业在财务预算的基础上实现成本费用的目标管理，使各部门目标明确、责任到人。预测一个部门或某类具体商品的目标成本，常见的做法有标准成本目标法、预测价格倒扣法和计划平衡指标法等，其中，前两者运用得较为普遍。

（2）加强监督、改进缺陷。

为配合成本控制责任制的实行，餐饮企业应成立专门的监督机构。该机构可由财务总监直接领导，或另设独立的审计部门（与财务部分开）负责全面处理成本费用控制事宜，具体来说包括：协助各部门编制科学的成本、费用预算；开展成本差额分析，及时查清成本费用管理中的漏洞；对物料采购、设备维护、菜品制作等环节进行适时监控，发现问题要迅速处理；制定富有人性化的奖惩制度，有效推进节约成本费用的进程。餐饮企业的成本费用控制是一项系统工程，它涉及企业的每项业务、每个部门和每位员工，归根结底都与人有关。因此，控制成本费用的关键仍在于提高经营者的管理水平和增强全体员工的成本意识，只有这样才能标本兼治。

第二节 餐饮财务管理的重点

一、餐饮行业筹建费用的估算

资金是开办企业的物资基础。从资金的筹备来说，一般有两种情况：一种是资金总量有限，这时就要在资金限量内对餐饮店的规模、档次以及从筹建到正常运作的周期进行严格的控制，避免资金和时间无谓的浪费，迅速走上经营轨道；另一种是资金雄厚，这样就可以充分考虑餐饮店的经营模式和附加功能，甚至从一开始就可以着手制定较为长远的经营战略，充分地利用资金和时间，为经营打下扎实的基础。

（一）对营业空间（建筑物）费用的估算

无论是租赁、在房产市场现行购买还是新建建筑物，首先要考虑的是营业空间所在的地理位置是否处在餐饮店营业的"黄金地段"。地段不同，租金、房产的售价和造价相差很大，即所谓"一分钱一分货"，若是开设中小型餐饮店，对此就应做全面权衡，慎重确定，并按照确定的选择以市场行情单价为依据，分别进行估算。

（二）设备、设施费用的估算

中小餐饮店的厨房设备也有档次高低之分，档次较高的厨房设备大部分是不锈钢制的，所需投资较多，一般档次的厨房设备有铁合金、搪瓷、陶瓷等多种设备组合，所需投资相对较少，应以实用、耐用、经济为前提酌情选购。各种档次的厨房设备价格都可从市场报价获取，购买时若是成批购买还可获得优惠。在估算设备、设施费用时，应包括运输费和安装调试费。

（三）家具和器皿费用的估算

应先根据确定的餐饮店的服务方式和桌位数，计算出各种家具和器皿需要的数量，再根据市场价格进行估算。

（四）装饰费用的估算

餐饮店的装饰包括门面、厅面、厨房三个大的方面，若是中小餐饮店，门面和厅面的装饰应以简洁、明亮、卫生、雅致为主。厨房装修应以卫生为主，结合方便厨师及其他工作人员操作，便于油烟、污水排放功能考虑。能节省则节省，避免豪华装饰过多地占用营业前期投入的费用。

（五）劳动力成本的估算

餐饮店劳动力成本由管理人员、服务人员及厨师的工资组成。可按不同人员的工资标准乘以人数来估算。各类人员的工资水平，在各劳动力市场都有平均工资标准可供参考。

贷款利息，可根据银行的贷款利率进行估算。如果经营者都是用自己的资金投资，也可按贷款计算其利息，凭此反映筹建费用的全貌。

二、餐厅合理房租的计算

近两年由于全国各地房价暴涨，商业地产租赁价格大幅提升，租金在餐厅经营费用中所占的比重越来越大，"榨干"了餐饮企业的利润，很多餐厅因此而倒闭，一时间餐饮成了投资风险极大的行业。

尽管经营环境"恶劣"，餐饮企业为了发展，也不得不在高价位上签约。开店的主要目的是盈利，超高的租金又注定要赔钱，赔与赚之间往往只是一念之差。如何在谈判中掌握局面，不至于签下注定赔钱的租赁合同？这需要精确计算租金变动对餐厅利润的影响。

租金是餐厅最主要的支出费用之一，通常情况下租金增加就意味着利润减少，租金减少则利润增加。我们把利润变动幅度与租金变动幅度之比称为租金的利润弹性。简单地说，租金利润弹性的含义就是当租金变动一个百分点，利润会增加（或减少）几个百分点。租金利润弹性可以精确衡量租金变动对餐厅利润的影响程度。

（一）计算方法

下面举例说明租金利润弹性的计算方法。

例如，北京某餐厅租金为16元/（天·平方米），面积为325平方米，日租金为5200元，盈亏平衡点为9000元/日，菜品边际贡献率（毛利率）为70%，预期利润率为5%。如果租金增加10%，即520元，利润变动比例会有多大？下面进行计算。

1. 计算预期利润率为5%时的日营业额

日营业额＝盈亏平衡点营业额 ×［1＋预期利润率÷（边际贡献率－预期利润率）］

$$= 9000 × [1 + 5\% ÷ (70\% - 5\%)]$$
$$= 9692（元）$$

2. 计算预期利润率5%时的利润额

预期利润＝日营业额 × 预期利润率

$$= 9692 × 5\% = 485（元）$$

3. 计算利润变动率

当日房租增加10%，即520元时，利润也会相应减少520元，此时的利润

变动率为

利润变动率＝利润变动额 ÷ 预期利润＝520÷485＝107.2%

4. 计算租金利润弹性

租金利润弹性＝利润变动率 ÷ 租金变动率
＝107.2%÷10%＝10.72

5. 归纳计算公式

租金利润弹性＝利润变动率 ÷ 租金变动率

＝（日利润变动额 ÷ 预期利润额）÷（日租金变动额 ÷ 日租金）

＝日利润变动额 ÷（日营业额 × 预期利润率）÷（日租金变动额 ÷ 日租金）

＝日租金变动额 ÷ ｛盈亏平衡点营业额 ×［1＋预期利润率 ÷（边际贡献率－预期利润率）］× 预期利润率｝÷（日租金变动额 ÷ 日租金）

＝日租金 ×（边际贡献率－预期利润率）÷（盈亏平衡点营业额 × 边际贡献率 × 预期利润率）

（二）影响因素

预期利润率是租金利润弹性的重要影响因素之一，我们可按同样方法计算出前例中不同预期利润率下的租金利润弹性。我们很清楚地看出租金的利润弹性与预期利润率的反比关系，预期利润率趋于零时租金利润弹性最大，当预期利润率趋于边际贡献率时租金利润弹性趋于零。

前面是北京的案例，由于当地租金较高，租金的利润弹性也较大。在一般地级城市或省会城市租金便宜，租金的利润弹性也较小。例如，西安某餐厅租金为4元/（天/平方米），面积为200平方米，盈亏平衡点为2200元/日，日租金为800元，边际贡献率（毛利率）为80%。

租金的利润弹性分析可以清楚地告诉人们：当租金利润弹性较大时租金变动会对利润有很大影响，这时降低租金会使利润大幅增加。当租金利润弹性较小时租金变动对利润的影响也较小，即使租金降低很多，利润也不会大幅增加。明白这一点对于店铺租赁条件谈判来说非常重要。

1. 租金利润弹性矩阵

影响租金利润弹性的主要因素除预期利润率外还有两个：一是租金水平，租金水平越高租金利润弹性越大；二是毛利率（边际贡献率），毛利率越低租金利润弹性越小。预期利润率与毛利率有一定联系，正常情况下毛利率越高预期利润率会越高，两者变动方向是一致的，而且预期利润率一定不会高于毛利率，大致可以用毛利率来代替利润率。当然，毛利率高并不意味着利润率就高，如果毛利率很高，但预期利润率很低，说明餐厅的经营费用很高，即在房租、工资、管理费用等方面的支出太大。简便起见，我们用租金水平和毛利率两个指标画出租金利润弹性矩阵，在四个象限中，当毛利率低且租金水平高时，租金利润弹性最小；当毛利率低但租金水平高时，租金弹性最大；其他两种情况租金利润弹性中等，需要根据具体情况细算。

2. 实践应用

利用租金利润弹性矩阵可以解决很多实际问题。上述第一例中，租金很高，毛利率较低，预期利润率只有5%，属于"毛利率低—租金高"象限，租金利润弹性非常大。谈判时一定要想方设法压低租金，如果把租金降低10%，即由16元/（天·平方米）降到14.4元/（天·平方米），预期利润将会增加1.073倍，由每天485元增长到970元，年利润由17.7万元增长到36.7万元，净增近20万元，这个成果相当可观，完全值得下一番功夫。

在第二个例子中，租金比较低，毛利率较高，属于"毛利率高—租金低"象限，租金利润弹性很小。假设餐厅预期利润率为40%，如果把租金降低10%，即由4元/（天·平方米）降到3.6元/（天·平方米），预期利润仅会增加4.5%，由每天1760元变成1840元，年利润由64.2万元变成67.2万元，仅仅增加3万元利润，对餐厅来说微不足道，就没必要在租金谈判中过分讨价还价，否则坐失良机，就得不偿失了。

三、特许经营须算清的"三笔账"

有一位投资者王某投资近50万元加盟了一个快餐品牌，最初生意还不错，每月扣除支出后都能余下一些现金存入银行，自我感觉良好，但一年以后这家店却准备关张了，这是为什么？笔者与王某交流后发现，他算了一笔"糊涂账"。他的算账方法是：餐厅每天（月）的现金收入减去用于采购、工资、水电费等项目的现金支出，剩下的钱就是当天的利润。可是一年后王某发现虽然餐厅每天都有"利润"，自己也省吃俭用，可是总资产却没有增加，投入的50万元一分也没收回来。他这才恍然大悟：原来餐厅一直在赔钱，也不知道猴年马月才能赚钱，只好忍痛把餐厅卖掉。

有句老话：吃不穷，穿不穷，算计不到要受穷。对特许经营投资者来说不仅要了解加盟项目需投入多少钱，更要关心开业后的运营情况，算清每天最少卖多少钱才会不赔钱，每天最少卖多少钱才能不需要追加资金，每天卖多少钱才能获得满意的利润。只有算清这三笔账,才能做到心里有数,才能在投资和经营中做出正确的决策。下面以王某的餐厅为例介绍特许经营中这三笔账的算法,希望能对投资者有所帮助。

(一)分清两种费用

餐饮企业经营中的各项费用支出通常有房租、人员工资、原材料、水电费、办公费用等,这些可分为固定费用和变动费用两大类,固定费用是指与销售量没有直接关系,不随销售量的变化而变动的费用,房租、人员工资、办公费用等都可算作固定成本,无论餐厅收入多少钱,都必须基本固定地支付这些开支。变动费用是指随销售量变化而变动的费用,如原材料、包装物等,如果一份菜品都没卖出去,理论上说变动费用就是零。一份菜品扣除直接成本后的收益称作边际贡献,亦即每销售一份菜品贡献的毛利润。例如,某一菜品售价15元,直接成本(原料和辅料)为5元,单位产品的边际贡献就是10元。弄清固定费用、变动费用、边际贡献后,就可以进行盈亏平衡测算。

1. 第一笔账:盈亏平衡点

盈亏平衡点是企业不赔不赚时的销售额(或销售量),也就是每天最少卖多少钱才能不赔钱。如果餐厅每月房租、工资等固定费用为5000元,平均每卖一份菜品的毛利润为10元,只需销售500份产品即可弥补固定费用,实现盈亏平衡,店铺不赚钱也不赔钱。这500份菜品销售量就是盈亏平衡点销售量,500份菜品所实现的5000元就是盈亏平衡点销售额。

王某的餐厅加盟费为10万元,保证金为5万元,管理费每年为5万元,装修费为10万元,设备费为15万元(折旧期按5年计算),店铺筹备期所发生的工资、交通、办公等费用都计入开办费,计3万元,以上投资总额为48万元。餐厅每份菜品平均售价为15元,平均变动费用为5元,开业后每月水电费为1万元,工资为2万元,房租为2万元,按月支付。下面计算王某餐厅的盈亏平衡点。

(1)加盟费、开办费要计入待摊费用,一般在开店前一次性付清,可分5年摊完。每个月的摊销额为:

每月加盟费、开办费摊销额=(加盟费+开办费)/(摊销年限×12)
=(100000+30000)/(5×12)=2167(元)

(2)加盟管理费一般按年支付,可在一年12个月内摊完。每月摊销额为:
每月管理费摊销额=管理费/12=50000/12=4167(元)

(3)设备费和装修费计入固定资产,一般可按5年计提折旧。每月折旧额为:
每月折旧额=(设备购置价+装修费)/(折旧年限×12)

$$= (150000 + 100000) / (5 \times 12)$$
$$= 4167（元）$$

（4）保证金按规定一般在合同期满后退还，不需要计入损益。

（5）店铺每月需支付的固定费用一般说就是折旧、各项摊销及水电费、工资和房租的总和。每月固定费用总额为：

每月固定费用总额＝折旧＋摊销＋水电费＋工资＋房租
$$= 4167 + 2167 + 4167 + 10000 + 20000 + 20000$$
$$= 60501（元）$$

其中前三项费用是在开店时一次性支付的，每月不需要再支付现金，其总额为：每月不需支付现金的固定费用总额＝4167＋2167＋4167＝10501（元）。本例中房租是按月支付的，如果按季付、半年付或年付，则需要进行摊销。

（6）计算菜品的边际贡献。

单位菜品边际贡献（平均毛利）＝平均售价－平均变动成本＝15－5＝10（元）

边际贡献率（毛利率）＝边际贡献/平均售价＝10/15＝67%

（7）计算盈亏平衡点销售量和营业额。

盈亏平衡点销售量＝固定费用总额/（菜品平均毛利×30）＝60501/（10×30）＝202（份/天）

盈亏平衡点营业额＝盈亏平衡点销售量×单位菜品平均售价
$$= 202 \times 15 = 3030（元/天）$$

通过上面计算可知，王某的餐厅的盈亏平衡点为3030元/月，也就是说，如果每天按正常价格卖出3030元就能不赔钱。这样保持下去，5年内可收回全部投资，中途不用再注入资金，但是最终将没有任何利润。

2. 第二笔账：现金平衡点

一般来说，加盟餐厅开业之前需投资以下项目：加盟费（购买特许权）、保证金、培训费与管理费、前厅后厨设备、装修、筹建期人员工资等。餐厅开业后，每天的营业收入会增加现金流，购买原材料、包装物及支付水电费、工资等会减少现金流。现金每天有进有出，如果入不敷出就需要再次注资。什么时候才不必再注入现金呢？这需要计算现金平衡点。

餐厅的工资、水电费、原材料、租金等需要用现金支付，折旧、待摊费用等并不需要用现金支付，它们使每月的费用增加从而使利润减少，但这种变动只体现在账面上，那笔钱并没有花出去，只是记在相关账户上。

餐厅每月现金收入只要能弥补工资、水电、租金、原材料等需要用现金支付的开支,就不需要再投入现金,此时的营业额就是现金平衡点营业额。简单说,盈亏平衡点营业额减去折旧费用、待摊费用、计提费用等不需要现金支付的费用就是现金平衡点。前面的王某餐厅中的盈亏平衡点是3030元/天,每月的折旧和待摊费用总额为10501元,其现金平衡点营业额为:

现金平衡点营业额=盈亏平衡点营业额－折旧－摊销= 3030-10501/30 = 2680(元/天)

王某的餐厅开业后现金平衡点为2680元/月,即卖出2680元,现金就能维持店铺的正常运营,不需要再注入新的资金。当然,保持此数永远也收不回投资,当然更谈不上获取利润了。

3. 第三笔账:利润满意点

投资的最终目的是要获得令人满意的利润,而不是保本经营。王某的餐厅什么时候才算获得了满意的利润呢?不能等到年底或月底才知道,因为那时已经是结果了,无法改变。需要有一个能够实时监控的指标,可以随时了解餐厅的利润是否让人满意。这个指标就是利润满意点,也就是能实现令人满意的利润时的营业额,通常以天为单位计算。

利润是否满意可以用投资回收周期来界定,投资者可事先设定一个指标,即在多少个月收回投资比较满意。餐饮市场风险很大,通常在一年之内收回投资是可以令人满意的。如果预期一年内收回投资,利润满意点是多少呢?

王某餐厅总投资48万元,如果希望在12个月之内收回投资,此时预期的日营业额的计算方法如下:

利润满意点营业额=投资总额/(预期投资回收期×30×毛利率)+盈亏平衡点

$$= 480000/(12 \times 30 \times 60\%) + 3030 = 5252(元)$$

如果王某的餐厅能一直在利润满意点(每天营业额5252元)上运营,第一年就可收回投资,余下4年是盈利期,5年总利润可达192万元。这样的利润水平可以令人满意。

(二)错在哪里

投资者王某所犯的错误在于:错把现金平衡点当成盈亏平衡点,每天有现金结余就以为有了利润。而实际上餐厅营业额根本没有达到盈亏平衡点,只是超过了现金平衡点,餐厅一直处于亏损状态。把亏损当成盈利,这个错误够大了,这位投资者也够糊涂的了。

盈亏平衡点、现金平衡点和利润满意点之间存在如下关系:现金平衡点<盈亏平衡点<利润满意点。现金平衡点是餐厅的生死线,如果餐厅低于现金平衡

点运营，就会发生现金流不足的问题，甚至很快就会倒闭。盈亏平衡点是盈亏临界点，低于此点，餐厅就会赔钱。利润满意点是最终追求的目标，只有达到此点，才可能获得满意的利润。投资者一定要记住这三点。

（三）成功者的做法

成功的投资者在加盟之前就做好投资测算、成本分析和营业额预测，算清现金平衡点、盈亏平衡点和利润满意点，加盟店的预期营业额至少能达到盈亏平衡点才值得考虑，能够达到利润满意点才值得投资。自己的账算得清清楚楚，才不会被人"忽悠"。

在餐厅开业之后，成功的投资者会密切关注每天、每月的营业额，紧紧盯住营业报表。如果营业额达不到盈亏平衡点，就赶紧想办法开发客源，提升营业额，争取早日扭亏为盈；如果营业额达不到现金平衡点，就赶紧测算靠现有资金能支撑多久，必要时须筹集资金以应对不时之需；只有营业额达到了利润满意点，才可以略微放松一下紧张的神经，轻松地喝上一杯咖啡。

希望每位投资者都能算清特许经营中的三笔账，都能在月末、年底轻松地喝上一杯咖啡。

四、常见酒店工作人员的 41 种贪污行为

（1）盗用印鉴。
（2）偷窃商品、工具、存货和其他设备物资。
（3）从库存现金和资金账簿中挪用小额款项。
（4）销售商品时不做记录，并私自保留现金。
（5）通过登记入账时少计金额来私自截留现金。
（6）虚增费用或者挪用预付款用于私人用途。
（7）重复收取客户的款项。
（8）套取客户支付的款项，开具非正式或自制的收据。
（9）隐匿收到的应收款项并将其作为坏账处理，或者收到已作为坏账处理的应收款项但未作报告。
（10）收取客户账款时偷窃现金。
（11）根据虚构的客户索赔或退货签发贷项通知单。
（12）没有每日将款项送存银行，或仅存入部分款项。
（13）改变银行存单的日期，以掩盖偷窃行为。
（14）通过重复计量存款数（或指利用银行借贷反复创造存款）以在月底

时掩盖（已存在的问题）。

（15）在工资表中加入虚假的加班，或增加工资、工时。

（16）在员工离职后继续支付工资。

（17）在工资表上虚增支出项目，扣留未领取的工资。

（18）伪造、篡改或作废（撕毁）现金销售单据，截留现金收入。

（19）使用虚假的费用支出来扣减现金销售收入。

（20）记录未实际产生的现金折扣。

（21）增加备用金支付的单据和/或支出项目的汇总金额。

（22）用个人的支出票据为依据制造虚假支出。

（23）使用已使用过的原始单据复印件，或使用更改日期的单据。

（24）支付自己伪造或与供货商勾结取得的虚假发票。

（25）通过勾结供货商，增加发票的金额。

（26）通过滥用供货订单，使公司为个人购货支付款项。

（27）给虚构的账户开账单，以隐藏失窃的商品。

（28）将偷窃的商品运至内部雇员或其亲属家中。

（29）伪造存货盘存表/清单来掩盖偷窃或过失。

（30）扣留本应该给公司或者供应商的支票。

（31）改大作废支票的金额，使之与虚假分录相符。

（32）插入虚构的明细分户账单。

（33）人为地错误汇总现金收据和支付账簿的总额。

（34）故意混淆总账户与明细账户的过账。

（35）出卖金柜、保险箱等的钥匙或密码。

（36）虚构应付账款，并提取现金。

（37）伪造运费单据，并与承运人分享。

（38）取得空白支票并伪造签字。

（39）允（许）诺给予顾客特别优惠的价格或其他优惠项目，或者（保证）给予供应商特殊的利益，以取得回扣。

（40）收了房租不入账。

（41）炒卖房间，赚取高额利润，使酒店受损失。

第三节　规避收银环节中的工作漏洞

众所周知，在餐饮企业中，收银岗位担负着企业收款结算的重要任务，是企业准确反映经营成果和现金流入的神经中枢。同样，作为餐饮企业财务收支管理的一个重要组成部分，它又是一个需要重点监控的岗位，那么，如何在现代市场经营规则中规避收银环节中的工作漏洞和作弊现象呢？笔者根据多年来餐饮企业财务管理的实战经验，从以下几个方面总结，并与大家分享。

一、收银员的岗位职责描述

收银岗位，在餐饮企业中隶属财务部收银组，其工作性质较为特殊，岗位职责描述如下。

（1）收银员在收银主管的直接领导下，对财务部经理负责、对财务工作负责、对酒店负责。

（2）收银员必须遵守我国财经法规、财经纪律、餐饮企业规章制度和《员工手册》。

（3）收银时小心操作并爱护所使用的电脑、收款机、计算机、POS机、计算器、现金袋、保险柜等物品设备，并做好清洁工作。

（4）准确、及时地打印各项收费账单，并快捷地收妥顾客应付的费用，结算中做到快、准、稳，唱收唱付，不错收漏收。

（5）对各种钞票、支票等，必须验明真伪，并能正确使用验钞机，认真收款。

（6）能够熟练按照操作规程使用银行POS机，辨别信用卡真假，确保授理卡有效结算。

（7）认真做好备用金使用交接，不得私自借用，由收银员自身过失造成的短款，由当事人自己赔偿。

（8）收银员未经许可，不得带任何外人进入收银工作区域，工作时间内不得无故离开岗位。

（9）受理公司签单挂账，应熟练掌握挂账单位有效人，仔细核对确认无误后方可受理。

（10）收银员绝对不能把工作现场内的会计账单等拿出酒店，特别不能向本部门以外的人或外单位的人泄露收款机、电脑、保险柜的密码，以及酒店收入及本岗位的秘密事项。

（11）收银员应随时注意顾客的情况，配合所在部门把好收银关，工作时必须以礼貌、亲切、和蔼的态度待客，认真负责，一丝不苟。

（12）收银员必须有高度的责任心，时刻维护酒店的经济利益。

二、常见的收银环节中的工作漏洞及预防措施

（一）发票的漏洞及管理

在餐饮经营中，发票管理出现漏洞现象较多，顾客有需要发票的，也有不要发票的，所以规避漏洞必须加强发票的管理。现今随着我国财政税收工作的不断完善，大多服务业中一般有机打发票和定额发票两种，也有部分小城市仍然使用手工开具的发票。在这里，我们重点谈一下存在的漏洞及监控方法。

（1）收银员截留顾客不要的发票：如顾客自行就餐，不需要发票，收银员则根据账单金额，按照相应对等金额私自截留，留作己用。

（2）收银员钻不要发票顾客的漏洞，截留账款。通常在一家财务收银管理混乱的酒店会发生，如果顾客不要发票，收银员可能会销毁收费单据，截留收入。

（3）发票大头小尾：在我国大量使用手工开具发票的时代，此种作弊现象大量发生。如顾客实际消费180元，收银员开具发票时，给顾客按实际消费金额开具，而在财务联和存根联则按小于实际消费的金额开具，从而给自己截留收入创造条件，进行作弊。或是将顾客联发票金额按顾客要求多开具一定金额，而存根联和财务联则按实际消费金额开具发票。这些做法既给酒店造成一定的经济损失，也使酒店造成管理上的混乱，甚至是担负财经法律责任。当然，随着我国财经法制的不断完善和对机打发票及定额发票的普及使用，此种作弊现象已少有发生。

以上发票管理使用上的漏洞，在饭店中当引起重视。首先，要求收银员在做账中对已开具发票的账单，加盖发票已开出章，以便于财务进行统计，未要发票账单，也应注明。其次，对于发票的使用应有专人管理，核对发票号码，并进行销号。最后，在发票使用管理上，尽量配合税务机关使用可监控发票系统。

（二）自助早餐重复收费之漏洞

在餐饮饭店中，一般有自助早餐这项服务，往往收费标准又是统一的。因此，在收银工作中，也是极容易作弊的一个环节。曾经在××大酒店，就发生过收银员在收费标准一致的情况下，利用同一份收费账单向同样人次就餐的顾客

收费，而入账时则减少入账，截留现金收入。虽事后根据员工举报酒店依法进行了处理，但仍暴露出来这一环节如不加强监控管理，会给人留有作弊的漏洞，从而给酒店造成一定的经济损失。

在这里，我们需要明确的是，必须加强管理中的制约关系。比如，每天餐饮开早餐时，收银员和餐饮吧台服务员必须一同上岗，且要求吧台服务员做好早餐就餐人数的统计，对免费和收费早餐做好分类统计，并与收银员进行核实对证，做好记录。发现出入，应及时逐级向主管上级汇报，以便及时处理。

（三）收银备用金及长短款的漏洞及管理

收银点一般会根据结算工作需要，从财务部领取一定备用现金，以便日常收款结算时找零兑换使用。为防止收银私自挪用备用金，餐饮企业相关监控部门必须做到不定期抽查备用金使用情况，尽量减少收银备用金数额。如每班次收银发生现金长短款时，必须要求收银员认真自查，对不明原因的长短款，长款要如实上交财务，短款由责任人赔偿。在餐饮企业中，一般长款多是由顾客找零而发生的，所以饭店管理者不要忽视对长款的管理，因为日积月累的找零长款，也是极容易滋生漏洞的源头，所以，必须加强管理，认真对待。

（四）账单的使用漏洞及管理

收银管理中，账单的管理也至关重要，曾经发生多例餐饮企业账单管理混乱，收银员趁机私自收费后销毁账单，截留现金收入现象。所以，在日常收银账单的管理上，应当采取以下措施来进行监控管理。

（1）账单使用必须填制账单控制报表，并要求收银不得跳号使用，必须连号使用。

（2）作废账单必须在账单上详细注明作废原因，由两个以上相关工作人员签字，收银主管审核签字确认。

（3）每次收款，账单作为收费单必须连同附单、食品菜单、酒水单一同上交财务。

（五）变更收费标准，进行作弊

收银对客结账时，将单价更改，多向顾客收费，而按实际单价入账，此种作弊现象不仅给酒店造成经济损失，一旦被顾客发现，更是会给酒店造成极其恶劣的影响。所以，对待此问题，一是要加强日常员工队伍教育；二是一经发现，坚决对当事人予以辞退，从而树立良好的职业形象。

（六）折扣折让漏洞及管理

收银员利用折扣优惠钻空子进行作弊，在饭店中屡见不鲜，主要表现如下。

（1）收银员给予在酒店无权打折管理人员打折优惠，给予有权打折管理人员越权扩大打折优惠权限。

（2）收银员利用工作之便，给予无权享受折扣优惠的顾客进行打折优惠，如自己的亲朋好友、熟人等。

（3）收银员全额收款后，将账单变更为折扣优惠收款的账单，并将折扣优惠金额据为己有，从而给餐饮企业造成损失。

以上问题，在很多餐饮企业中都发生过，从财务管理角度来讲，根本杜绝是不太可能的，但如何做到减少损失及发生率呢？我们认为，首先，餐饮企业必须明确规定各级管理人员优惠打折的权限，并以文字的形式下发执行。其次，加大夜审账务稽查力度，严格把关，并拒绝口头授权打折，对于折扣优惠的账单，必须由有效人签字后上交，并注明事由。最后，作为餐饮企业的老板和职业经理人，应以身作则，带头执行，财务夜审对于一切违规无效的打折优惠账单，一律退回收银，该让有效人签字的签字，该让收银员补齐折扣金额的补齐。对于打折无效的单据，绝不能开口子，否则，会给日常的经营管理造成混乱，更会使酒店形成经济损失，降低毛利率。

（七）司机佣金提成的漏洞及管理

现今很多餐饮企业为了加大营销力度，采用司机送客提成的销售手段，如有的餐饮企业司机送客来就餐，给予每次10元的现金提成，有的则是按送客的人次提取。

这里我们主要讲的是餐饮，我国的综合性星级酒店的司机佣金提成，主要指按司机介绍顾客住店消费的情况给予提成。

曾经在某四星级酒店，发生过出租车司机和酒店工作人员，在未有送客就餐的情况下，作弊冒领送客而领取提成的事件。虽然事后酒店将当事员工进行了严肃处理并辞退，但仍然暴露了司机佣金管理如果不够严谨，极易使人钻空子作弊的问题，对此，饭店必须完善工作制约关系，规范司机佣金提取、审核程序，并实行"三方"签字制度，即由前厅迎宾员（在有的饭店可以是行李员或门童）、餐厅服务员、收银员三方共同填制司机佣金提成表，详细填写送客几位、就餐桌号、出租车号、就餐时间、日期等内容，并由大厅现场经理签字审批后当时发放。班次结束后送交财务审核。

（八）餐饮企业支付的漏洞及管理

餐饮企业支付的漏洞是餐饮业的一个行业特点，又称内部招待，意即餐饮企业自己招待的顾客或由企业免费提供就餐的一种结算方式。它主要存在以下的漏洞。

（1）收银员和酒水员串通，伙同经办人随意提高就餐标准。

（2）收银员串通吧台酒水员将部分酒水、香烟记入酒店支付账，再将实物据为己有。

（3）收银员将个人工作失误引起的跑单、漏单制成酒店支付账单，然后冒充总经理签字上交财务。

以上不难看出，餐饮企业支付，虽是免费的结算方式，但也是收银漏洞之一。因此，我们在日常管理当中，理应制定餐饮企业支付制度和申请支付的审批程序。采用先批准、再用餐、后审核的管理方式，餐饮企业相关业务部门如因业务需要内部招待，必须提前到办公室填写酒店支付通知单，经总经理批准后，方可持通知单到餐厅就餐。对于未持书面通知单的内部招待，餐饮人员不能按支付受理。当然，为了避免类似事件发生，财务部也应加大审核力度，做到熟悉餐饮企业领导人的签字样本，熟悉支付管理制度，才能万无一失。

（九）用人失察导致财务信息泄露的重大漏洞

作为餐饮企业的一名收银员，在人员选用和使用时必须严格把关，并在实践工作中培训保密意识、保密制度。要求收银员不得向任何外人泄露餐饮企业的销售收入等财务信息，并杜绝商业财务信息无故泄露，从而造成餐饮企业经营的被动局面和负面影响。曾经在行业中发生过一例同行业派自己员工去竞争对手中应聘收银员，对该店销售收入进行摸底掌握的不正当竞争事件。当然，餐饮企业要想杜绝此类事件发生，在加强用人管理的同时，更重要的是培养一支有着良好职业道德的优秀收银团队。

（十）收银员业务不精导致的工作漏洞

（1）收银员接受假钞假币，造成经济损失。

（2）收银员受理了无效信用卡，或发生信用卡透支损失现象。

（3）收银员受理了假支票，或是受理空头支票。

以上几种收银环节中的工作漏洞和种种作弊现象，实践当中还有很多，我们不再一一列举。那么，如何在日常经营管理当中规避收银漏洞，降低并减少收银的作弊事件发生和因工作失误造成的经济损失，将是我们重点所要关注的。

三、加强财务管理，规避减少作弊现象

（一）科学设置财务岗位

收银作为餐饮企业财务部的一个组成部分，对其科学合理地定编定岗尤为重要。

在一般星级酒店中，财务部的组织机构相对要大于一般专营餐饮店。在现代财务管理工作的体系中，财务部岗位设置必须遵循"财务收支两条线"的基本原则。而在饭店业的财务结构中，我们知道，多了一个夜审环节。由此可见，酒店财务管理对收入这条线，属于重点监控的对象。财务管理，要一环扣一环，环环相扣，才能形成良性循环。同样，我们知道了夜审在饭店财务中设置的必要性，也就知道了科学合理岗位的重要性。

（二）严格认真选用收银员

在餐饮企业中，收银员的选用必须作为重点，俗话说"现代企业的竞争就是人才的竞争"，收银作为一个专业性强、职业道德要求高的重要岗位，在人员选用上，更是应当本着慎重、负责、严格把关的态度。

以下是某餐饮企业收银员的任职要求：

（1）性别：男女不限。
（2）年龄：19～25周岁。
（3）学历要求：财会中专及以上学历。
（4）外语水平：初级及以上。
（5）身体状况：健康、无残疾，形象较好。
（6）熟悉财务基础知识，熟练掌握电脑操作。
（7）普通话流利，语言表达清楚，思路清晰，反应机敏。
（8）有着高度的责任感和良好的职业道德，无不良处分史。
（9）坚持原则，敢于向违反财经纪律和酒店财务制度的一切现象做斗争。
（10）具有吃苦耐劳的精神和认真负责的工作态度。

（三）完善工作制约关系

在餐饮企业中，收银班组是一个敏感的岗位，在实际工作配合当中，它是既独立于一线部门隶属财务部门的一个班组，其服务工作又要接受现场经理监督管理的岗位。所以它和其他岗位是一个既相互配合又相互制约的关系。下面让我们理顺一下它们之间的关系。

1. 收银员与吧台酒水员的关系

酒水员负责给顾客供给酒水香烟，并及时填制酒水香烟单，顾客随要随加记，并在顾客结算以前及时汇总报送收银，以便于收银员及时录入收款。

2. 收银员与点菜员（服务员）的关系

收银员不能代替点菜员给顾客点菜，不能填制点菜单，同酒水员一样，点菜员点菜完毕后必须将填写清晰、记录准确的点菜单及时报送收银录入，以便于收银员及时汇总录入结账。

3. 收银与厨房的关系

饭店所使用的菜单，必须是一式三联单，即财务联、餐饮联、厨房联，三部门需各自留存，并定期核对，查看实际点菜金额和收款金额有无出入，发现出入应共同协调，查找原因，找出问题解决问题。

现今，在餐饮业中，部分饭店已采用计算机点菜系统，虽然计算机系统相对手工点菜效率较快，但由于它毕竟由人工操作，所以不能说它是最完美的点菜方法，相对手工，还有易于更改、数据留存风险大的弊端。故在实践当中，使用此系统用户更应重视账务审核，才能做到万无一失。

4. 收银与夜审的关系

收银与夜审同属于财务部，收银对自己的账务负责，对夜审的工作全力配合，夜审对收银的所有账务进行认真稽查，堵塞漏洞，并对酒店负责。

5. 确立账、款、物分开的制约原则

在经营中，负责审核收入的夜审绝不能由收银员兼职，负责酒水记账的吧台人员也不能由收银员代替，负责收缴现金收入的出纳不能由夜审代替（收银员将账交给夜审，将现金实物交给出纳），才能有效做到账、款、物分开，避免出现任何工作漏洞。

（四）健全账务体系

在财务管理中，杜绝作弊现象发生的重要措施之一，就是建立健全账务体系，且需要做到以下几点。

1. 完善制定财务管理各项制度、规范

如明确制定酒店管理人员折扣权限、酒店支付制度、应收账款挂账制度等，并以书面文件形式下发，组织相关部门员工学习、执行、落实。

2. 理顺健全财务收入工作流程

如制定财务各岗位工作流程、岗位职责，完善账务钩稽关系，规范夜审与收银工作配合流程。

3. 完善表格制度

在财务管理中，收银员在做账时必须根据财务要求填制相关报表，以便于财务统计和稽查。完善表格制度，必须加强表格实用性，制作有利于财务稽核的表格。根据需要，财务也可随时调整设计财务收银表格，以使其更加完善实用。

4. 规范电脑账与手工账的制约核对体系

在当今时代，应用电脑收款结算在我国大量普及。电脑账与手工账两个账务体系之间的关系必须严格把关，认真稽查。夜审人员在审查账务时必须通过电脑和手工两个渠道对账，如发现问题，应堵塞漏洞，从而做到账账相符，账实相符，账款相符。

（五）加强财务稽核力度，严格把关

收银员的账务在饭店里主要由财务夜审人员来审查。夜审组作为财务经理直接领导下的一个内部稽核小组，主要负责对各收银点、营业点的账务和收入进行稽核，其主要审核重点如下。

（1）审核当天各收银点及营业点送审的账单、收据及报表是否正确，有无错收、漏收等差错，如发现问题，应查明原因，做出记录，尽力补救。

（2）根据夜审权限，打印夜审所需的电脑报表资料与收银各班次电脑明细报表，手工填制报表核对，并通过电脑和手工两个渠道来查证，核对有无出入。

（3）审核挂账单位账，有无有效人签字，核对留存笔迹。

（4）审核酒店支付、折扣折让账单有无有效人签字，对于无效或超出权限的账单，一律做退回处理，并做好记录。

（5）审核收银账单、发票号码，看有无缺号、跳号使用，对于作废账单发票，查明原因是否属实，有无相应人员签字，如有丢失账单、发票现象，必须查明责任，责令当事人写出书面事实经过，报经理批准处理。

（6）日审根据夜审报表与出纳核对现金实际收到数额，如有出入汇报经理，查明原因，落实处理，保证将要上缴的收入准确上交现金库。

（7）不定期抽查收银各岗位，发现问题，及时落实责任并解决。

（8）日审人员将审核无误的应收账款和有效账单与会计人员做好交接，并如实统计记录。

只有打造培养一支优秀的收银团队，营造良好的职业氛围，加大财务管理

力度，才能更大程度地避免收银环节的问题发生。同样，对财务管理中的问题高度重视，并做到不断总结和完善，才是饭店良性发展的关键！

第四节　核算餐饮企业的产品成本

一、现代餐饮成本构成

现代餐饮成本可根据其业务阶段划分为生产成本、销售成本和服务成本三个方面，在经营过程中，这三方面没有明显的界线，但它们的价值均可以在产品售价中体现。除产品成本（主料、配料、调味品、燃料成本）外，经营中产生的其他成本（如员工工资、租金、税金、经营管理费等）很难在售价中逐一划分清楚，所以这些费用常用百分比来表示，如用销售毛利率的30%、40%、50%等。

现代餐饮产品成本要素包括主料、配料、调味品和燃料。

主料：是用来制作餐饮产品的主要原料。例如，米饭中，大米是主料；馒头中，面粉是主料。

配料：也称辅料，是用来制作餐饮产品的辅助材料。例如，土豆炖排骨中，土豆是配料，排骨是主料；尖椒炒腊肉中，尖椒是配料，腊肉是主料；番茄炖牛腩中，番茄是配料，牛腩是主料。

调味品：是对餐饮产品进行调味、调香、调色、调质的用料，如盐、糖、酱油、花椒、八角、桂皮等。

燃料：是烹制产品时必须用的能源，如木柴、木炭、煤炭、煤球、柴油、酒精、液化气、天然气、沼气、电等。

二、净料成本核算

净料是指购进的食品原材料经加工（清理、宰杀、拆卸、涨发、初熟等）后，可直接用来配置成品的原料，如光鸡、净鱼、涨发好的干货、经过择洗的蔬菜等。

（一）净料的分类

根据加工处理方法和处理程度的不同，净料可分为生净料、半制品和熟制品三类。

生净料：是指只经过择洗、宰杀、拆卸等加工处理，而没有经过任何制作或熟处理的各种净料。

半制品：是指经过初熟处理，但还没有完全加工成成品的净料，如白煮肉、白煮鸡等。半制品分为调味半制品和无味半制品两类，两者的主要区别是有无添加调味品。

熟制品：是指由熏、卤、煮等加工而成，可用作冷菜的制成品，如酱肘子、酱牛肉、熏鱼等。

（二）生净料成本核算

生净料成本核算方法有"一料一档计算法"和"一料多档计算法"。

（1）一料一档计算法。

一料一档是指毛料（刚从市场购进的，未经加工处理的食品原材料）经过加工处理后，只得到一种净料，或得到一种净料，同时还有可作价利用的下脚料。

（2）一料多档计算法。

一料多档是指一种原料经过加工处理后可得到两种或两种以上的净料或半成品，这时要分别核算不同档次的原料成本。食品原料加工处理后，各档原料的价值是不同的，为此，要分别确定不同档次原料的价值比率，然后才能核算其分档原料成本。

三、调味品成本核算

（一）调味品用量的估算方法

调味品种类繁多，但用量较少，且在使用时往往是随取随用，因而难以在事前或烹调中称量，而多采用估算方法来确定调味品的用量。调味品用量的估算，通常采用以下3种方法。

（1）容器估量法：在已知某种容器容量的前提下，根据调味品在容器中所占比例估计其重量，再根据该调味品的购进单价计算其成本。这种方法一般用来估量液态调味品，如酱油、料酒、蚝油等。

（2）体积估量法：在已知某种调味品在一定体积中的所占比例下估计其重量，再根据该调味品的进购单价计算其成本。体积估量法常用于估计粉质或晶态调味品的成本，如盐、糖、鸡精、胡椒粉等，也可在厨房盘点时，估计蔬菜、煤炭等大宗物资的重量。

（3）规格比照法：比照主料、配料重量相仿，烹调方法相同所生产某些老产品的调味品用量,来确定新产品调味品的用量。例如,对照拔丝地瓜中的白糖成本来估算新产品拔丝香蕉的白糖成本。

(二)餐饮产品的调味品成本核算

餐饮产品的生产加工,基本上可分为两种类型,即单件生产和批量生产。单件生产以各类热炒菜为主,批量生产以卤制品和各种主食、点心为主。因此,调味品的成本核算大体上可分为单件生产和批量生产两种类型。

(1)单件生产的餐饮产品调味品成本核算。

在单件生产的餐饮产品中,调味品成本是指单件制作的餐饮产品所用调味品的成本之和,其计算公式为

单件餐饮产品的调味品成本 = 调味品1成本 + 调味品2成本 +…+ 调味品n成本

(2)批量生产的餐饮产品调味品成本核算。

批量生产餐饮产品时,调味品的使用量较多,为了方便核算调味品成本,在放调味品前应根据配方对其称重。

四、燃料成本核算

在制作菜肴、面点的过程中,绝大部分都需要加热,而烹制加热就需要燃料。燃料的耗用量在成本中占有一定比例,所以必须计入餐饮产品成本中。根据情况不同,燃料耗用可分为直接耗用和为介绍两类,故其成本核算也可分为两类。

直接耗用燃料成本核算法是指直接将厨房生产菜肴、面点中所耗用的各种燃料开支逐一相加,计算出厨房耗用燃料总成本,再除以使用燃料总时间,最后乘以实际使用燃料时间,就可以核算出燃料的成本。

五、餐饮产品的毛利率

(一)毛利与毛利率

毛利,又称商品进销差价,是指企业商品销售收入(售价)减去商品原进价后的余额。因其尚未减去商品流通费和税金,还不是净利,故称毛利。餐饮业的毛利是把生产经营费用与税金开支及净利润进行了合并,即

毛利 = 生产经营费用 + 税金开支 + 净利润

毛利率是毛利与营业收入(或销售收入)的比率。在餐饮业,毛利率不但在一定程度上反映了产品的利润水平,还直接决定产品的价格水平、企业的盈

亏，关系着消费者的利益。

在产品成本一定时，毛利率越高，产品价格就越高，企业获得的利润也相应越高；相反，毛利率越低，产品价格就越低，企业获得的利润也相应越低。因此，为了合理地制定餐饮产品价格，除必须精确核算产品成本外，还必须正确地确定餐饮产品的毛利率，这样才能适应市场需求，提高企业的竞争能力，促进企业朝着好的方向发展。

（二）餐饮产品毛利率的作用

餐饮产品毛利率的作用归纳起来，有以下两点。

（1）作为制定餐饮产品价格的依据。各个餐饮企业在经营中不仅产品品种多，而且还会不断增加新的品种，再加上市场上食品原料的价格也经常变化（尤其是有些季节性原料），因此餐饮企业必须经常调整或制定新的产品售价。制定餐饮产品价格的依据，一个是食品原料的成本，另一个是毛利率，两者缺一不可。

（2）作为反映餐饮企业服务质量的主要指标。毛利与成本之和是收入，毛利率的大小，间接地表示了餐饮产品中原料数量的多少和质量的高低。毛利率越高，成本就越低，企业的盈利也就越多，但毛利率过高，可能造成原料数量少或质量低，对顾客形成克扣，给餐饮企业的声誉带来不良影响，因此餐饮企业应适度、合理地控制毛利率，做到顾客满意、企业创收。

六、确定和调整菜单价格

（一）餐饮产品价格的构成要素

餐饮产品价格由产品成本、生产经营费用、税金开支及净利润4部分组成，用公式表示为：

餐饮产品价格＝产品成本＋生产经营费用＋税金开支＋净利润

（1）产品成本：是指生产餐饮产品所耗用的原料成本，即主料、配料、调味品和燃料的成本。

（2）生产经营费用：包括企业生产经营中的各项开支，如员工工资、房屋租金、设备折旧费、行政管理费等。

（3）税金开支：是指企业在生产经营过程中向国家和地方税务局缴纳的税金。

餐饮业实行"营改增"后，餐饮企业需要缴纳的税金主要有以下几项。

①增值税:"营改增"后,营业税由增值税替代,餐饮业小规模纳税人增值税税率为3%,餐饮业一般纳税人增值税税率为6%。根据目前"营改增"政策,年应税销售额500万元(含)以下的为增值税小规模纳税人,年应税销售额500万元以上的为一般纳税人。500万元的计算标准为纳税人在连续不超过12个月的经营期限内提供服务累计取得的销售额,包括减、免税销售额。

②城市维护建设税:应纳税额为实际缴纳增值税额的7%。

③教育费附加税:应纳税额为实际缴纳增值税额的3%。

④企业所得税:应纳税额为企业应纳税所得额的25%,小型微利企业的企业所得税税率为20%。

⑤其他附加税:按照纳税人所在地的有关规定缴纳。

除了上述税种外,与餐饮业相关的税种还有代扣代缴个人所得税、车船使用税、印花税、房产税、土地使用税等,读者若想详细了解,可查阅相关资料,此处不再赘述。

(4)净利润:简称净利,是指企业的营业收入扣除产品成本、生产经营费用、税金开支后的余额。餐饮企业经营的主要任务是获取最大限度的利润,它是反映企业经营好坏的指标,因此在制定产品价格时应考虑到净利润目标。

(二)确定餐饮产品售价的原则

(1)时菜时价,即不同季节的菜品价格应当随行就市,不可高于或低于市场价格太多。

(2)按质分等论价,即按照餐饮产品的不同质量确定不同的价格。原料精致、货源缺乏的菜品,价格要高些;原料质地一般、货源充足的菜品,价格可适当低一些。

(3)加工制作过程复杂、耗工耗时的菜品,价格要比一般菜品高一些。

(4)富有特色的名优菜品,价格可比一般菜品高一些。

(5)设施、设备条件好,服务项目全面,档次较高的餐饮企业,菜品价格要比一般的餐饮企业高一些。

(三)确定餐饮产品售价的方法

餐饮企业可用销售毛利率法计算餐饮产品价格。

(1)销售毛利率法:是指根据餐饮产品成本和销售毛利率来计算产品销售价格的定价方法。这种方法以餐饮产品的售价为基础,从中扣除预期毛利占销售价格的百分比,剩下产品成本占售价的百分比,并据此计算销售价格,因此也称为"内扣毛利率法"。销售毛利率法计算科学、准确,餐饮企业在制定经营目标时多以销售毛利率法来确定餐饮产品的价格。

（四）调整餐饮产品售价的方法

调整餐饮产品售价的方法主要有以下几种。

（1）综合比例法。这种方法一般在国家经济政策、物价政策发生变动时采用，是以原定价格为基数，由物价部门和餐饮业行政主管部门提出调价幅度，餐饮企业按要求进行餐饮产品价格调整。

综合比例法计算公式为：

新调价格＝原定价格＋原定价格 × 调价百分比

（2）成本比例法。这种方法一般是根据市场农副产品价格和主要消费品价格的变动情况，分析成本提高的幅度，在国家物价政策许可范围内进行调价。

（3）统计分析法。一般是在市场供求关系发生变化时（如季节变化、竞争者进入等），需要调整部分餐饮产品价格的一种方法。这种方法是由企业根据餐饮产品的销售情况，来分析市场现状和顾客态度，特别是找出那些价格偏低供不应求或价格过高无人问津的部分产品或服务项目，分析具体原因，然后确定需要调价的品种或项目，确定调价幅度，进行价格调整。

（4）喜爱程度法。喜爱程度法是以历史统计资料为依据，计算顾客对各种餐饮产品的喜爱程度。喜爱程度高，说明产品质量好、价格合理。如果喜爱程度很高，而且总是供不应求，就可以适当提高价格；反之，则应适当降低价格。

第五节 控制餐饮企业的运营成本

一、控制产品成本

产品成本可在生产的前、中、后阶段进行控制。

（一）控制产品生产前的成本

（1）控制采购。严格编制厨房采购清单，厨房部负责人应每天根据餐饮店的经济支出、物资储备等情况确定采购量，并填写采购单，采购时可利用限价采购、竞争报价等方法控制成本。

（2）验收控制。验收时，要重点检查货物的数量和质量，避免缺货和质量不佳。

（3）储存控制。合理控制库存，保证食品原材料的质量，减少自然损耗。

（4）发放控制。严格按标准发放食品原材料，避免随便领料，减少浪费。

（二）控制产品生产中的成本

（1）加工。按需要对食品原材料进行加工，避免过量、过度地加工造成浪费。

（2）配份。餐饮企业应制作标准菜谱，以此规范菜品的用料量，避免用料偏多造成浪费，或用料偏少影响菜肴质量。

（3）烹调。在烹调过程中，很容易造成食材的浪费，管理者需要从厨师的操作规范、制作数量、出菜速度、剩余食品等方面加强控制。例如，督导炉灶厨师严格按操作规范工作；严格控制每次烹调的生产量、出菜速度、装量规格等。

另外，为了避免浪费食品，管理者可要求厨师在食品规格、卫生允许的情况下将剩余食品搭配到其他菜肴中，或制成另一种菜。

（三）控制产品生产后的成本

（1）管理者需要向采购人员了解每天食材价格的波动情况，并统计产品的销售数量，进而决定是否需要调整售价。

（2）分析最不受欢迎的菜肴有何问题（是厨师原因还是市场因素），并加以改正。

（3）每月月底对厨房食品原材料进行盘点，综合分析存货、退货等情况。

二、控制人事费用

人事费用一般有员工工资和员工福利等。

（一）控制员工工资

管理者应根据员工所在岗位合理发放工资。其中，试用期员工工资一般为所在岗位基本工资的60%～80%，且没有奖金或其他福利；岗位基本工资与餐饮企业效益及其他奖金福利挂钩。

（二）控制员工福利

福利一般包括法定福利和餐饮店福利。其中，法定福利如养老保险、社会失业保险、社会医疗保险、工伤保险和生育保险等；餐饮店福利如提供工作餐、工作服、食宿、团体保险等。餐饮企业可以根据实际情况制定福利制度，按标准发放福利。

三、控制经常性支出费用

经常性支出有租金、水费、电费、燃气费、广告费、刷卡手续费、折旧费、停车费等。

（一）提升租金利用率

（1）延长营业时间。租金是固定的，因此餐饮企业可以通过延长营业时间来提升租金的利用率，如"麦当劳""永和大王"等都是24小时营业。但需要注意的是，不是所有的餐厅都适合24小时营业，这需要根据餐厅类型、周围环境等因素来决定。

（2）提高翻台率。

① 为等餐顾客提供免费茶水、免费擦鞋、免费报刊、免费休息椅等服务，并在其允许的情况下提前点餐，以此留住顾客，提高翻台率。

② 在顾客点菜后，及时询问是否需要添加主食或小吃，如果不需要，服务员可在顾客用餐期间开始核单并到吧台打单，以此缩短顾客停留在店的时间。

③ 服务人员要勤于巡台，帮助顾客分菜，缩短顾客的用餐时间。

④ 顾客用餐接近尾声时，服务人员可提前将翻台后的餐具准备好，以便快速摆台。

⑤ 结账后，若顾客未及时离开，服务人员可征询顾客意见，先收拾台面卫生。

（3）增设外卖口。餐厅如果店面比较大，可以选择开设外卖口，卖自己的产品，也可以租给其他人。需要注意的是，开设的外卖口不能影响到餐厅的整体形象，或造成喧宾夺主的现象。

（二）控制水费

水费虽然在整个经营成本中所占的比例不高，但如果所有员工都能节约用水，餐饮企业还是可以节省一些运营成本的。常用控制水费的方法有以下几种。

（1）将节水与奖金挂钩。每个水龙头都安排节水责任人，一旦发现用完不关的现象，责任人将扣罚30%～50%的奖金。

（2）合理用水。洗菜时不可全程用流水冲洗，洗菜工人可将水池接满，然后用手逐一清洗。若洗菜水比较干净，则可将洗菜水用于厨房地面的清洁。

（3）更新设备。将旋钮式水龙头改为下压式或感应式水龙头，以节约用水；将布料拖把换成容易清洗的海绵拖把等。

（三）控制电费

餐厅中主要的耗电设备有空调和灯具等。

（1）空调。

① 根据实际情况，可在换季时关闭空调，充分利用室外风调节室内温度，达到节能的效果。

② 开门、窗时，不得使用空调。

③ 定期清洁空调外机，避免外机散热不良，导致耗电量增加。

（2）灯具。

① 将餐厅各区域的照明设备、广告灯箱交给专人负责，责任人要根据实际情况开启或关闭灯光；各后勤岗位下班时，随手关灯。

② 可将比较耗电的白炽灯替换为荧光灯、LED灯等节能灯具。另外，有条件的还可采取声光控灯具。

（四）控制燃气费

燃气的使用者是厨师，因此餐厅管理者要对厨师用气进行控制。常用的控制方法有以下几种。

（1）在炖菜或煮汤时，水开后应将火调小并盖上锅盖，利用蒸汽焖熟食物。

（2）炒菜前要先做好准备工作，以防点燃火后手忙脚乱，浪费燃气。

（3）调整好火焰。火焰颜色呈黄色说明火焰的热效率较低，此时应适当开大风机，将火焰颜色调整到蓝色。

（4）尽可能使用底面较大的锅或壶。因为底面大，炉灶的火可开得大些，锅的受热面积大，同时灶具的工作效率也高。

（5）烧热水时，尽量利用热水器。烧等量的水，热水器要比炉灶节能约1/3，同时还能节省时间。

（五）控制广告费用

餐饮企业为了扩大影响力，提高营业额，常常会采取广告促销的方式吸引顾客。广告的形式多样，费用也各不相同，如在电视、广播、报纸等媒体中推出广告，成本会比较高，较适合大型餐饮企业；而通过向行人发放宣传单、优惠券等形式推出广告，成本会比较低，较适合中小型餐饮企业。

（六）折旧费

折旧费指固定资产在使用中，按固定资产额及其折旧年限，计算出的每年应分摊的费用。例如，空调最好是三年就需要更换，否则维护费用很可能超过其本身价值。对于设备的折旧费，餐饮企业常采用直线折旧法进行计算。

直线折旧法又称平均年限折旧法，是按照固定资产的可使用年限，每年提取同等数量的折旧额，这种方法假设固定资产在整个使用期内各阶段的损耗完全一致，因此计算出来的结果往往与实际情况存在差距，但是这种方法计算简单，在餐饮业中使用得比较广泛。

（七）控制停车费

停车场是供顾客停车的场所，一般会收取顾客停车费，许多餐饮企业抓住顾客不想付停车费的心理，纷纷打出就餐免费停车的广告来揽客，此时停车费便需要餐厅来支付。

当餐饮企业有自己的停车场时，只需要安排保安员进行管理维护即可，无须支付额外停车费；当餐饮企业租用停车场时，需要与停车场达成协议，由餐厅为顾客统一垫付停车费。餐饮企业应根据实际情况，决定是否提供免费停车服务，不可为了揽客，过度增加运营成本。

（八）停车场常见问题及其处理

停车场中经常会发生一些摩擦碰撞或偷盗事件，餐饮企业在提供免费停车服务时，还需要做好应对这些事件的各项措施。

（1）停车场出具的收款收据上应印有"车辆丢失风险自负，停车场概不负责"的声明，做出风险警示（停车风险警示是符合我国《消费者权益保护法》规定的。该法第十八条第一款规定："经营者应当保证其提供的商品或者服务符合保障人身、财产安全的要求。对可能危及人身、财产安全的商品和服务，应当向消费者做出真实的说明和明确的警示，并说明和标明正确使用商品或者接受服务的方法，以及防止危害发生的方法。"据此规定，经营者在提供安全服务的同时，还应对可能发生的危害做出明确的警示）。

（2）停车场入口应设立大型警示牌，此牌应相当醒目，让车主一眼就可以看见。内容可为提示其保管好贵重物品，特别是现金等。

（3）在停车场中，安装一定数量的摄像头，并在保安室与值班经理办公室接入对应的显示端，做好停车场安全监管工作。

（4）若发生摩擦碰撞或偷盗事件，餐饮企业应咨询当地有关法律部门，在保证顾客权益的情况下，将餐饮店的损失减少到最低。

四、控制餐具损耗成本

为规范餐具的日常使用，减少餐具破损与无故流失，餐饮企业在管理时需要注意以下几点。

（1）在收餐和运送餐具时，玻璃器皿与瓷器等需按类别及大小分开放置。

（2）在托盘中摆放餐具时，大的、重的要放在里面，小的、轻的要放在外面，严禁不合理堆积，以免发生滑落、摔掉现象。

（3）同类餐具尺寸大的放在下面，小的放在上面。

（4）清洗时，各种杯具可放在相应的杯筐中，小件餐具如汤勺、筷子、筷架、刀叉等，可放在平筐中。

（5）清洗餐具时，动作要轻。

（6）金银器除日常清洁外，每月月初需要对其进行保养护理。

（7）服务员清洗自身负责的餐具时，要即冲洗即取回，减少破损，如有损耗需照价赔偿。

第七章 餐饮行业厨房管理

第一节 厨师长的个人管理

一、厨师长自身修养

厨师长三件宝：德高、艺高、知识好。

厨师长是厨房的高层管理者，其责任之大不言而喻，因此对其素质要求也相对高一些，具体来说有以下几个方面。

要求一：良好的品行

作为一位优秀的厨师长，最重要的就是要有良好的品行，高尚的职业道德。很多优秀的厨房高层都一致认可厨德的重要性，并身体力行。鲁菜大师崔义清先生曾说过："从艺的人讲究艺德，习武的人讲究武德，从厨的人要讲究厨德。"崔老先生先后收徒十几人，始终坚持"传艺靠授德"的思想，并一直叮嘱徒弟们要树立"学厨先学做人"的观念。

良好的品行主要体现在以下几个方面。

（1）有好的人品。例如，尊重员工、办事公道等。

（2）具有强烈的事业心和责任感。

（3）遵纪守法，廉洁奉公。

（4）忠于企业，热爱本职工作。

（5）工作认真，实事求是，顾全大局，团结协作，讲究效率。

要求二：良好的知识水平

餐饮行业的逐步完善，对厨师长要求也越来越高，要求他们要具有良好的知识水平。当然这不是先天具备的，而是靠后天的学习，要在实践中不断总结。知识水平主要体现在以下两方面。

（1）业务知识。

如熟悉原料，懂得营养卫生，懂食品库房管理，懂成本核算，知道一定的饮食文化，了解安全生产知识，了解本专业的发展动态，掌握计算机的基本知识等。

（2）熟悉食品卫生法、消防安全管理条例；了解餐厅的规章制度。

要求三：较强的工作能力

作为一名优秀的厨师长，应尽可能让自己具备以下能力。

（1）执行能力。

厨师长的执行力意味着：一是当你想到一个主意时，应当去寻觅实践的理由，而不是去琢磨不做的理由；二是当上司安排任务时，尽自己最大的努力，以"只为成功找方法"的精神去做好；三是让自己所带的团队具有执行力，能较好地完成厨房工作。

（2）组织协调能力。

能比较合理地调配厨房的人力、物力和财力，善于同有关部门沟通。

（3）计划与实施能力。

计划你的工作以及做好你计划的工作。

（4）创新能力。

组织创新菜品，保持公司出品的竞争力。

（5）激励能力。

有号召力，并能区别不同层次、类型的员工，针对不同员工进行有效的激励，形成团队合作风气。

（6）发现、解决问题的能力。

善于在错综复杂的矛盾中发现并抓住主要矛盾，对突发事件有果断从容的应变和处理能力。

（7）比较良好的文字与口头表达能力。

能熟练地撰写工作报告、总结和各种计划与意见。

要求四：良好的身体素质

俗话说"身体是革命的本钱"，没有好的身体很难做好工作。因为厨房的工作一般比较繁重，工作时噪声也比较大，同时还需要主管有充足的精力进行管理。因此，需要由体魄强健的人担任厨师长，以胜任工作。为了有好的身体，基本的方法是注意合理饮食和适当锻炼，保持积极的心态。

要求五：有上进心

要虚心好学，不断提高自己的业务知识和技能。作为一名厨房管理人员，只有不断提高自身素质和专业技能，才能使自己立于不败之地，保持长时间的优秀。

要求六：积极的工作态度

某知名餐饮企业的员工手册中有这么一句话："你的态度很重要，你的态度积极，全体亦然。"对主管来说，这句话的力量更为明显。厨师长应以一种自信、热情的态度投入工作。

要求七：有创新精神

时代在飞速发展，菜品的竞争千变万化，餐饮酒店在竞争中要想立于不败之地，就要有创新菜肴、把握和领导潮流的勇气和能力。通常厨师长在创新方面的工作如下。

（1）根据季节的变化，与厨房主要管理人员及技术人员一起研究出季、月、夜色菜品。

（2）根据季节的变化、人们的口味特点，与行政总厨一起不断研制一些新的菜品。

（3）敢于创新一些顾客喜欢的风味独特的菜品。

要求八：善于培养、训练员工

作为主管，不但自己要有能力，还要把自己所带的团队成员培养、训练成为合格的、优秀的员工。强将手下无弱兵，你是否是一个优秀的主管，从你带领的团队就能看出端倪。如果你是一个优秀的主管，那么你带领的团队也一定是优秀的。

二、厨师长的员工管理

作为一名后厨的高层管理人员，如果想取得成就，单凭个人技能和知识是不够的，还需要一个强有力的厨师团队的配合，这样才能做出一份成绩，成就一番事业。一个成功的厨师团队要求每一个员工都具备良好的素质和技能，团结一心共同进取。练就一支优秀的厨师团队，管理者需要做到"六多""二少"，让员工具备"四心"。

（一）厨房管理者要做到"六多"

1. 多表扬

这里说的表扬是指当众表扬。对于遵守纪律、眼中有活、任劳任怨、不计得失、刻苦学习、努力提高职业技能和文化修养的员工，应当点名表扬，给予肯定，树立榜样，让员工在相互学习与竞争中成长。

2. 多鼓励

好的管理者应懂得如何给不同层次的员工制定不同的目标，施加压力。有压力才会有动力，但是光有压力是不行的，还要多鼓励。员工在工作中难免会遇到困难与挫折，这时管理者要给予他们更多的支持与鼓励，帮助他们在工作中吸取经验教训，求实创新，做出成绩。

3. 多关爱

人性化的管理能拉近管理者与员工之间的距离，建立良好的工作氛围，提高团队的工作效率。当员工遇到问题影响工作时，管理者不能一味责备，而应从实际出发给予帮助，使其全心投入工作中。一个充满关爱的团队才是一个具有凝聚力的团队。

4. 多承担

每个部门的负责人如同一个家庭的家长，当员工因工作失误被顾客投诉时，要先出面把问题解决，努力把损失降到最低，然后再回家关起门批评教育员工，帮其认识正确处理问题的方法。当员工出现差错受到上级领导的责怪时，部门的负责人一定要敢于站出来承担责任，把问题处理好，回过头来再对员工进行批评教育。这时员工对领导已经由佩服变成信服，教育工作比较容易开展。

5. 多发掘

要发现员工的闪光点，增加他们的自信心，克服自卑心理。自信是成功的基础，每个人都有各自的优缺点，如果能发掘其优点，将其安排在最适合的岗位上，必定能最大限度地调动其积极性，达到最佳的工作效果。

6. 多机遇

对于有能力和工作出色的员工，要提供展示才华的舞台，给予其成长的空间。把机遇提供给有能力的员工，还要顾及能力相对较弱的员工，不要给他们太大的精神压力，否则会造成不良影响。适当的鼓励与赞美，往往事半功倍。

（二）厨房管理者切记"二少"

1. 少批评

"人非圣贤，孰能无过。"员工在工作中出现错误，身为管理者应当帮助他们分析问题，找出根源，加以指教。要以帮助为主，批评为辅，教育员工知错就改，过多的批评会挫伤员工的积极性，甚至会令员工不敢面对错误，推卸责任。

2. 少责骂

员工工作上出现了问题，切勿责骂。人都是要面子的，批评不是光彩的事，最好私下解决，否则很容易令员工产生厌恶和逆反心理。对员工要严格要求，赏罚分明；要处理得当，奖罚适度。

（三）帮助厨师建立"四心"

1. 信心

拿破仑曾说过："不想当将军的士兵不是好士兵。"相信谁都不甘心一辈子处于最底层，都想向高处攀登，但实际攀登起来往往信心不足。原因一是技艺不佳，二是经验不足。这就需要管理者为员工打气，教其技艺，授其经验，树其信心。

2. 恒心

面对工作压力和艰苦环境，很多厨师不能坚持到底，往往盲目转行，最终转来转去只会一事无成。人应当干一行，爱一行，专一行。厨师这一行没有一二十年工夫是打不下坚实基础的。成功需要恒心，要坚持不懈，努力钻研。"不经一番彻骨寒，哪得梅花扑鼻香！"

3. 耐心

闻道有先后，术业有专攻，不管年龄大小、地位高低，教人一个小技巧就是"师父"，学人一个小窍门也算是"徒弟"。作为"徒弟"，要有"不达目标誓不罢休，打破砂锅问到底"的决心。作为"师父"，要有不厌其烦、诲人不倦的耐心。相互学习，才能共同提高。

4. 虚心

"虚心使人进步，骄傲使人落后。"道理大家都懂，但并不是人人都能做到。人有了本事，傲气往往随之而生。这种傲气会使人满足于现状，停滞不前，而人生却如同逆水行舟，不进则退。如果能不断克服骄傲自满情绪，那么成功就离你不远了。

三、10 个指标考核厨师长

如何有效加强对厨务部系统的管理控制，是做好厨务管理工作的重点。既要允许厨师长有相对的管理自治权力，又要保证厨务部必须围绕餐饮部制定的总体方针、指导思想来开展工作。

厨务部对厨师长的管理督导是从 10 个指标来进行综合考核评定的。这 10 个指标基本涵盖了厨师长日常管理的各个方面，比较系统全面。

从激励方式上看，要采取奖多罚少的原则，目的是激励先进，鞭策落后；以强带弱，共同进步。

从操作的可行性来看，也并不复杂，只是在厨政的日常工作中做好相应的记录即可。年底通过汇总即可评定厨师长的日常管理水准。下面，逐一给大家进行简单的讲解。

（一）人员流失

厨房员工的流失与厨师长的管理是分不开的。厨师长能否打造出一个积极向上、努力敬业的团队，能否保持员工的稳定，对企业的发展有很重要的推动作用。尤其是一些重要骨干员工，他们的流失会直接影响菜品的质量。因此首先要将此项纳入考核的范围。

（二）人才培养

企业发展，人才大部分需要内部培养，这是一贯的做法，所以分店厨师长能够培养出多少优秀人才就显得格外重要了。但是，大家都有一个共同的心理，自己培养的员工都不愿意把其调往别的分店（除非是那些不好管理的员工），这给厨务部的宏观调控工作带来了压力和被动性。

要解决这一问题，使被动变为主动的最有效办法就是让各厨师长积极自愿推荐，促进各厨师长多花精力培养人才。只要厨务部下发通知说某分店缺乏某类人才时，各店能主动推荐，厨务部就算达到了目的。

数据的收集比较简单，分店人员有调动时，必须提交一份申请单给厨务部签字，以签字为准。考虑到人才的培养一直都是餐饮连锁的薄弱环节，所以只奖不罚。

（三）前厅评价

前厅和后厨的关系非常重要，为了方便前厅能将真实的顾客用餐情况、顾客满意程度、对菜品的特殊需求传达给厨房，厨房人员必须服从前厅的领导。在顾客投诉，前厅催菜、换菜等情况下，厨房必须第一时间配合前厅，将顾客放在第一位。私下前厅和后厨再进行问题分析和有效通畅的沟通。

厨房的配合决定前厅对后厨的评价。这项要纳入考核的范围。

（四）员工培训考试

为了引起厨师长对厨务部开展的各项培训考试工作的重视，有必要将此项工作纳入考核体系。员工或主管的考试平均总成绩将作为厨师长的成绩，这样一来，厨师长自然就会重视每一次考试，也就不会允许有人缺考，更不会允许有人不参加培训了。

（五）毛利率

整个餐饮行业的厨房毛利率都维持在差不多的水平。太高，就是暴利；太低，企业就没有盈利。厨房毛利率要想提升到很高的水平是一件很难的事情，但下降却很容易。因此，我们在管理毛利率时，通常使用"控制"两个字，控制的目的就是不让毛利率下降，毛利率不下降就等于成功。所以，如果厨务部毛利率提升，奖励分值自然就要高；反之，扣分也重。

数据的收集也比较简单，只需年底由财务提供各连锁店每月毛利率进行比较即可。

（六）出品稳定

每季度厨务部都要组织进行连锁店的出品抽查，抽查可分随机抽查和定向抽查，90分为及格分数线。因为季度检查是比较全面和公平公正的，因此成绩也具有权威性，适合评定考核厨师长的日常出品管理工作。

（七）菜品创新

厨务部每年推行全员创新活动，积极鼓励分店进行创新，这样能调动分店员工进行技术创新的积极性，同时也可以缓解厨务部创新的压力。分店厨师长要想获得绩效分数，就必然会主动组织员工共同学习、共同提高。前提是分店创新出的菜品必须经厨务部确认并在连锁店推广。

（八）管理执行

管理是厨务部的一个特色，应持之以恒地贯彻执行下去。每季度组织检查一次，主要以拍照取证的方式进行，因此考核结果更具有权威性。

（九）安全卫生

安全卫生方面也是考核厨师长日常管理的重要部分，考核的标准通过行政下发的通报来进行评分，比较有说服力。需要进行通报的基本上都是较大的责任事件，将此纳入考核内容也是必要的。

（十）综合管理

综合管理与部门之间的沟通，与前厅的配合，与营销部的支持都是分不开的。因此，月份、季度以及全年的营业目标是否达成等都应算作厨师长全年的综合考评。

第二节　餐饮厨房设计与施工注意事项

厨房的设计应以流程合理、方便实用、节省劳动、改善厨师工作环境为原则，不必追求设备多多益善。厨房设备多但不实用，不仅造成投资增大，而且占用场地空间，使厨房生产操作施展不开，增加不安全性，更没有必要一味追求气派漂亮，造型花哨。

现在餐饮企业里有三种情况：一是新建或改造厨房时，片面追求设计效果图整齐、买设备看样品只重外表，结果买回的设备板太薄、质太轻，工作台一用就晃，炉灶一烧就鼓，冰箱一不小心就升温。还有些设备看似新颖，功能超前，但真正的实用价值不高。二是不论自家饭店卖什么风味的产品，其设备都选配广式炉灶，认为只有这样的配备，厨房才是先进的。须知广式炉灶是与粤菜的烹调方法、成品特色相配套的。广式炉灶的总体特点是火力猛、易调节、好控制，最适合于旺火速成的粤菜烹制。可现在有许多经营淮扬菜、海派菜或者杭州菜的菜馆，也选配广式炉灶，着实使不少厨师为难。三是只要是提到改善厨师的工作环境，厨房要做到先进整齐，就无节制地扩大面积，拓展空间。不仅如此，还把偌大的一个厨房进行无限分隔，各作业间互相封闭，看不见，叫不应，既增加了厨师搬运货物的距离，又不便互相关照，更容易产生安全隐患。

因此，厨房的设计应紧紧围绕餐饮企业的经营风格，充分考虑实用、耐用和便利的原则。具体地讲，应在以下几个方面特别加以重视。

厨房的通风。不管厨房是选配先进的运水烟罩，还是直接采用简捷的排风扇，最重要的是要使厨房，尤其是配菜、烹调区形成负压。所谓负压，即排出去的空气量要大于补充进入厨房的新风量。这样厨房才能保持空气清新。但在抽排厨房主要油烟的同时，也不可忽视烤箱、焗炉、蒸箱、蒸汽锅，以及蒸汽消毒柜、洗碗机等产生的浊气、废气，要保证所有烟气都不在厨房区域内弥漫和滞留。

厨房的明厨、明档，是餐饮业发展到一定时期的产物。设计明厨、明档，至少要注意不应因此设计而增加餐厅的油烟、噪声和有碍观瞻的场景。有些只宜将生产的最后阶段做展示性的明厨设计，实在没有必要和盘托出。

厨房地面。厨房的地面设计和选材，切不可盲从，必须审慎定夺。在没有选择到新颖实用的防滑地砖前,使用红钢砖仍不失为有效之举。

厨房的用水和明沟。有许多厨房在设计水槽(水池)时,由于配备的设备太少、太小,使得厨师要跑很远才能找见水池,于是忙起来很难顾及清洗,厨房的卫生很难令人信服。厨房的明沟是厨房污水排放的重要通道。可有些厨房明沟太浅,或太毛糙,或无高低落差,或无有机连接,使得厨房或水地相连,很难做到干爽、清净。因此,在进行厨房设计时要充分考虑原料化冻、冲洗,厨师取用清水和清洁用水的各种需要,尽可能在合适的位置使用单槽或双槽水池,切实保证食品生产环境的整洁卫生。

厨房的灯光。餐厅内的灯光重文化,厨房的灯光重实用。这里的实用,主要指临炉炒菜要有足够的灯光以把握菜肴色泽;案板切配要有明亮的灯光,以有效防止刀伤,追求精细的刀工;出菜打荷的上方要有充足的灯光,切实减少杂草混入并流入餐厅等。厨房灯光不一定要像餐厅一样豪华典雅、布局整齐,但其作用绝不可忽视。

辅助设计是强化完善餐饮功能的必要补充。辅助设计,主要指的是在餐饮功能的划分上,既不算直接服务于顾客用餐、消费的餐厅,也不属于菜品生产制作的设计。但少了这些设计,餐厅可能会显得粗俗不雅,甚至嘈杂零乱;厨房生产和出品也会变得断断续续,甚至残缺不全。这些辅助设计主要有备餐间和洗碗间的设计。

备餐间是配备开餐用品,创造顺利开餐条件的场所。传统的餐饮管理者大多对此设计和设备配备没有引起足够的重视。因此,也出现了许多餐厅弥漫乌烟浊气,出菜服务丢三落四的现象。备餐间设计要注意以下几个方面。

● 备餐间应处于餐厅、厨房过渡地带。以便于夹、放传菜夹,便于通知划单员,方便起菜、停菜等信息沟通。

● 厨房与餐厅之间采用双门双道。厨房与餐厅之间真正起隔油烟、隔噪声、隔温度作用的是两道门的设置。通向两道门的重叠设置不仅起到"三隔"的作用,还遮挡了顾客直接透视厨房的视线,有效解决了若干饭店陈设屏风的问题。

● 备餐间要有足够空间和设备。

洗碗间的设计与配备。在餐饮经营中,可有效减少餐具破损,保证餐具洗涤及卫生质量,在设计时应处理好以下几方面的问题。

● 洗碗间应靠近餐厅、厨房,并力求与餐厅在同一平面。洗碗间的位置,以紧靠餐厅和厨房,方便传递脏餐具和厨房用具为佳。洗碗间与餐厅保持在同一平面,主要是为了减轻传送餐具员工的劳动强度。当然在大型餐饮活动之后,用餐车推送餐具,这也是前提条件。

● 洗碗间应有可靠的消毒设施。洗碗间不仅仅承担清洗餐具、厨房用具的责任，同时负责所有洗涤餐具的消毒工作。而靠手工洗涤餐具的洗碗间，则必须在洗涤之后，根据本企业的能源及场地条件等具体情况，配置专门的消毒设施。消毒之后，再将餐具用洁布擦干，以供餐厅、厨房使用。

● 洗碗间通、排风效果要好。无论是设置、安装先进的集清洗、消毒于一体的洗碗机的洗碗间，还是手工洗涤、采用蒸汽消毒的洗碗间，在洗涤操作期间，均会产生水汽、热气、蒸汽。这些气体如不及时抽排，不仅会影响洗碗工的操作，而且会使洗净的甚至已经干燥的餐具重新出现水汽，还会向餐厅、厨房倒流，污染附近区域环境。因此，必须采取有效设计，切实解决洗碗间通、排风问题，创造良好的厨房环境。

第三节 菜品管理

一、菜谱标准化管理

标准菜谱内容主要有：菜谱类别、烹调份数、菜品名称、净料成本、毛利率、售价、生产规程、关键工艺、器皿、装盘形式、成品要求、成品彩色照片等，以及主料、辅料、调料名称和数量。

所有新增菜和创新菜都必须先安排试做，并组织品尝、评价，经过改善，填写正式标准菜谱，厨师长、执行总经理或经营副总签字批准后投产。

标准菜谱是企业资产，是企业机密，由总办档案管理员统一管理，厨房按手续领用。

标准菜谱需制作3份以上，以需定量。

厨房以标准菜谱指导菜品生产，保证菜品质量，实现标准化管理。

（一）标准食谱的作用

标准食谱将原料的选择、加工、配伍、烹调及其成品特点有机地集中在一起，可以更好地帮助厨房统一生产标准，保证菜肴质量的稳定性。具体地讲，还有以下作用。

（1）预示产量。

可以根据原料的数量，测算生产菜肴的份数，方便成本控制。

（2）减少督导。

厨师知道每个菜品所需原料及制作方法，只需遵照执行即可。

（3）高效率安排生产。

制作具体菜肴的步骤和质量要求明确以后，安排工作时更加快速高效。

（4）减少劳动成本。

使用标准食谱，可以减少厨师个人的操作技巧和难度，技术性可相对降低，因此有更多的人能担任此项工作，劳动成本因而降低。

（5）可以随时测算每个菜的成本。

菜谱定下以后，无论原料市场行情何时变化，均可随时根据配方核算每个菜品的成本。

（6）程序书面化。

"食谱在头脑中"的厨师，若不来工作或临时通知辞职时，该菜品的制作无疑要发生混乱。将食谱程序书面化，则可避免对个人因素的依赖。

（7）分量标准。

按照标准食谱规定的各项用料进行生产制作，可以保证成品的分量标准化。

（8）减少对存货控制的依靠。

通过售出菜品与标准用料，计算出已用料情况，再扣除部分损耗，便可测出库存原料情况，这更有利于安排生产和进行成本控制。

当然，标准食谱的制定和使用以及使用前的培训，需要消耗一定的时间，增加部分工作量。此外，标准食谱强调规范和统一，使部分员工感到工作上没有创造性和独立性，因而可能产生一些消极态度等。这些都需要正面的引导和督导，以使员工正确认识标准食谱的意义，发挥其应有的作用。

（二）标准食谱制定与使用

（1）确定主、配料原料及数量。

这是很关键的一步，它确定了菜肴的基调，决定了该菜品的主要成本。不论菜品规格大小，都应尽力求精确。

（2）规定调味料品种，试验确定每份用量。

调味料品种、牌号要明确，因为不同厂家、不同牌号的质量差别较大，价格差距也较大。调味料只能根据批量分摊的方式测算。

（3）根据主、配、调味料用量，计算成本、毛利及售价。

随着市场行情的变化，单价、总成本会不断变化，因此第一次制定菜品的标准食谱时，必须细致精确，为今后的测算打下良好基础。

（4）规定加工制作步骤。

将必需的、主要的、易产生其他做法的步骤加以统一规定，并可用术语，精练明白即可。

（5）选定盛器，落实盘饰用料及式样。

（6）明确产品特点及质量标准。

标准食谱既是培训、生产制作的依据，又是检查考核的标准，其质量要求更应明确具体才切实可行。

（7）填制标准食谱。

字迹要端正，要使员工都能看懂。

（8）按标准食谱培训员工，统一生产出品标准。

标准食谱一经制定，必须严格执行。在使用过程中，要维持其严肃性和权威性，减少随意投料和乱改程序而导致厨房出品质量的不一致、不稳定，要使标准食谱在规范厨房出品质量方面发挥应有的作用。

二、设计菜品组合

餐厅投入生产经营后，如何衡量或评价现有的餐饮产品、公众需求以及市场竞争？如何推出或放弃某些菜式品种，以适应市场的需求和满足顾客的口味呢？这就需要餐厅经营者对餐饮产品进行分析，并对市场与社会环境进行分析，以确定菜式产品的位置，不断改进，突出特色。

（一）切忌菜式与餐厅风格不符

俗话道："没有金刚钻，就别揽瓷器活。"对开餐厅的人而言，就是说如果真的条件不具备或者缺乏一定的实力，就别去逞强，别去做那种打肿脸充胖子的傻事情。试想一下，如果一间大排档式的食肆，出品的尽是一些精美而又高价的菜式，顾客受得了吗？顾客指望价廉实惠，结果却要多花钱。相反，一家装修豪华的高档餐厅，要尽量少采用很一般的菜品。如果菜品的组合和搭配没有与餐厅经营的风格相吻合，那么餐厅和顾客都得不到应有的好处。餐厅有可能赚不到应有的生意利润，顾客也不满意。由此可见，菜品项目一旦与餐厅风格不协调，是吃力不讨好的。所以，选择菜品组合要十分慎重。

经营品种的组合通过菜单反映出来，没有统一的模式，但有一些共同的原则必须遵循。

1. 菜品项目要满足目标顾客的需求

菜品组合要能体现餐厅的经营宗旨，而经营宗旨则要迎合某一目标顾客群的需求，所以组合后的菜品项目要满足目标顾客群的需求。如果餐厅的目标顾客是收入水平中等、喜欢吃广东菜的群体，则应选择一些中档粤菜进行组合，其他杂七杂八的菜品不要选入菜单。

2. 菜品项目与总体就餐过程相协调

选择组合菜品时，应消除菜品越精细越好的错误观念，所组合的品种要与餐厅的风格档次相适应。一家装修豪华的高档餐厅，不能只用普通菜品进行组合；相反，一家简朴的大排档，则不能只出一些高价精美菜品。

3. 品种不宜过多

一家好餐厅，在菜品组合时所选用的品种数量应能保证供应，不应缺货，否则会引起顾客的不满。但是品种数量不宜过多，过多的品种将意味着餐厅需要增加成本。如库存、生产设备、人力技术等。

4. 选择毛利较大的品种

菜品设置的最终目的是扩大销售，获得预期的利润。所以必须考虑每一菜品的成本、销售情况和获利能力。一般说来，我们选择的菜品其销售及获利能力不外乎有3种情况。

（1）既畅销利润又高。此类菜品是最好的，必须作为菜品组合的核心。一般包括看家菜、拿手菜、特色菜。

（2）虽畅销但利润低。此类菜品属薄利多销，一般是大众菜品，也是许多中小餐厅菜品组合的基础。但要注意成本与利润之间的对比情况，确保有利润可图，否则就失去了选择的意义。

（3）不畅销但利润高。此类菜品一般是一些名菜、传统菜，代表餐厅的档次，虽然销量较小，但利润可观。

对既不畅销利润又低的菜品一般不列入经营品种行列，除非有特殊的理由。

5. 品种搭配要力求平衡

为满足顾客的选择，品种组合的面不应太窄，因此要注意下列几种平衡因素。

（1）每类菜品价格平衡：组合后的品种要有高、中、低档之搭配。
（2）原料搭配平衡：处理荤素、面食点心、水果、饮料等的搭配。
（3）烹调方法平衡：组合后的品种中应有不同烹调方法制作的菜品。
（4）营养平衡：选择菜品时要注意各种营养成分的菜搭配合理。

6. 品种要有独特性

独特性是指本餐厅特有而其他餐厅没有或者其他同类菜品比不上的某一类、某一个品种、某一种烹调方法、某一种服务方式等。如全聚德的烤鸭、某饭店的童子鸡、蘸水罗非鱼等。独特的菜品能突出餐厅形象，使餐厅具有与众不同之处而创出名气。这需要经营者具有创造性和想象力，但不能太离奇古怪，否则会使顾客产生畏惧心理。

（二）深思熟虑决定菜式品种

时下，丰富多彩的餐饮产品为餐厅经营者选择品种组合及项目提供了广阔的空间。

餐厅的经营目标，决定了餐厅的经营风格和路线。到底是经营某一菜系或地方风味，还是面面俱到？这需要经营者深思熟虑后决定。就目前餐饮行业看，中小餐厅经营品种主要有下列几个种类可供选择。

1. 只经营某一地方风味的菜品，保证餐厅的"纯洁""正宗"，突出餐厅鲜明的地域文化特色

餐饮市场竞争越来越激烈，顾客需求过于细分化，选择某一地方风味集中经营的餐厅越来越多，可视为当今餐饮业的一种发展趋势。中餐有八大菜系及各省各地区各民族风味，种类繁多；西餐有意、英、法、俄等风味；还有日本料理、韩国烤肉等，确定哪一类别，则应视市场需求而定。

2. 以经营一种风味菜品为主，兼营另一种受欢迎的风味菜品

如川鲁餐厅，以经营四川菜为主，兼营鲁菜中某些受当地顾客欢迎的菜品。

3. 经营风味不定，什么品种都有

这种餐厅可以满足顾客不同口味的需求，但一般都是档次较低的餐厅，许多大排档餐厅就是属于这种类别。

4. 经营餐厅时尚品种

随着人民生活水平的提高，消费结构、消费观念也发生了巨大变化，饮食时尚已成为城市居民日常生活的一部分。以当代顾客饮食消费心理为基础，经调查发现可供餐厅选择的时尚品种主要有以下几种。

（1）绿色食品走俏市场。厌倦了都市喧嚣和空气污浊的生活环境，现代都市人都在追求大自然的纯真和宁静。返璞归真、回归自然的心理反映在餐饮方面即表现为对绿色食品的极大兴趣。

（2）保健食品大受欢迎。中餐向来在营养搭配上有许多不足之处，现在观念变了，不但要吃饱吃好，而且要讲究营养。中华民族向来相信"药食同源"的道理，因此，众多带有药膳性质的餐厅颇受人们的青睐，选择经营保健食品不失为一种明智之举。

（三）打造招牌菜以确定优势

品牌是一个工具，一种展示形式，它对经营较好的餐饮企业有很大帮助。我们应该通过强调餐饮企业的品牌特点和优势来指导顾客的消费，从而确定餐饮企业的市场优势。以招牌菜来招揽顾客已成为业内人士的共识。

1. 招牌菜是餐厅引导顾客消费的风向标

推出一个品牌的过程，也就是让消费者对品牌识别和认同的过程。当品牌成为消费者心中的产品标志后，消费者便建立了对品牌的忠诚，就会常常根据品牌进行消费选择。餐厅建立了相对稳定的顾客群，并通过口碑效应扩大品牌的影响，从而达到促销的目的。优质美味的菜品既便于顾客重复消费，也便于企业争创名牌和赢得社会信誉。如某酒店推出的"香茅草烤鱼"，一年的营业收入就高达40多万元！

推出某一品牌后，这一品牌就是菜品和企业的象征。企业为了维护品牌和企业信誉，就要尽力保证菜品的风味特色和质量，不能偷工减料，降低质量，倒了自己的"牌子"。品牌具有排他性，经注册登记后，就受到法律的保护，严禁他人使用，从而保护了企业的利益。

消费者常常根据品牌选择菜品，这就会使企业更加关心品牌的声誉，加强质量管理，强化创新意识，这些都有助于树立企业的良好形象，丰富菜品的文化内涵，并形成品牌经营的良性循环。

2. 招牌菜是餐厅增强自身竞争力的法宝

品牌的竞争力体现在它的价值上，品牌的知名度越高，品牌的追求者就越多，其价值就越大。品牌的价值增强了企业的竞争力，同时也为竞争对手设置了进入同一市场的障碍。随着市场经济的发展，餐饮企业通过自己的产品品牌，尤其是消费者熟悉认可的名牌产品如北京的全聚德烤鸭、东来顺涮羊肉，天津的狗不理包子等，争取较高的市场占有率，增强市场竞争能力，有效地占领市场。同时，餐饮企业应推出适应市场需求的高质量的品牌产品，在产品质量高的基础上，形成合理的经营规模；以品牌求发展，使企业成为能影响并带领整个行业发展的龙头企业。

（四）反常规设计与众不同

在当今餐饮业"人有我有，人无我有"的市场竞争中，不少经营者已深谙"特色"两字的分量，不约而同地在餐厅的布局、装修和菜品等方面创造和经营出具有鲜明个性的特色。有的花了心思和资金成功了，有的同样花了心思和资金却并未成功。不成功的原因有很多，但其中最主要的一条就是，没有摸准市场的口味和自己的与众不同之处，并将这两者有机地整合起来。

1. 逆向思维，摸准顾客心理

众所周知，一个餐厅要想赢得回头客获得长久发展，特色菜是必不可少的。凡是到过大连龙海楼的顾客都知道，大连刀鱼、辣拌小赤贝等菜是龙海楼的特色菜，几乎每桌都少不了。有许多回头客，甚至每次都点大连刀鱼这道菜，使它成为龙海楼名副其实的"拳头菜品"。也许有的消费者感到不解：大连刀鱼这道菜在东北非常普遍，而且很多家庭都能做、都会做，选它做特色菜是不是恰恰失去了自己的特色？

其实，这正是菜单设计的独特之处。试想，一道大家非常熟悉的菜，如果能做出与众不同的口味，那么大家凭自己的经验就可以辨别出这家饭店的经营管理和厨师手艺肯定非同一般。这样，他们会因自己的"亲身体会"而认可、接受并进一步喜欢这个店。经营者是紧紧抓住消费者的这一思维定式，故意将消费者都熟悉而其他饭店经营者不屑一顾的最普通的菜肴，设计成自己的特色菜推出，使其在消费者心目中形成"厨师水平高，最普通的菜肴都能做成美味佳肴，其他菜就更不用提了，所以要吃好菜还是到这家店"的消费意识。从而使消费者对饭店的好感进一步发展成对饭店的忠诚。

2. 精心打造，力求经营独具特色

怎样才能将"大连刀鱼"做出与众不同的口味呢？经营者首先分析了原料的品质，一般酒店和家庭中做这道菜时都采用市场上出售的冻刀鱼，这种鱼虽然价格便宜，成本低，但品质也大打折扣。消费者吃"海鲜"不就是图一个"鲜"吗？如果原料本身的"鲜"荡然无存，那么厨师水平再高、技术再好，也做不出人们心目中的"好口味"来。因此，龙海楼的经营者认为，要想将"大连刀鱼"做成特色菜，就必须放弃一般的低质原料。为此，他们每天派专人到大连海边采购刚刚捕捞上来的新鲜刀鱼。有了这么新鲜的原料，再加上厨师高超的烹调技艺，所以龙海楼的大连刀鱼一经推出，便在消费者中引起强烈反响。其味道之鲜、肉质之嫩、口感之爽，让他们怎么也想象不出厨师水平为什么这么好？自己在家里、在其他酒店吃过无数次，为什么都没有吃到这么好的"大连刀鱼"呢？

3. 奇兵制胜，赢得红火经营

"大连刀鱼"不但味美而且价廉，从表面看，这一道菜似乎是卖得越多赔得越多。但正是这一道颇具特色的招牌菜吸引了顾客，带动了酒楼其他菜品的销售业绩，使整个酒楼的利润一路攀升，效益大幅度提高。这就是经营者以特

色意识经营菜品的高明之处。

三、菜品创新管理

随着消费者的口味不断变化，餐饮市场竞争也日趋激烈，这也促使越来越多的餐饮企业将菜品开发作为增强自身竞争力的重要手段。迫于这种压力，和其他种类企业一样，酒店也必须每隔一定周期就推出若干新菜品以吸引顾客。

往往在一段时间内，大大小小、不同档次的餐厅都推出了各式各样的"创新菜""新派菜"，虽然其中不乏精品，但鱼龙混杂，不伦不类者不在少数。

"菜品开发"是当前时髦的一句话，但如何正确理解菜品开发、有哪些开发思路、开发过程中应注意哪些问题，却是仁者见仁，智者见智。笔者对开发新菜有自己的心得，希望可以给大家一些启发。

（一）浓香浓味——思路是前提

每次开发新菜时，都应紧紧围绕"研发思路"这一基本前提展开，顾客才是酒店的上帝，只有让他们吃得"口服"，研发的新菜才算成功。

例如，在某城市一家餐厅，除了夏天以外，在其他三个季节里，浓香浓味的菜品颇对顾客的味蕾，但是注重色泽的粤菜和味浓但色泽不太好的川菜好像并不太受欢迎。

经过长期的考察和打探，经营者总结了当地人对菜品的几点挑剔：其一，口味是第一。菜品装盘可以不美观，酒店服务可以稍微怠慢，但是菜品的口味必须浓香，只有这样顾客才会下决心留下来消费。其二，色泽搭配好。本地人尤其在意菜品的红、黄、绿等的色泽搭配，他们认为色泽关系到菜品的营养成分。色泽搭配得越好，菜品的营养价值就越高，顾客就比较倾向于选择这样的菜品用餐以确保自己的饮食健康均衡。于是确定好了近期开发新菜的大思路：以浓香浓味为主，适当搭配清淡菜品。

然而，仅仅了解当地人的口味和就餐心理还远远不够，开发新菜的思路因为太过于广阔而有时无从下手。因为"浓香浓味"的概念太过于模糊，更是因为有太多的选择而显得更加茫然，所以无法确定更进一步的开发计划。下一步要解决的就是这一系列的难题。

（二）以人为本——思想是基础

对于菜品开发人员，首先应要求其具备专业的公正性和客观性，所以，在菜品开发上要一直严格贯彻"以人为本"的思想。这里所指的"人"，着重指的是消费者。因为很多厨师很不自然地将自己的个人口味、消费习惯和审美情趣带入所开发的菜品中,这样就远远偏离了菜品开发创新的根本目的——满足消费者日益提高和改变的消费心理和消费习惯。

在浓香浓味这一大思路的前提下,坚持在"以人为本"的思想下开展工作。为了收集消费者更直接的信息,同时也为了解决上述难题,专门设计了"菜品销售统计表",其中包括菜名、当天销售的份数、当天的销售额、占总营业额的比例和厨师姓名等几项内容。每月都在固定的时间将这个表格打印出来分发到各个分店,由分店的厨师、服务员、营销员等有关人员协助销售部门做好登记情况,并于每一天的晚上下班前将所有资料汇总到集团总店,然后由总店统一将销售情况输入电脑,并实现菜品销售排行,制成"餐饮销售查询(按单品)表格",以方便查询和总结菜品总的销售情况。由电脑制作表格除了必须要填写清楚统计的开始时间和结束时间以外,还要注明类别和店名。然后就是根据此表格中体现出来的、排行在前十几位的菜品,更进一步地缩小研发新菜的总体思路。

以"石锅带皮牛肉"为例,它在某分店的销售情况一直不错。尽管这份菜价位是78元,属于相对比较高的价格,但是每天都有40份左右的销量,销售额排在前列。于是在改良的基础上继续推出,并且还另外增加了石锅系列,总体营业额很高。

(三)烧烤和泡菜——季节性是重要因素

季节性是创新开发新菜尤为重要的因素之一。不同的季节,顾客有不同的口味偏爱。比如,夏天天气炎热,偏爱清淡;冬季天气寒冷,钟情浓香等。

除了要考虑顾客的饮食习惯以外,还要考虑到原材料也会随着季节的变化而变化。有的原料适合春天采摘,而有的原料则需要秋天就开始提前准备,以确保全年开发新菜有目的,有保障。

每年的秋季,提前准备好冬天需要的山萝卜、山辣椒、干鱼、干肉以及干豆角等原料备用,并开始设计研发冬天要推出的新菜以及创新菜。如某企业根据餐饮销售排行榜以及考察到的一些可靠有用的信息,决定冬天推出自制烧烤系列和泡菜系列。其中烧烤系列中比较典型的有牦牛肉等,用烤炉烧烤自制的牛肉口味。选用40元/斤左右的10斤牛肉,烧烤前用自制的酱汁以及鲜辣椒将牛肉腌制,制作过程中边烤边撒自制的辣椒粉、孜然粉。此类菜品口感外焦里嫩,色泽为酱红色,并有浓香的孜然味,还有浓浓的辣椒可以解寒,很适合在冬天推出。而泡菜系列,包括山白菜小炒肉、酸萝卜小炒黄牛肉等多种菜品,重在体现酸酸甜甜的味道。每年冬天这些菜都很受当地人的欢迎,可以给酒店带来不少的利润。

（四）笋当配料——原料上做文章

要想做到菜品真正的创新，还要在原材料上做文章，要把原材料的思路放开，做好原料创新。某企业在原料使用上一直坚持以本地原料为主，全国各地特色原料为辅的方针。餐厅1年12个月中每月都有7天要研发菜品，并派采购员一起外出考察，边考察边总结，遇到好的原料随时发货，开始使用新原料和开发推出新菜。

比如，采购员到某地考察，发现那里的笋特别多，口味特别好，还有一点脆。再加上本地人基本上都没有见过这种东西，所以考察一番后决定将笋作为开发新菜的配料，主要突出它的甘和脆。继而推出了烟笋小炒肥肠等特色笋系列菜，效果非常好。每天都能卖到60份左右，点菜率极高。

笋做配料时，在添加了味精或鸡精之后，尽管菜品会很鲜，但是却少了笋原本的味道。所以，便用老母鸡或者排骨炸焦后煨制的鸡汁或排骨汁做汁以保留笋的原味。就拿烟笋小炒肥肠来说，肥肠干炒后，锅内放入切好的烟笋细丝（提前泡好），加自制鸡汁或排骨汁翻炒即可。笋因为吸收了肥肠里的油而变得更香，肥肠也不再油腻得无法入口。清香、家常口味、呈现酱油色，很符合当地人浓香浓味的偏好。

（五）告别味精——口味上巧算计

人们越来越爱惜自己的身体，提倡不吃味精、鸡精等调料，不放色素。所以某餐厅也启动告别味精的计划，开发菜品和创新菜品时不放味精、鸡精等调料，杜绝色素，重点突出菜品的本味，而非调料的味道，迎合了当地人的口味。

为了确保菜品的味道，该餐厅从农村采购土生土长的老母鸡，熬制鸡汤或鸡汁来代替市场上销售的鸡精、鸡汁。这样做出来的菜品不仅有增鲜的效果，更重要的是提高了菜品本身的营养价值，很受顾客的青睐。比如，蟹仔豆腐，将红色的蟹仔和白色鲜香的嫩豆腐组合在一起，全部用自制鸡汤煨制，豆腐爽嫩，蟹仔红亮色泽好，价位在46元左右，每天每个分店能够卖到40份左右，点菜率也很高。

除此之外，该酒店还在口味上做出了自己的个性，即开发出以香椿土灶菜为主的煨罐子系列，不勾芡，不放色素，不放辣椒酱等酱料，仅仅用酱油调味和调色，全部用炭火焖制。上午上班前就把炭火点好，将菜品准备好，慢慢地焖制2小时左右，顾客点菜时即可直接上桌。菜品是家常菜，价位也定在了中低档，为40元以下，每天每个店能卖到80份以上。

（六）鱼缸上桌——装盘妙设计

菜品开发，是指对构成菜品的各个要素，如原料、制熟方法、调味手段、成形美化、文化包装等其中一个或几个方面进行变革、创新，从而形成一道较有新意的菜品设计制作过程。所以，在做好其他一切准备后，某酒店还在装盘上下了一番功夫。凡是虾类菜品，都会将虾等摆在平盘上，然后将平盘放在鱼缸的上面，菜品连同鱼缸一起上桌。鱼缸内通常会养上一两条小金鱼，并且养满花草和水藻，充分突出动感，饭桌上也有了不少的情趣。

四、菜品开发的程序

目前许多厨师在菜品开发时，往往不清楚从何处入手。因此，笔者根据自己的经验，向大家介绍一套菜品开发的程序。按程序进行操作，每一个步骤、每一个环节就清清楚楚，这样，菜品开发就容易成功多了。

（1）确定将要开发的对象，如采用新原料、新调味料，以及确定烹调方法、菜品外包装等。

（2）设计出成菜效果（成菜标准），其内容应包括色泽、质地、味型、刀工形状、盛器、装饰效果以及成菜汁水的多少和是否勾芡等，最好还能增加菜品的营养指标。

（3）按成菜效果制定出工艺流程，并且确定出关键工序。

（4）按制定好的工艺流程操作，要求在初试阶段基本达到预期效果。对关键技术参数，如原料配比、油温等参数尽可能量化，以便为以后的规模化、批量化、标准化生产打好基础。

（5）新菜开发出来后，应在小范围即专业人员范围内征求意见。

（6）将试制好的菜品在小范围内推荐给顾客，并收集意见。

（7）根据收集整理出来的意见，做适当的调整或改进。

（8）最后针对成型菜品的特点，给菜品以准确的命名，并进行恰当的包装。

第四节　生产流程及质量管理标准、考核

一、质量管理标准

（一）综合质量管理

（1）建立质量管理标准、标准菜谱等标准化管理制度。

（2）菜谱要由专人设计，集众家之长（要经常到其他酒店学习、交流、取经），对每道菜品都要进行认真分析，确保每道菜品都能适合顾客口味，被顾客称赞。

（3）菜谱设计后，厨师长要会同有关人员对每道菜进行工艺确定，包括对价格、投料标准、口味、颜色、装盘、容器等提出质量标准。

（4）菜谱最长一季调整一次，菜品更换率在30%以上。宴会菜谱按标准人数和消费金额分类设计打印，在餐前（中餐11点半，晚餐17点半，夜宵上班后15分钟内）做好准备。

（5）所有菜谱都要按照标准菜谱标准模式建立档案，厨师长主持撰写，交总办统一归档管理，厨房使用时借阅。

（6）任何创新菜品都要建立在对市场的深入调研基础上，经试做后，按规定程序报批后方能推出。更换、新创菜谱的审批权限在执行总经理或经营副总手中。新菜品的推出要填写《当日菜品信息通知单》通知餐厅，并对餐厅做好新菜品的培训工作。

（7）厨房每道工序均要求按岗位责任量化出工作标准，由厨师长或其他考评人按标准进行检查考核，结合每人当日工作状况填写《厨房生产质量评价表（日）》，对工作质量进行评价。

（8）所有厨师上岗前，必须经过实际操作考核，由执行总经理或经营副总、厨师长、人事主管共同参与考核。

（9）厨师长及有关人员每周至少一次随采购部考察市场，及时发现挖掘新、奇、特原料和货源，不断更新菜品。

（10）厨房生产要严格按岗位分工，职责明确，责任到人，严禁擅自越岗操作。如学员及非炒菜人员严禁上灶炒菜；蒸品调口要由专职厨师负责等。

（11）设置菜品质检员（厨师长兼），负责菜品质量检验把关工作。

（12）每餐的缺菜不准超过4种，否则要申报，填写缺菜记录，并追究责任。

每日或每餐缺菜要填写《当日菜品信息通知单》，及时通知餐厅。

（13）厨房人员要严格执行《食品卫生法》，出现食物中毒现象，由责任人和厨师长共同负责，并承担因此造成的经济损失。

（14）餐厅派专人，每天每餐到桌征求顾客意见，并填写《顾客评议菜品反馈表》，一式两份，报执行总经理或经营副总一份，并由其签署意见后及时反馈给厨师长。

（15）厨师长及厨师要经常到前厅了解顾客对饭菜质量的反映，并坚持每周有3次看台，每次不少于3桌，且做好看台记录，填写《饭菜质量评议表（厨房）》，一式两份，每周报执行总经理或经营副总一份。

（16）餐厅经理、厨师长在每天例会上要讲评头一天餐饮部反馈意见和看台情况。

（17）厨师长在每周经营会向执行总经理或经营副总述职时，汇报第14项和第15项的调查结果。

（18）设立退菜榜和表扬榜。鼓励员工钻研业务，创新菜品，厨房成立"菜品创新小组"，每月进行一次创新菜评选活动，凡多次受到顾客好评的菜品及优秀创新菜品，给予50~200元的一次性奖励，并上榜表扬。凡因人为质量责任造成的退菜都要上榜公布，并按菜品售价的30%赔偿，由厨师长（质检员）开具单子，执行总经理或经营副总签字后交财务执行。

（19）酒店每月举行"质量标兵"评选活动，召开颁奖大会，发奖、戴花，并展示标兵照片。

（20）酒店每季举行一次技术比武，酒店成立由执行总经理或经营副总、厨师长、人事主管等组成的考评委员会，由人事主管牵头，考评结果作为员工晋级依据。

（二）原料领用、保管质量管理

（1）严把原料进货质量关，厨师长在每日进货一览表上签署原料质量检验意见。

（2）每周经营会上，采购负责人、厨师长、餐饮部经理要就原料问题向执行总经理或经营副总述职，对出现的问题及时处理解决。

（3）厨房原料储备量要合理，防止变质，从进货到使用原则上不得超过3天。发生存货变质情况，由当事人承担赔偿责任，并将有关情况如实申报，严禁私自处理。

（4）厨房各冰箱管理责任要落实到人，专人负责（兼职），挂牌上岗。食品要分类存放，全部原料要注明进货日期。

（5）存放时间超过3天的原料要及时报告厨师长，抓紧出菜，填入《当日菜品信息通知单》，通知餐厅推销。

（6）冰箱每周至少要彻底清洗一次。

（7）保持环境、用具和个人卫生。

（三）水族箱质量管理

1. 开机前的准备工作

（1）水族箱是否渗漏，水族箱内水位是否平衡，滤水槽内水位是否在制冷管上10厘米（钛包不用），潜水泵是否潜在水中。潜水泵在工作时不应露出水面，以免长期无水（无法冷却）造成潜水泵烧坏或漏电，各种过滤材料是否填好，最下层是珊瑚沙，珊瑚沙上层是滤棉，滤棉一定要压紧。

（2）检查电源接点是否牢固，接线头是否遗漏在水中，以免漏电伤人。接通电源后，等待制冷机自动开启，制冷机每次停下后必须等待3分钟后方可开启（3分钟保护，有的压缩机带自动3分钟保护），压缩机工作一周后，检查继电器，压紧电线头。

2. 日常水族箱管理

（1）每天检查水位是否平衡，潜水泵是否潜在水中，滤棉脏污情况，每天清洗最上一层，清洗后四边一定要压紧。

（2）检查制冷机开机后运转是否正常，检查电源箱漏电保护器是否有效，将漏电保护开关合上，看潜水泵是否上水，如潜水泵工作正常且不露出水面，制冷管也不露出水面，上下水平衡，则打开充氧泵，检查充氧泵气泡是否正常。

当水温高于所需要的水温时，可调整温控器使制冷机开启。如果已达到需要水温而制冷机仍然工作，可将温控器向左旋转（电子温控器按使用说明调整），使制冷机关闭。温度调好后，不需要经常调整。

（3）经常检查制冷铜管是否锈蚀，发现锈蚀应立即更换，避免损坏压缩机（如用钛管则不必）。

（4）如发现漏电保护器断开，一定要检查是否有漏电的地方，不排除漏电因素不得开机。

（5）充氧机沙头应经常检查更换，如发现气泡不正常，需及时更换。充氧机安装必须高于水面，以免停电水倒流，造成短路烧坏充氧机。

（6）经常检查滤箱内珊瑚沙，发现脏污及时清洗，清洗最长间隔不得超过半年。

（7）新水族箱内因硝化细菌需用20天才能生成，所以在这期间不要换水，待硝化细菌生成后，水就会变清。

（8）死鱼死虾等要及时捞出缸，以免滋生细菌，污染水质，并及时报告厨师长，抓紧出菜，填入《当日菜品信息通知单》，通知餐厅推销。

（9）水族箱内不能养殖过多的鱼虾等。

（10）冷暖两用机，必须先开循环水，检查循环水是否正常，正常后才能加温或制冷。如循环水出问题，就会造成冷凝器烧坏或冻裂。

（四）原料粗加工质量管理

（1）粗加工要制定岗位质量管理职责，明确分工，明确工作标准。厨师长要不定期进行检查，落实管理责任。

（2）按提货单提取当日厨房所需的原料食品，注意产地、品种、数量、质量等符合需要。

（3）检查、鉴别原料是否符合质量标准，并有权拒收不合标准的原料。

（4）按涨发程序进行原料涨发，洗净泥沙，去掉杂物和内脏，检查各道工序涨发率。

（5）做好综合利用工作，减少消耗，加工好的原料要及时投入使用，暂时不用的要及时放入冷库储存。

（6）蔬菜类原料要去净杂菜、枯叶、泥沙、杂物，按照不同的要求去皮、筋、籽，并清洗干净。

（7）水产畜禽类原料宰杀时要放血、拔净水、去鳞和内脏、冲洗干净。

（8）需要拆卸的肉类原料，按照各档取料标准和需要，分别采用拆卸、削剔等方法取料。

（9）保证原料营养成分，尽可能先洗后切，减少存放时间，及时送往厨房各需处。

（10）保证工作环境清洁卫生。

（五）划菜质量管理

（1）划菜员分拣前厅下达的点菜单，每天餐前检查桌号夹子，避免放错位。

（2）根据冷菜、热菜、面点分开的原则，向厨房各处传达加工等信息。

（3）划菜员配好桌号（厅名）夹子，分送冷菜、热菜、面点。出菜时，划菜员再对应菜单核对，无误后做好记录，交付传菜员上菜。

（4）掌握上菜顺序、程序及节奏，保证先点先出、催菜优先原则。

（5）监督饭菜质量，不合格饭菜有权退回厨房。

（6）及时向厨师长反馈前厅提供的顾客意见。

（7）监督、整理饭菜外形和装盘效果。

（8）准确清晰地将菜品名称、桌号或宴会厅名称报给传菜员，并解答传菜员不明事项。

（9）准确出菜，不漏菜、错菜和重复上菜。

（10）保持环境、用具和个人卫生。

（六）切配质量管理

（1）切配主管接划菜员传来点菜单夹子后，分配给切配厨师，并组织、指导、监督员工按操作规范操作。

（2）检查原料质量，不允许使用变质和粗加工不合标准的原料。

（3）按顾客点菜顺序和进包房先后安排，催菜情况及时优先处理。

（4）按标准菜谱规格标准切配，使原料投量、品种标准化。

（5）注意检查点菜单上所注顾客吃素或清真等特殊要求，并做出相应处理。

（6）原料细加工要符合整齐、规格、均匀、利落的要求。

（7）密切配合烹调方法，精细加工，保证刀工处理符合标准。

（8）合理下刀，减少下脚料，避免浪费。

（9）合理搭配，物尽其用，提高原料综合利用价值。

（10）把半成品归放整齐，摆放在规定位置上。

（11）查核凭单，杜绝重复、遗漏、错配等失误。

（12）保持环境、用具和个人卫生。

（七）烹调制作质量管理

（1）质量管理要从炒锅厨师的操作规范、制作数量、出菜速度、成菜温度等方面加强控制。

（2）按"标准菜谱"规格标准，明确烹调方法，使产品制作标准化。所有菜品的切配、预制、烹调等过程一定要严格按工艺要求和操作规程操作（如必须使用高汤的菜品不得用自来水代替等）。

（3）调动厨师主观能动性，发挥手工操作的高超技艺。

（4）服从厨师长的指挥、管理，接受有关标准菜谱的培训，熟练掌握厨师长分派的各式菜的制作。

（5）拒绝使用、加工不合要求的原料。

（6）注意配菜传来的顾客的特殊烹饪要求，如忌口等，使菜品符合顾客要求。

（7）接催菜牌后，在打荷的安排下，及时、快速烹制出菜。

（8）严格操作规范，制止任何图方便的违规做法和影响菜肴质量的做法。严格控制每次烹调的生产量，做到少量多次，"单菜单炒"，严禁一锅同时烹制多道"单菜"。

（9）坚持尝汤制度，每菜出勺前都要尝味，做到自我把关。

（10）厨师长每天要坚持抽查饭菜质量，确保每道菜品色、香、味、型俱佳。对不合格菜品一律退回厨房，并做好退菜记录，追查落实责任。

（11）消除剩菜现象。

（12）保持环境、用具和个人卫生。

（八）打荷质量管理

（1）拒绝使用和配菜不合要求的原料。

（2）了解本灶应出菜品的标准菜谱工艺要求，熟悉菜品的基本烹饪方法。

（3）协助热菜及切配组提取当日厨房所需的食品原料。

（4）与配菜和热菜厨师搞好配合，掌握菜肴的上粉、酿、穿、挤及炸制食品的初步调味，使热菜厨师能够随时烹制食品。

（5）掌握各种零点及宴会菜肴的装盘要求和装饰技巧。

（6）检查每日宴会和零点的配菜原料的品种和数量，检查提前装饰的菜盘，并将宴会用的餐具全部准备妥当。如与宴会要求不符，及时通知切配厨师调整。

（7）检查餐厅每日供应菜肴所需餐具的规格和数量，并按要求将餐具分类摆放整齐。

（8）负责准备每日所需的汁、酱、汤等，并添加烹饪调味品。

（9）灵活掌握菜肴的出菜顺序，以先到先制、先食先做和催菜优先为原则，接催菜牌后要及时、灵活地分派给热菜厨师进行烹制。

（10）与划菜、传菜员搞好配合，以便能够正确地将菜肴传向正确的地点。

（11）每道菜品装盘时，都要检查有无异物等。

（12）开餐结束后，负责收拾全部所用汁、酱等，将脏餐具、配菜盘等送洗。协助热菜厨师关闭本区域内全部的水、电、气、油等开关。

（13）保持环境、用具和个人卫生。

（九）餐厅销售质量管理

（1）前台服务员（传菜员）有权对菜品质量进行监督，有权拒绝传、上不合格菜品，把"五不端"（量不足不端，质不符不端，盛器不洁不端，热菜不热凉菜不凉不端，原料变质不端）原则落到实处。服务员、传菜员每拒端一个不合格菜品，给予物质和荣誉奖励。

（2）所有顾客退菜由划菜处做好统计，厨师长安排填写《饭菜质量评议表（厨房）》，找出原因，分清责任。如属质量问题，上退菜榜并扣分处理。

（3）顾客催菜，值台服务员及时将催菜牌送出。其催菜程序或催菜牌传递程序为：服务员——划菜员——厨师长（或当日负责人）——切配主管——打荷——炒锅或其他工序。出菜时催菜牌随菜走，直到上桌。

（4）严格按照《当日菜品信息通知单》落实到服务员，与厨房协作共同搞好菜品推销，避免原料浪费。

二、厨房生产质量考核

（1）厨房生产质量考核的方法是：依据"生产质量评价细则（标准）"，每天对每人的生产及工作质量进行评价，填写《厨师工作质量评价表（日）》。

（2）《厨师工作质量评价表（日）》采取扣分制，每条款扣分均为1分。一条款中包含若干分项时，每犯一项扣1分。

（3）打分时先在"累积扣分"栏画"正"，下班后将累积数填入"扣分"栏。

（4）《厨师工作质量评价表（日）》由厨师长、主管或其他考核人填写。

（5）每月月底时，将每人扣分汇总。

（6）扣分结果作为罚款或奖金的计发依据。

（7）酒店成立质量管理领导小组（常设机构），领导小组常务办公室设在总办。

（8）质量管理领导小组负责对质量管理活动的组织、领导工作，常务办公室组织具体的检查、表彰活动，每周检查一次，每次均要写出检查报告报常务组长，并在下周经营会做出汇报。

第八章 餐饮行业培训管理

第一节 餐饮培训的看法

一、餐饮培训的一些弯路

（一）培训是成本不是投资

一些管理者错误地认为：培训是一种成本。作为成本，当然应该尽量降低，能省则省。因此，许多企业经营者宁可在广告投入等市场运作成本上不惜"一掷万金"，渴望得到立竿见影的效果，却忽视了显效期较长的"培训"投资，在企业培训方面投入的资金甚少。

殊不知，培训不是一种成本，而是一种间接投资，只有切实提高员工素质，才能提高经济效益和社会效益。培训是对人的投资，对知识的投资，这虽然可以说是很昂贵的投资，但也是最有价值的投资，所得的投资回报率也最高。国外有关资料统计表明，对员工培训的投入产出比为1：50。

（二）效益好时放松培训

有些效益好的企业放松或削弱了培训。然而，须知今天效益好，并不意味着明天效益好。因而在企业经济效益好时，应当继续加强培训，这样才能保持企业持续发展。缺乏员工培训，会使员工的劳动生产率降低，从而导致企业经济效益下滑。

（三）效益差时无培训

有的企业在经济效益不太好时，就会因资金不足而减少培训或者干脆不培训。但不重视培训正是其失败的根本所在。其因果链往往是：不培训——经营不好——更不培训——经营更不好。要打破这条因果链，一定要从重视培训入手，因为加强员工培训是改变企业经济状况、转亏为盈的有效手段之一。

（四）高层人员不需培训

一些企业，特别是民营餐饮企业的高层领导错误地认为：培训只是针对基层管理人员和普通员工的，而高层管理人员不需培训。其理由是：他们很忙，他们经验丰富，他们本来就是人才。

这种认识显然是错误的，企业高层管理人员的素质高低对于企业发展的影响最大，因而高层管理人员更需更新知识，改变观念。许多案例显示，曾被奉为经营法宝的一些促销手段，如特价菜品、返利、赠送等，屡遭消费者投诉，甚至受到行政管理部门处罚，这就与高层管理人员缺乏自我培训有直接的关系。

（五）盲目追赶培训潮流

一些企业的管理者喜欢赶潮流，受媒体热点炒作的影响大，对培训内容的选择比较盲目，在一些热门的培训项目上投入了很大的资金和人力，如MBA等。从表面上看，企业培训办了一期又一期，开展得轰轰烈烈，实则无的放矢，效果并不一定理想。

（六）投资培训急功近利

有的管理者希望培训立竿见影，企图通过培训解决企业人力资源的所有问题。近几年我国餐饮业发展迅速，急需各种人才，但有的企业总觉得"没有时间慢慢锻炼自己的骨干人员"，把培训当作一剂灵丹妙药，误以为能药到病除，恨不得通过两三天的培训就能使员工的素质发生根本变化，立刻为企业创造绩效。殊不知培训作为一个长期的管理过程，只是企业发展战略的组成部分，必须通过一系列的管理程序才能真正发挥作用。

（七）培训工作流于形式

许多企业培训工作流于形式，表现在缺乏培训的整体规划，对培训课题的确定不够细致，系统性、针对性不强，培训内容照搬照套的较多，对原理和内涵讲解的较少。因此，许多员工不能灵活运用所学到的知识，业务素质和工作效率并没有得到提高。

（八）担心员工另谋高就

不少管理者在心理上有一个怪圈：不培训，人员素质跟不上，影响企业效益；培训后，员工又不安心本职工作，弄不好，跳槽到别的企业，在竞争激烈的餐饮市场，这无疑是给竞争对手培养了人才。于是，很多企业无奈地选择了这样的做法：只培训眼前必需的内容。

这也成了管理者们不主张培训的有力"理由"。实际上员工流失的真正原因并不是培训。据调查，员工跳槽的最大原因是公平、福利、制度、人际沟通等问题。总之，现在还没有任何调查表明员工跳槽是由接受培训所致。

而且情况恰恰相反，如果企业重视培训，真诚地与员工交流，并使他们感到被重视，他们就不会离开。正如凯斯通公司的杰克·麦克高文所言："你越培训员工，他们就越能出业绩；业绩越好，他们就越想留下来。"

二、餐饮培训中的忌讳

员工要在不断的学习过程中来提高自己，在各种培训中受益，进而提高企业的竞争力。在培训上主要针对员工的基本素质、礼仪常识、专业技能、团队精神、销售技巧、工作效率和企业理念，进行各个突破，这个过程中特别要注意以下几个方面。

（一）提高员工基本素质的培训——忌讲解枯燥

提高员工基本素质培训的内容多数是理论方面的，在讲解的过程中，容易让受训者打不起精神来。应该在讲解的过程中穿插生动的故事、笑话、案例、图片、播放资料等手段来提高培训质量。

（二）提高员工礼仪常识的培训——忌空洞无边

提高员工礼仪常识的培训内容在很多书中都有，有的常识很多员工都清楚该怎样去做。在培训中要有鲜活的例子，要有成功人士在礼仪方面的出色表现，也要有生活中普通人在礼仪方面的表现，结合企业对员工在礼仪方面的要求来讲解，要有动作示范，重要的礼仪知识要让受训者在培训中亲身去体会，并形成流程：我做你看，你我同做，你做我验。

（三）提高员工专业技能的培训——忌外行讲内行

提高员工专业技能的培训内容是要非常专业的，最好是请这方面的专家来进行培训。人力资源管理工作者对专业技能的培训要组织好员工，设计好课题，可以内请专家也可以外聘专家来进行培训，培训的内容要和实际操作相结合，使受训者可以随时随地探讨专业技能方面的问题，共同解决问题，忌外行讲内行。

（四）提高员工团队精神的培训——忌大话连篇

提高员工团队精神的培训内容多数是教育员工加强合作、协调配合、以企业的利益为重、爱岗敬业、团结同事等，团队精神的培养要体现在具体工作中，不能空喊高调，要结合员工身边的典型示范来教育员工，培养团结互助的精神。让空洞的口号转化在工作的小事中，让关爱体现在方方面面，让集体精神体现在员工的日常工作、生活和学习中，让员工的敬业精神得到赞扬。

（五）提高员工销售技巧的培训——忌无实战操作

提高员工销售技巧的培训内容是在实际工作中具体应用的，由实际销售的工作者来讲解是最好的。要求人力资源工作者要有销售的经验是必要的，不知道销售怎样运作是不行的，没有和实际工作结合的理论是无任何意义的，要亲自体会，亲自销售企业的产品，亲自参加企业产品销售的谈判，才能更好地给受训者提供优质服务。

（六）提高员工工作效率的培训——忌口无遮拦

提高员工工作效率的培训要多传授提高工作效率的方法，不能把培训变成批评员工的大会。要举工作效率高的典型榜样，以他们的工作事实说话，有的放矢。忌讳举受训员工中工作效率不高的典型，可举其他单位的案例。这样使受训者不至于有抵触情绪。

（七）提高员工企业理念的培训——忌总讲创业史

提高员工企业理念的培训内容有企业文化、企业的创业史、企业的规章制度、企业的经营管理理念、企业的发展情况、企业的未来规划等。企业文化理念的范畴是非常广泛的，对员工企业文化理念方面的培训不要每次都重复讲企业的创业史，企业过去的辉煌。要着重讲企业会给受训者带来什么利益，什么好处，什么本领；要着重讲企业的规划蓝图，但要有可实现性。不要在过去的奖状上"睡觉"，留恋企业过去的辉煌，因为过去的终将一去不复返，现在的任务是发展、壮大企业。

三、餐厅领班主管培训的重要性

酒店在职位等级上有总经理、总监、经理、领班、主管和普通员工，领班、主管作为最基层的管理人员，对酒店有极其重要的作用。但以前只是强调部门经理的重要性，却忽略对各项工作负有最主要任务的基层管理人员，责备普通员工的服务素质差，却没有意识到领班、主管对服务素质的决定性作用。由于酒店行业的中层管理干部的流动性较大，影响酒店发展的持续性。现在很多酒店已开始认识到基层管理人员对维护酒店基本运作的强大支柱作用，他们可以在没有部门经理的情况下确保其部门正常运作。又因为管理的扁平化，要求一位管理人员能管理多位员工，领班、主管恰好符合此要求，因此应培养一批中坚的基层管理人员成为这些酒店发展战略的重要部分。领班、主管是酒店最基层也是酒店各项工作任务最重要的执行层。领班、主管是与顾客和员工接触最多的管理层。他们最了解其所管理员工的心态和工作技能，同时他们也是普通员工遇到问题时最先倾诉的阶层，是获取信息最多的阶层。很多酒店都非常重视收集员工和顾客的意见，却丝毫没有注意到领班、主管阶层在收集信息过程中的关键作用。所属员工收集到的信息首先交给领班、主管，在此资料上交前，又可能会受到领班、主管层级的筛选，因此不重视领班、主管层，收到的信息反馈是不全面的。

领班、主管是影响顾客和员工最主要的管理层。经常会遇到这样的情形，酒店发展前景很好，但由于某一领班或主管的管理能力存在问题，使其所属的员工感到不满而选择离开酒店，从离职员工约谈记录中不难发现这些问题。员工接触最多的是领班或主管，这些基层管理人员的素质直接影响员工对酒店的忠诚度，影响员工对酒店管理水平的印象及其停留在酒店的意愿。同样地，也影响顾客对酒店的印象，因此重视形象的管理层应当重视其领班、主管的素质修养。但是非常遗憾，领班、主管也是最容易被忽略的管理层。因为酒店发生的服务质量问题，往往被提及的是哪个部门经理、哪个员工，而没有提及哪个领班或主管，此时似乎把他们给忽略了，他们感到惭愧，但无人愿意听取和关注。同时部门经理也习惯直接指挥普通员工，而不是告诉其领班或主管去组织员工完成任务。

其实，相当一部分酒店领班或主管不懂得管理员工，不了解员工的心理动态，不懂得应如何来平息员工的不满。因为酒店要满足顾客的需求，必须有满意的员工，而满意的员工很大程度上要依赖这些基层管理人员的管理。要在酒店内部建立一个凝聚力很强的团队似乎并不是一件容易的事，主要原因就是这些管理人员未能较好地理解并解决员工的不满。

普通员工常会对下面种种情况产生不满意的情绪。

（一）对工作本身不满

（1）多做一些与少做一些造成的心理不平衡。
（2）安排他去做些他不愿意做的工作。

（3）工作辛苦，工资低。
（4）压力大。
（5）长时间加班（洗衣房、中餐厅）。
（6）对工作安排不理解。
（7）每月的排班让他感到不满意。
（8）工作环境沉闷，有时会感到个人得不到发展（总机）。
（9）对工作间的互相调动不满。
（10）认为自己某些做法比现行的好却得不到重视。

（二）对管理者不满

（1）认为自己没有得到重视。
（2）被误会，得不到肯定。
（3）工作时语气恶劣。
（4）排班时未能满足其要求。
（5）由于督导查房时不太细心，房内有一些物品没有被及时发现，最后反而说是服务员没发现。
（6）平时工作中督导过多。
（7）说话总是以命令的语气。

（三）对同事之间的关系不满

（1）同事之间配合不够。
（2）文员有时因同件事连续多次呼叫，服务员感觉不舒服（楼层）。

（四）自身原因

（1）有心事造成心情不好。
（2）员工没有能力完成事情。
（3）不了解为人处世。
（4）性格原因（个别员工脾气大、自负）。

第二节　餐饮培训的需求分析与调查

很多酒店都非常重视员工培训，但是又经常抱怨员工培训没有效果；而员工埋怨培训没有意义、内容单一、华而不实；培训师出力不讨好；管理层对培训部意见很大。抛开一些培训技术方面的问题，出现这种现象的原因很大程度上是培训需求分析没有做好。那么究竟什么才是正规的培训需求分析？又应该如何去做？这是酒店培训师和培训部面临的主要问题。

培训需求分析包括哪些方面？又应该从哪些层面上进行？我们不妨从下面的内容中仔细推敲一下。

（1）分析目的。

（2）具体方法。

（3）组织分析。

（4）决定酒店中哪个部门需要培训。

（5）考察酒店目标，分析经营计划，以判定知识和技能所需。

（6）将实际结果与目标进行比较。

（7）制订人力资源计划。

（8）评价酒店的组织环境。

（9）任务分析。

（10）决定培训内容。

（11）个人工作分析。

（12）人员分析。

（13）决定需要培训的人员和不同人员的培训层次。

（14）业绩差距分析。

（15）关键案例分析。

（16）进行培训需求调查。

员工需不需要进行培训？如何进行培训？在决定进行培训之前，首先应该回答几个问题：酒店的目标是什么？为了完成这个目标我们需要做哪些工作，而这些工作需要什么样的知识、技能和心态？什么行为对于负责完成工作的人来说是必需的？而我们通过发现员工缺乏的是知识方面的、技能方面的还是态度方面的？这些问题与人员培训需求的决定是紧密相连的。我们可以召开酒店培训需求分析协调会，由酒店总经理主持，培训部经理组织各部门经理和培训师参加。在会上，就上述内容广泛讨论，求得过程的统一和认识的共通。所以也可以说，培训需求分析相对来说是一个沟通调查、平衡部门与酒店资源的过程，这个过程重要到足以影响今后每个培训步骤的地步。

培训需求的组织分析主要是通过对酒店的目标、资源等因素的分析，准确地找出酒店存在的问题与问题产生的根源，以确定培训是否是解决这类问题的最有效的方法。先来看酒店的目标分析。明确、清晰的酒店目标对培训规划的设计与执行起决定性作用，酒店目标决定培训目标。比如说，如果一个酒店的目标之一是保证顾客投诉处置满意率为100%，那么培训活动就必须设计一些"投诉处理原则与方法"的课程，这样方能在完成酒店目标的工作中体现培训的价值。其次是酒店资源分析。通常包括人力资源、设备资源、财务资源、环境资源和信息资源几个大方面的分析。如果没有确定可被利用的人力、物力和财力资源，就难以保障培训的有效实施。重点提一下环境资源的分析，关键是酒店的培训课程与酒店的企业文化的关系。培训课程设计要分析酒店的软硬件设施、规章制度、经营运作的方式、待人处事的特殊风格和经营理念，使课程能够与实践相结合，而不要使受训员工不断地通过培训课程去发现酒店的弊端——而这些弊端的改进有很多是超出酒店资源承受力的。对上述问题和特性的了解，将有助于管理者及培训部全面真实地了解酒店。

培训需求的任务分析主要是指工作分析。只有对工作进行精确的分析并以此为依据，才能编制出真正符合员工绩效和特殊工作环境的培训课程来。而工作分析的依据就是完整而持续改进的岗位责任书和任职资格条件。

培训需求的人员分析方法有很多，通常采取案例分析法和问卷调查法。主要分析和研究本酒店顾客满意度调查中所关注的基本焦点、重复问题，以及员工关注的和希望得到的培训内容。我们的目的不仅仅是让管理者和员工得到工作知识和技能，更重要的是通过得到并有效运用这些技能而保证酒店达到目标。

所以，培训需求分析的最终衡量标准是培训目标的设立。通常包括三个层面——知识目标、行为目标和结果目标。知识目标指培训后员工将知道什么；行为目标指受训后员工具备什么技能；结果目标指通过培训，酒店最终将达到什么目标与结果。例如，顾客满意度的增加、员工流动率的降低、团队意识的增强等。

总而言之，做好酒店的培训需求分析，方能有的放矢，方能使培训行之有效。

第三节　餐饮企业培训规划

餐饮企业年度培训规划方案的要点如下。

（1）规划目的。

指导酒店和餐饮培训工作的开展，计划性组织课程培训和开发。

对酒店和餐饮从业员工进行更系统的培训，提升员工不同阶段的能力素质。

使培训资源增值，为餐饮企业未来人才素质提升提前做好规划，促进酒店和餐饮未来的持续发展和减少人员流失。

（2）规划对象。

酒店业和餐饮业的新员工、基层员工、部长、主任、经理、店长、集团高层管理人员、新晋升的主管。

（3）规划项目。

技能必修课程和专业选修课程。

（4）课程类型。

心态课程、文化课程、技能课程、管理课程。

（5）执行时间（略）。

（6）执行负责（略）。

（7）执行渠道（略）。

（8）规划内容（略）。

（9）培训考核和评估。

①培训与晋升之间的联系——凡内部晋升，需要参加该岗位必修课程后，方可有晋升资格。如基层员工晋升领班，需要参加基层员工必修课程后，成绩合格方可入选晋升资格；如领班晋升主管，需要参加领班必修课程后，成绩合格方可入选晋升资格。以此逐一评估。

②试卷满分为 100 分，平均 60 分为合格。试卷内容如：

——新员工试卷

——基层员工试卷

——领班、主管试卷

——经理店长作业和试卷

——集团高层作业和试卷

（10）跟进措施。

①不合格重新安排复习后再考试，一般考试时间会安排在授课当天或授课后 1 周之内，试卷会在考试过后 1 周内修改完毕，发给分店或各部门经理，合格由分店登记，不合格由分店登记并在收到试卷 1 周内，确定是补课再参加课程学习还是自行复习后，再统一一个时间考试，考试时间一般安排在月底某天的 14：00—15：00。

②对试卷修改后进行书面点评和反馈给各分店和各部门经理。

③必修课程是必须学习和掌握的课程，专业选修课程可以根据部门需要报出参加人数，由培训部准备妥当后通知开课时间；因为专业选修课程涉及辅导老师的资源，所以要统一准备好后才能出计划。

第九章 餐饮企业营销

第一节 利用传统手段营销

一、广告营销

广告营销属于传统营销手段，其目的是宣传企业形象，推荐企业产品，让看见、听见的人成为商家的潜在顾客，常见的形式有电视广告营销、电台广告营销、网络广告营销、直接邮寄广告营销、户外广告营销、宣传品广告营销等。

（一）电视广告营销

电视广告是一种在电视中播放的、信息高度浓缩的视频广告，具有视听兼备、普及率高等特点，且对收视者来说具有强制性，能很好地表现产品，易与收视者建立亲密感情，缺点是制作烦琐且费用高。在餐饮企业中，一般会将电视安装在收银台顶部或包间的墙壁上，通过滚动播放广告，强化顾客对企业和产品的印象。

（二）电台广告营销

电台广告是以电台为平台、以声音为载体传播信息的广告形式。与电视广告相比，电台广告虽然没有丰富的画面效果，但收听者可以随时随地地听，且不会影响其正常活动，因此电台广告更容易被收听者接受。在安排广告时，考虑到电台广告的播放时间较短（一般为30~60秒），费用较低，因此可以每天安排几次，持续3~5天。

（三）网络广告营销

网络广告是依托于互联网发布信息的一种广告形式，具有覆盖面广、针对性强、不受时间限制、广告费用低、形式多样、可交互和可精确统计受众数量等优势。

（四）直接邮寄广告营销

直接邮寄广告是通过邮寄、赠送等形式，将宣传品送到顾客手中、家里或公司的一种广告形式，常见的直接邮寄广告宣传品有优惠券、贺卡、便笺、宣传单和折页等。这种广告营销形式常在新店开业或新品上市时使用。

（五）户外广告营销

户外广告泛指在建筑物、街道、广场等室外公共场所或公交车、出租车等交通工具上设立的广告。这类广告具有面积大、视觉冲击力强、传达率高、影响时间长等优点。

（六）宣传品广告营销

餐厅内的餐巾纸、火柴盒、小礼品上常常印有餐饮企业的广告，这种广告的体积小，目标受众精准，对餐饮企业能起到很好的宣传和记忆强化作用，若顾客就餐完毕后随手带走这些物品，其广告的宣传效果还将进一步扩大。

（1）餐巾纸。一般餐厅都会为顾客免费提供餐巾纸，这些餐巾纸上会印有餐厅名称、地址、电话等信息。

（2）火柴。餐厅每张桌上都可放上印有餐厅名称、地址、电话等信息的火柴。

（3）小礼品。餐厅经常在某些特别的节日赠送顾客一些精心设计的小礼品，如生肖卡、印有餐厅广告和菜单的折扇、小盒茶叶、卡通卡片、巧克力、鲜花、口布、精制的餐具等。

二、菜单营销

菜单是企业与顾客之间的信息桥梁，是餐饮企业无声的营业代表，一本合格的菜单能有效地将企业的产品策略、菜谱设计重点、产品特点传达给顾客，促成顾客消费。因此，餐饮管理者应重视菜单的设计和排序，并要求服务员合理介绍菜单，以便提升餐厅的服务水平，提高顾客的点菜效率。

（一）菜单设计

菜单设计应符合餐厅顾客群体的审美习惯，并能吸引其目光。例如，面向大众群体消费的菜单应该简洁明了，颜色不能太花哨；面向商务群体的菜单应该较为正统严肃，不能采用奇特的颜色或形状，否则会给人一种不正式的感觉；

个性化餐厅的菜单可采用比较新奇的设计方式，在颜色、形状和表现方式上都可以更为大胆。

（二）菜品排序

菜品排序应与餐厅的盈利重点和促销重点一致。每个餐厅的菜品都可以归纳为特色菜品、利润菜品、促销菜品和大众菜品，如何在菜单上排列这些菜品，对餐厅的销售有着重要的影响。

（1）特色菜品：是指店内独有的菜品，主要用来突出餐厅特色，吸引顾客到来，一般放在菜单的最前或最后，作为重点突出，让顾客能够一目了然，切忌放在菜单中部。

（2）利润菜品：是利润较大的菜品，主要用来增加餐厅利润，有时由店内特色菜品承担，有时由其他菜品承担。利润菜品一般应与特色菜品放在一起，采用大图片重点突出，增加点到的概率。

（3）促销菜品：是指利用降价策略，吸引顾客来店消费的菜品。

（4）大众菜品：是指日常餐桌中常见的菜品。简洁的菜单，大众菜品通常放在菜单中间，以文字说明即可；较高档的菜单，可在菜名周围搭配菜品小样图，或挑选其中利润较大的菜品，配图重点突出。

菜单中菜品的排列顺序一般为：特色菜品→利润菜品→大众菜品→促销菜品。当然，每个餐饮企业都有其独特的营销之道，因此也有其独到的菜品排列方式。

（三）菜单介绍方法

服务人员向顾客介绍店内菜品时，也有一定的技巧，需要注意的有以下几点。

（1）依照当地顾客习惯的上菜顺序介绍菜品。

（2）如果顾客中有老人或小孩，可重点介绍几道符合老人或小孩食用的菜品。

（3）关切询问顾客有无口味偏好或忌口。

（4）在推荐菜品的同时，翻开菜单将图片指给顾客看。

（5）点菜结束后，如果条件允许，可将菜单放置在离顾客不远的位置，并告知顾客如需增加菜品，可在此取阅。

三、节日营销

节日营销是指在节日期间,企业利用顾客的节日消费心理,以节日内容为主题,综合运用广告、表演、现场售卖等营销手段,进行品牌和产品推介,从而提升企业形象,提高产品的销售力。

据统计,餐厅在双休日的营业额一般是平时的 1~3 倍,而在春节、劳动节、中秋节、国庆节、元旦等重大节日期间生意更是红火。节日的选择没有要求,餐饮企业不仅可利用中国传统节日为主题开展营销活动,还可根据节日的普及程度、顾客的重视程度,选择西方传统节日和国际性节日等作为营销主题。但需要注意的是,若想举办节日营销活动,在节日之前,餐饮企业必须了解节日的相关信息,并做好相应准备,根据节日特点拟定带有活动目的、活动主题、活动时间、活动地点、活动对象、活动形式、活动具体内容等的方案,从而有目的、有计划地展开营销活动。

(一)中国传统节日

较为大型的中国的传统节日有春节、清明节、端午节、七夕情人节、中秋节、重阳节、国庆节等。

在中国传统节日开展营销活动时,餐饮企业可根据实际情况,以节日文化为主题,组织策划有关节日的专题促销活动,制作与节日相关的主题产品,以此深化人们对中国传统文化的认识,并在活动过程中实施一些与节日相关的优惠。

中国传统节日——中秋节

中秋节,又称祭月节、月夕、秋节、仲秋节、拜月节、月娘节、月亮节、团圆节等,是中国的传统节日。中秋节源于上古时代,普及于汉代,定型于唐朝初年,盛行于宋朝,其祭月、赏月、吃月饼、玩花灯、猜灯谜、赏桂花、饮桂花酒等民俗经久不息。如今,月下游玩的习俗已远没有旧时盛行,但设宴赏月、吃月饼仍然很受追捧,人们把酒问月,庆贺美好生活,或祝福远方的亲人健康快乐,与亲人"千里共婵娟"。

(1)活动目的:一是获得更好的利润;二是加强餐厅外在形象,加深餐厅在顾客心目中的印象。

(2)活动主题:中秋同欢喜,好礼送不停。

(3)活动时间:9月12—21日。

(4)活动地点:餐厅内。

（5）活动对象：全体顾客。

（6）活动形式：打折、赠送、抽奖。

（7）活动具体内容。

① 活动期间，凡在本店消费满100元者可享受9折优惠，并随桌赠送中秋特别菜。

② 活动期间，凡在本店购买指定系列套餐，即可获得相应的中秋礼盒。

③ 活动期间，凡在本店用餐，均可以参加中秋灯谜有奖竞猜活动，同时可以免费获得快照一张。

（8）活动广告宣传。

① 在人流量集中的地方（如地铁站、公交车站）做户外广告。

② 在报纸、当地电视台进行宣传。

③ 在酒楼周边发放活动宣传单。

（9）备注：人员调动、酒店布置等都要事前做好分配安排，做好相关记录总结，为营销活动效果的评估做准备。

（二）西方传统节日

随着社会的发展，越来越多的西方传统节日为我国顾客熟知，如圣诞节、复活节、情人节、母亲节、父亲节、万圣节、感恩节等，虽然这些节日对于我国顾客来说存在文化差异，但热衷过节的顾客不在少数（尤其是年轻人），为了体验节日的气氛、享受节日特惠，他们对餐饮企业举办的西方传统节日活动，还是很愿意买单的。

西方传统节日在文化特点上与中国传统节日有很多不同之处，餐饮企业要想利用西方传统节日做营销活动就必须抓住节日的文化特色，这样才能营造出应有的节日气氛，招揽大量的顾客。

（三）国际性节假日

国际性节假日往往是为某些特殊职业的从业人员或某些群体而设定的，如妇女节、劳动节、儿童节、教师节等。餐厅可以在这样的节日中，通过开展主题餐饮活动联络与这部分顾客的感情。例如，妇女节期间，餐饮企业可以准备一些有助于女性美容、补血的特价健康菜品；劳动节期间，餐饮企业可以推出针对广大劳动者的餐饮菜品；儿童节期间，餐饮企业可以推出形形色色的、以儿童为服务对象的主题套餐。

第二节　利用互联网营销

一、餐饮企业的网站营销

如今网络的覆盖面越来越广，对于餐饮企业来说，网络拉近了餐饮企业与顾客的距离。通过网站，餐饮企业可以全面地介绍自己，同时发展业务，在众多的网民中发掘潜在顾客。

（一）网站的服务内容

不同的餐饮企业，其经营菜系、风格不同，网站中的服务内容也不同，但一般都会有"餐厅介绍""产品介绍""店面介绍""餐厅印象""新闻中心""人力资源""会员商城""在线订餐"等服务。

（1）餐厅介绍：主要介绍企业基本信息、企业文化、管理团队、企业责任、企业荣誉等，从而使浏览者更加信赖餐饮企业。

（2）产品介绍：一般介绍经典菜品、经典饮品、推荐菜品和新菜品等。

（3）店面介绍：连锁餐饮企业的连锁门店众多，因此网站一般会以地图的形式标明各店位置，并给出对应门店的基本信息，帮助顾客找到附近的门店。

（4）餐厅印象：以视频或文章等形式展示餐厅曾举办过的宴会、主题活动等，以此丰富餐饮企业形象，传达企业文化，为顾客下单增加信心。

（5）新闻中心：一般有公司公告、行业信息等。

（6）人力资源：发布餐饮企业的招聘信息。

（7）会员商城：为会员提供购物服务。

（8）在线订餐：为浏览者提供在线订餐、订座服务。

（二）网站营销的注意事项

餐饮企业在建设网站时，需要注意以下几点。

（1）建设网站不仅需要前期的投资，还需要后期的维护，对于小型餐饮企业来说，这无疑是一笔巨大的支出，切不可一味地为了营销而忽略自身条件，导致资金链断裂。

（2）网站中的信息必须准确无误，以免给顾客带来不好的感受，影响企业形象。

（3）餐饮企业网站的配图一定要精致、美观，以激发浏览者的点击欲望，为促成下单做好铺垫。

（4）网站中的活动信息要介绍清楚，不可误导顾客，更不要贬低竞争对手，以免带来不必要的麻烦。

二、餐饮企业的微信营销

微信是腾讯公司于2011年年初推出的一款通过网络快速发送语音短信、视频、图片和文字，支持多人群聊的手机聊天软件，截至2020年年初，微信的月活跃用户数已经突破12亿，超过50%的用户每天使用时长超过90分钟。

（一）微信营销的核心功能

微信基本是手机中的必备软件，其营销的核心功能有以下几种。

（1）添加好友。好友是微信营销的前提，商家只有拥有足够多的好友，才可开展有效的营销活动。常用添加好友的方法有：① 扫描对方二维码添加好友；② 搜索微信号添加好友；③ 在聊天群中查找并添加好友；④ 利用通讯录中的手机号添加好友；⑤ 查看附近的人添加好友等。

快速提升微信好友数量的方法。

QQ群推广：在与微信公众号内容主题相匹配的QQ群里结交好友，互相关注微信号。

论坛推广：在论坛发帖子，提供与论坛主题相关的精华文章，最后留下微信号或微信二维码，让浏览者只有加微信好友后才可阅读全文。

网络资源推广：在网上发布相关图片、文章、音乐、视频等资源的下载信息，但需要用户关注微信公众号后才能获取下载链接。

线下推广：把微信号的二维码打印出来做成广告牌，线下与路人进行面对面交流，并请求加好友。

（2）聊天。微信支持单人、多人聊天，并可以在聊天过程中发送语音短信、视频、图片和文字。餐饮企业可利用该功能向顾客推送营销信息，或在线为顾客答疑解惑。相比于电话沟通，微信聊天更便捷，且图文并茂，沟通效果更好。

（3）朋友圈。用户可在朋友圈中上传文字、图片、音乐和短视频，其好友可对其发布的内容"评论"或"点赞"。与顾客成为好友后，餐饮企业可利用该功能与顾客互动，增强顾客对企业的好感。

（4）收付款。常见的支付方式有转账、红包、扫码付款等，餐饮企业可在不同场景下使用合适的支付方式。

（二）微信营销的常用策略

（1）朋友圈投放广告。餐饮企业管理者在添加顾客为好友后，可在其个人朋友圈中发布产品信息，以此无声无息地渗透进顾客的日常生活中。另外，餐饮企业管理者还可利用顾客的朋友圈做企业推广，如发送"转发此朋友圈，点赞数超过20，来店消费可享受8.8折优惠"信息，通过顾客拉拢其他顾客，扩大餐饮企业的客流量。

（2）用公众号服务顾客。微信公众号是微信营销最重要的营销平台。目前，微信公众平台分为服务号、小程序两种，外加一个企业微信（原企业号，属于一种办公软件，在此不做介绍）。

① 服务号：主要用于服务交互，认证后可以每个月群发4条消息，有助于提高企业和组织的业务服务与用户管理能力。一般大中型餐饮企业会开通服务号，以此为顾客提供基本的企业服务，如在线点餐、加盟合作和在线客服等。

② 小程序：是基于微信开发平台，不需要下载安装即可使用的应用，它可以在微信内便捷地获取和传播。例如，用户可在肯德基小程序中完成点餐操作。

（3）连接消费场景，实现O2O营销。

实体店面是充分发挥微信营销优势的重要场所。餐饮企业可在店面宣传资料中添加餐厅订阅号的二维码，并采用签到打折活动或关注赠送会员等优惠方式，鼓励到店消费的顾客使用手机扫描二维码，这样有助于增加订阅号的好友数量，同时也可引导顾客到店消费，为餐厅增加人气。

三、餐饮企业的微博营销

微博即微型博客，它是基于用户关系的信息分享、传播及获取平台，用户可以免费建立一个账号，以图文形式更新信息，实现信息的即时分享。最早的也是最著名的微博是美国的推特（Twitter），在中国影响力最大的微博则是新浪微博。新浪微博一直是国内最活跃的社交媒体之一，每日有上亿活跃用户使用微博。

（一）微博的特点

餐饮企业为什么使用微博进行营销呢？这缘于微博的以下特点。

（1）低门槛。任何人都可以注册微博，餐饮企业可以利用这一特点，广泛吸纳各消费层次的潜在顾客，并向他们推送营销信息。

（2）信息立体化。微博允许用户上传视频、文字和图片，甚至申请直播，这样可以帮助餐饮企业更好地描述产品，将产品信息全面、立体地传递给粉丝

（博主、空间主的支持者）。

（3）便捷性。通过微博发布信息无须经过复杂的流程和手续，可以节约大量的时间和成本。

（4）信息传播迅速，成本低。博主发出博文后，其粉丝会立即收到信息，粉丝的数量越多，博文的曝光次数就越多，宣传的效果也就越好。相比于线下广告，微博的信息传播效率更高，成本更低。

（5）广泛性。微博不同于微信（微信朋友圈只有好友可见），除特殊设置外，博主发布的博文是任何人都可见的，这使得博文的曝光概率大大提高，另外博文还可借助粉丝的转发迅速传播，影响到更多的人。

（二）微博营销的内容

餐饮企业微博营销的内容主要包括以下四方面。

（1）发布预告信息。餐饮企业可以发布各种预告，如店内是否有空位、店门前的交通状况、本日主打菜品、促销活动预告。

（2）发布活动。餐饮企业可以发布各种宣传活动，如品牌宣传、特色服务宣传、菜品宣传、厨师拿手菜介绍、最受欢迎菜品统计数据等，若请明星代言，在博文中@他/她，还可达到事半功倍的营销效果。

（3）与粉丝互动。餐饮企业可以通过小调查或提问等形式与粉丝互动，这样一方面可以提升粉丝的参与感，增强其对餐饮企业的好感；另一方面餐饮企业可以收集市场对其形象、产品的反馈信息，以便做出相应的调整。

（4）维护品牌。若餐饮企业因经营不善发生错误，损害顾客利益时，餐饮企业也可利用微博平台公开对广大顾客致歉，这样既可以平复顾客的心情，又能在粉丝中树立知错必改、重视顾客的企业形象。

（三）微博营销要点

将微博的流量转换为销量是大有学问的，常用的微博营销要点有以下几个。

（1）善用关注。在微博营销前期，"关注"功能可以帮助博主迅速聚集粉丝。以新浪微博为例，用户每天最多能关注500人，关注的上限人数为2 000人，当博主主动关注他人后，他人很可能会互相关注，这样博主便能增加粉丝了。

（2）选择话题。微博的最终目的是分享、传播信息。对于餐饮企业来说，应根据目标听众的关注热点选择话题，做一个合格的"标题党"，这样才好增加关注量，便于今后餐饮企业形象、产品的推广。在选择话题时，博主可在搜索引擎中搜索用户提出的餐饮行业问题，并总结整理出来，提取重要的关键词，以此作为微博话题，如"#餐饮企业订餐#"。

（3）确定有规律的更新频率和时间。周一至周五每天可发 5 条左右，周六和周日每天可发 8 条左右博文，若频率和节奏把握不好，会让粉丝觉得厌烦，造成粉丝流失。另外，发博时需要注意，用户每天看微博有几个高峰时段（9—10 点、16—17 点和 20—23 点），博主应尽量赶在这些高峰时段发出博文，这样才可能产生高阅读率和高转发率。

（4）让内容有连载。连载会让粉丝的活跃度增高。例如，每天推荐一个景点、美食或热门资讯等。

（5）定期举办活动。常见的活动有抽奖、优惠打折等，定期举办活动能带来快速的粉丝增长，并提升粉丝的忠诚度。

四、餐饮企业的团购营销

团购即团体购物，是指多名顾客联合起来，加大与商家的洽谈能力，以求得最大优惠价格的一种购物方式。相应地，餐饮企业也可以通过团购折扣引导顾客组团消费，本着薄利多销的经营理念，与顾客达成双赢。我国餐饮企业团购营销一般依赖网络平台，如百度糯米、美团网、聚划算等，这些平台的营销方式大同小异，餐饮企业可与其合作，扩大营销范围。

（一）团购营销的特征

（1）价格低。团购项目依靠低价吸引顾客眼球，以此在短时间内获得多人关注的效果，从而带动其他菜品的销售。

（2）人数限制。餐饮团购一般会设置最低组团人数限制，在一定时间内，若达到最低组团人数则团购成功；反之，团购取消。

（3）时间限制。餐饮团购交易属于阶段性的商业促销活动，不是商家的持续性策略，因此一般团购活动都会有时间周期。

（4）先支付后消费。顾客需要先支付全额或部分团购费用才能发起拼团。

（5）支付金额小。目前，国内网络餐饮团购交易涉及的金额多为小额支付。

（二）餐饮企业团购营销时机

（1）团购营销是一种引流手段，餐饮企业可以在生意相对冷淡时开展团购活动。例如，在节假日，处于商务区的餐饮企业和在旅游淡季，处于旅游景点附近的餐饮企业，顾客会明显减少，为了吸引顾客，此时可以开展团购活动。

（2）新开业的餐饮企业适合开展团购活动。新开业没有知名度的餐饮企业，如果没有优惠活动支持，顾客一般不会轻易尝试，因此餐饮企业要主动出击，通过团购打开局面，提升餐饮企业的知名度。需要注意的是，前期的团购活动不能以赚钱为目的，而应以做好宣传推广、取得顾客认可为目的。

五、餐饮企业的短视频营销

如今，短视频的关注度逐年增加，移动短视频流量甚至以年 100% 的速度增长，短视频营销已成为企业营销的重要渠道之一。随着 5G 时代的来临，视频播放速度会更快，流量费用也将变得非常低，短视频营销或将成为企业的主要营销方式。

（一）短视频的特点

比起看广告、阅读美食博文，顾客更愿意花费时间观看短视频来获取信息。那么短视频有什么特点？

（1）制作成本低。短视频制作成本相对较低，用户只需拍摄和剪辑即可制作短视频。

（2）传播速度快。一方面可以在各大平台上做推送；另一方面可以通过转发微信群或朋友圈的方式，将短视频进行快速传播。

（3）信息浓缩度高。短视频的创作者往往能找到潜在顾客最关注的问题，以短视频的形式简明扼要地介绍或讲解，从而激发顾客的购买欲望。

（4）渠道丰富。短视频的平台（如抖音、快手、微视等）非常多，餐饮企业可以充分利用平台的流量优势引流顾客，或进行低成本营销。

（二）短视频营销的策略

（1）通过官方投放。企业可以与平台达成合作，在启动软件时投放闪屏广告，或在短视频列表中插入广告。这种方式能获得极大的曝光量，但费用较高。

（2）与网红合作。通过网红的代言推荐企业产品，这种营销方式与网红的影响力有很大关系。

（3）创意营销。这种方式的成本很低，一般是以路人的角度拍关于产品的创意视频（如创意吃法、创意玩法），若创意得到认可，则可能给产品带来极大的销售增长。

参考文献

[1] 韩絮，周爱青，沈晖．餐饮服务与管理[M]．上海：上海交通大学出版社，2022．

[2] 李艳，康桂敏，谭玉林．餐饮服务与管理实务[M]．镇江：江苏大学出版社，2021．

[3] 韩燕妮，韩宏，刘聪主编．酒店服务心理学[M]．镇江：江苏大学出版社，2021．

[4] 王常红，厉小励，秦承敏．餐饮服务与督导管理[M]．沈阳：东北财经大学出版社，2021．

[5] 穆林作．互联网时代的酒店管理[M]．北京：中国轻工业出版社，2021．

[6] 吴汉秋，陶正峰，刘雨涛．西餐服务与管理[M]．成都：西南交通大学出版社，2021．

[7] 孔英丽，秦晶主编；王莹，陈佳平，杨忠元，等副主编．餐饮服务技能实训[M]．北京：科学出版社，2021．

[8] 李勇平编著．餐饮服务与管理[M]．6版．沈阳：东北财经大学出版社，2021．

[9] 蔡洪胜，任翠瑜，王占伶，等．酒店餐饮服务与管理[M]．北京：清华大学出版社，2020．

[10] 王海霞．餐饮服务实训教程[M]．北京：电子工业出版社，2020．

[11] 童碧莎主编．饭店服务与管理[M]．北京：北京交通大学出版社，2020．

[12] 方辉主编．餐饮成本管理与控制实战宝典[M]．北京：化学工业出版社，2020．

[13] 吕尤，柳旭主编；赵丹，吴莹副主编；林佳伟，刘梦璐参编．前厅服务与管理[M]．北京：首都经济贸易大学出版社，2020．

[14] 杨翠峰主编．餐饮食品安全[M]．北京：中国农业出版社，2020．

[15] 酒店综合管理实训[M]．北京：北京工业大学出版社，2020．

[16] 杨相平，胡晓涛．现代餐饮运营与管理实务[M]．成都：电子科学技术

大学出版社，2020.

[17] 王晓亚主编.酒店服务质量管理[M].哈尔滨：哈尔滨出版社，2020.

[18] 餐饮服务技能[M].北京：航空工业出版社，2020.

[19] 黄志同编著.餐饮食品安全之啄木鸟餐饮管理系统[M].北京：中国农业科学技术出版社，2020.

[20] 朱波.浅析餐饮服务的管理规划[J].中国高新区，2019(7)：231.

[21] 闫向明.智能化技术在高校餐饮服务及管理中的应用[J].食品安全导刊，2022(23)：165-167.

[22] 龚春燕.信息化背景下酒店餐饮服务与管理方式的创新研究[J].商场现代化，2023(13)：12-14.

[23] 邱艳萍.餐饮服务与管理实验课程建设的应用[J].营销界，2019,(28)：105，107.

[24] 章艳.高职酒店管理"餐饮服务与管理"课程思政探究[J].当代旅游，2021，(第15期)：76-77.

[25] 左伟，冯仰辉，孙丽萍，等.高职餐饮服务与管理线上教学的探索与应用①[J].科技创新导报，2021(2)：189-191.

[26] 王慧.中职餐饮服务与管理课程实践教学的优化研究①[J].现代职业教育，2020(47)：22-23.

[27] 师琪.刍议《餐饮服务与管理》教学中学生能力的培养[J].卷宗，2020(26)：267.

[28] 曹艳芬.餐饮服务与管理精品在线开放课程建设的实践与思考[J].开封文化艺术职业学院学报，2020(11)：129-130.

[29] 罗霞.教学质量诊改视域下"餐饮服务与管理"课程改革研究[J].文教资料，2023(1)：177-180.

[30] 张勤.浅论《餐饮服务与管理》课程教学改革[J].现代职业教育，2018(1)：169.

[31] 朱露琴."1+X"证书制度下餐饮服务与管理课程教学改革探索和实践研究①[J].现代职业教育，2022(37)：48-51.

[32] 鄂晓明，土业明.课程思政融入中职"餐饮服务与管理"课程的教学研究[J].新教育，2023(8)：98-100.

[33] 何诗洁，杨凤凤，郭佳.论职业核心能力培养的旅游类专业"餐饮服务与管理"课程教学改革策略[J].当代旅游，2022(7)：75-77.

[34] 郭贞.基于德技并修的餐饮服务与管理课程教学创新探索及实践[J].凯里学院学报，2022(6)：75-80.

[35] 欧艳. 微课在酒店餐饮服务与管理教学中的应用研究 [J]. 卷宗，2019(24)：275.

[36] 李霞. 基于云班课教学工具的《餐饮服务与管理》教学探究 [J]. 科技创新导报，2019(23)：200，202.

[37] 王相惠. 餐饮服务与管理教学方法探究 [J]. 教育教学论坛，2017(44)：230-231.

[38] 潘小玲. 智慧餐饮时代高职《餐饮服务与管理》课程改革探索 [J]. 广东蚕业，2019(10)：135-137.

[39] 闫小川，王调妮，戴尔惠. 高校餐饮服务管理模式交流与探讨 [J]. 管理学家，2020(9)：93-94.

[40] 黄慧. 现代学徒制下高职酒店管理专业《餐饮服务与管理》课程教学探索 [J]. 新教育时代电子杂志(教师版)，2021(42)：191-192.

[41] 王珊. 产教融合背景下酒店餐饮服务与管理课程教学改革 [J]. 当代旅游，2021(32)：72-74.